本书为国家社科基金项目"南北朝墓葬礼制研究"成果
（批准号：15BKG015）
结项等级：优秀

北京大学震旦古代文明研究中心学术丛书之四十二

南北朝墓葬禮制研究

韦正 著

上海古籍出版社

Aurora Centre for the Study of Ancient Civilizations, Peking University

Publication Series , No.42

Research on the Burial Ritual System in the Southern and Northern Dynasties

Wei Zheng

Shanghai Chinese Classics Publishing House

目　　录

上编　综　　论

下编　分　　论

前　言

一、研究对象的界定和研究的必要性

本书所指南北朝即通常历史意义上的南北朝时期。南朝起讫时间是公元 420－589 年，包括宋齐梁陈四朝。北朝起讫时间是公元 439－581 年，包括北魏、东西魏、北齐北周五朝。北魏根据都城的变化分为北魏平城时代、北魏洛阳时代。由于合葬墓的存在，东晋十六国晚期墓葬进入刘宋和北魏平城时代，北齐北周、南朝陈代墓葬延续到隋代的情况时有发生。因此，必要的情况下会略微突破南北朝绝对时间的断限，但所论内容以墓葬面貌属于南北朝时期而非东晋十六国或隋代为准。

墓葬礼制的含义包括两个方面。一是官方规定的等级制，即通常意义上的礼制，这是对官员这一身份的承认，同时也是限制。官员墓葬中的部分因素显然具有等级制意义，是某种官方强制性规定的产物，现存历史文献中却往往没有这方面的记载，但不能因为文献的缺失或未曾记录而否认这种等级制的存在。在面对这类考古材料时，我们将进行必要的说明或论证。墓葬礼制还具有扩大化的含义，与葬俗密切相关，但范围要小于葬俗，或者说，是强制性比较明显的葬俗。这个方面颇难加以精确说明，但面对具体的墓葬材料时却不难理解，如合葬的方式（家族合葬还是夫妇合葬、同茔异穴还是同穴合葬、分棺还是同棺合葬等）、墓室的平面形态、有棺还是无棺、棺木的形状、墓主的头向、随葬品的基本组合和陈列位置等内容，不同的地域、不同的族群往往具有各自的规定。这种规定虽无明文，但属于不成文规定，对普通民众和官员在内的所有人的约束力不亚于等级规定对官员的作用。南北朝时期墓葬等级制处于发展时期，强制性明显的葬俗对社会的影响更大，也是本书重点探讨的内容。

对南北朝墓葬礼制进行专门研究，基于以下原因：

首先，南北朝墓葬礼制具有很强的独立性，从而具有进行专门研究的价值。与三国西晋墓葬相比，东晋十六国墓葬都表现出不少不同之处；如果用南朝墓葬与东晋十六国墓葬相比，彼此不同之处就更为显著，且不少内容的差异是本质性的。具体而言，在北方地区，北朝与十六国墓葬的差异首先表现为墓葬文化的差异，之后发展到制度层面；在南方地区，南朝墓葬自刘宋时代就迅速在制度层面体现出与东晋的不同。这种情况的发生，植根于南北朝历史与三国两晋时期的重大差别。北方地区鲜卑政权第一次将众多不同部族、不同思想的人群纳入到一个统一政权之下，使北魏墓葬礼制的发展走上一条前所未有而异彩纷呈的道路。在南方地区，庶族阶级取代贵族阶级掌握了最高权力，他们仍然需要丧葬文化作为维系人伦、巩固社会的重要手段，但要求丧葬文化更多地体现他们的思想和意志。南北朝墓葬礼制的这种特性值得专门深入研究。

其次,南北朝墓葬礼制具有很高的研究价值。南北朝墓葬礼制具有相当完整的"生命史",其萌芽、发展、完善、衰退过程都能较为清晰地被观察到。南方是庶族阶级掌握最高权力并提出自身文化要求的时代,贵族阶级只是从前台的最前面往后退,他们依然实际控制着从政治权力到社会文化的方方面面,两种主要政治和文化力量的交织涵化,使南朝墓葬礼制呈现出独特的历史风貌。在北方地区,拓跋鲜卑的执政并不能带来文化上的自动提升,反而需要其与以汉文化为代表的其他民族文化、以佛教为代表的异域文化进行融合,并最终向封建化方向发展,北魏平城时代尚是多种文化融合为主旋律的时代,北魏洛阳时代伊始就进入封建化框架下发展变化的时代,墓葬材料对此有较为充分的反映,值得深入分析。

再次,对南北朝墓葬礼制进行研究能有效推动学术进步。一方面,我们看到,南北朝墓葬礼制在宏观层面和微观层面都产生了可观的研究成果,宏观者如《中国考古学·三国两晋南北朝卷》,微观者如《东魏、北齐墓葬的考古学研究》《西魏北周墓葬研究》等,但将南北朝合并在一起的研究至今阙如,这无疑是与南北朝墓葬礼制的价值和独特性不相符的。另一方面,考古学的研究方式和书写方式正在或已经发生了变化。以上所举成果的基本研究路径是考古材料的分区和分期,这在认识墓葬材料的时空差异时是最有效的办法,但对于墓葬礼制而言,空间差异并不具有第一位的重要意义,基于陶瓷器差异的墓葬分期也不必然与礼制变革之间关系紧密。因此,参照考古学分区分期的研究成果,并从传统研究思路中跳出来,对墓葬礼制进行正面的、直接的研究和表述,有望推动学术进步。

最后,能够与其他学科的研究成果互鉴互惠,实现学术的共同进步。近年来,其他学科主要利用文献材料,从丧葬礼制角度进行研究的成果颇丰,如梁满仓《魏晋南北朝五礼制度考论》①、吴丽娱《终极之典——中古丧葬制度研究》②、吴丽娱主编《礼与中国古代社会》③、高二旺《魏晋南北朝丧礼与社会》④,这些研究多颇具系统性,也会涉及考古材料,但考古界缺少系统的对应性成果,文献记载与考古资料之间的呼应和差异尚未加以充分揭示,这在事实上延缓了学术共同进步的步伐,这个局面亟待改变。

综上而言,在魏晋南北朝近四百年的历史中,社会严重动荡,乃至停滞的是三国和东晋十六国时期,南北朝反而是社会相对安定并有所发展的时期,南北朝社会都发展出不同于以往的形态和特质,这促成南北朝墓葬礼制具有很强的独立性,并具备了相当完整的"生命史"。对南北朝墓葬礼制的探讨需要与之相应的研究和描述方式,利用而不满足于考古学分区分期研究,正面探讨南北朝墓葬礼制,不失为一个有益的尝试。将考古学角度下的南北朝墓葬礼制研究与其他学科的研究成果相结合可以说是时代的要求。

① 梁满仓:《魏晋南北朝五礼制度考论》,社会科学文献出版社,2009 年。
② 吴丽娱:《终极之典——中古丧葬制度研究》,中华书局,2012 年。
③ 吴丽娱:《礼与中国古代社会》,中国社会科学出版社,2016 年。
④ 高二旺:《魏晋南北朝丧礼与社会》,上海古籍出版社,2017 年。

二、学术史的简单回顾

学术界对墓葬礼制的关心是近十年以来的事情。之前只有为数不多的学者进行过讨论，如宿白《北魏洛阳城与北邙陵墓》①一文以迁洛后北魏皇族为中心，对其在洛阳地区的墓葬区域划分状况的研究，李蔚然《南京地区六朝时期葬地的选择和排葬情况》②一文对六朝建康地区墓地和墓葬排列方式的探讨，马忠理《磁县北朝墓群——东魏北齐陵墓兆域考》③一文对东魏北齐陵墓区划的分析，杨泓《南北朝墓的壁画和拼镶砖画》④一文对南北朝墓葬壁画布局特点和相互关系的分析，周裕兴《南京南朝墓制研究》⑤对南京地区南朝墓葬形制和特点的讨论。那个时候学术界主要关心的是南北朝墓葬的分区分期研究，如蒋赞初对长江中下游六朝墓葬的分期研究⑥、张小舟对中原北方十六国墓葬的研究⑦都是当时的代表性成果。

近十年来，分期分区的研究依然不断，但突破性的结论越来越难获得。同时，像其他人文学科一样，考古学受到社会学、人类学、艺术史、技术史的影响越来越大，产生了一批重要成果：论文如韩国河《东汉北魏陵寝制度特征和地位的探讨》⑧、耿朔《南朝墓葬大型拼砌砖画的再研究——基于技术角度的考察》⑨、徐斐宏《北朝晚期至唐初墓葬的演变》⑩、王汉《图变今情——南朝"竹林七贤与荣启期"砖印壁画研究》⑪、张科《六朝地域社会的考古学观察——以长江中下游地区为中心》⑫、王倩《魂兮有奉——三国两晋南北朝墓葬祭祀遗存研究》⑬等。论著如倪润安《光宅中原——拓跋至北魏的墓葬文化与社会演进》⑭、林圣智《图像与装饰——北朝墓葬的生死表象》⑮、拙著《将毋同——魏晋南北朝图像与历史》⑯等。墓葬礼制是相对比较困难的研究课题，也不是国外学者兴趣之所在，所以近十年来并无特别相关的研究。值得一提的是李梅田心系学林，不辞辛苦将丁爱博《六朝文明》⑰译为中

①　宿白：《北魏洛阳城与北邙陵墓》，《文物》1978 年第 7 期。
②　李蔚然：《南京地区六朝时期葬地的选择和排葬情况》，《江苏社联通讯》1980 年第 13 期。
③　马忠理：《磁县北朝墓群——东魏北齐陵墓兆域考》，《文物》1994 年第 11 期。
④　杨泓：《南北朝墓的壁画和拼镶砖画》，载氏著《汉唐美术考古和佛教艺术》，第 97 页，科学出版社，2000 年。
⑤　周裕兴：《南京南朝墓制研究》，《南京大学历史系考古专业成立三十周年纪念文集》，天津人民出版社，2002 年。
⑥　蒋赞初：《关于长江下游六朝墓葬的分期和断代问题》，《中国考古学会第二次年会论文集》，文物出版社，1982 年。蒋赞初：《长江中游六朝墓葬的分期和断代——附论出土的青瓷器》，《中国考古学会第三次年会论文集》，文物出版社，1984 年。
⑦　张小舟：《北方地区魏晋十六国墓葬的分区与分期》，《考古学报》1987 年第 1 期。
⑧　韩国河：《东汉北魏陵寝制度特征和地位的探讨》，《文物》2011 年第 1 期。
⑨　耿朔：《南朝墓葬大型拼砌砖画的再研究——基于技术角度的考察》，中央美术学院博士后研究工作报告，2017 年。
⑩　徐斐宏：《北朝晚期至唐初墓葬的演变》，北京大学博士学位论文，2018 年。
⑪　王汉：《图变今情——南朝"竹林七贤与荣启期"砖印壁画研究》，北京大学博士学位论文，2018 年。
⑫　张科：《六朝地域社会的考古学观察——以长江中下游地区为中心》，四川大学博士学位论文，2019 年。
⑬　王倩：《魂兮有奉——三国两晋南北朝墓葬祭祀遗存研究》，北京大学博士学位论文，2020 年。
⑭　倪润安：《光宅中原——拓跋至北魏的墓葬文化与社会演进》，上海古籍出版社，2017 年。
⑮　林圣智：《图像与装饰——北朝墓葬的生死表象》，台湾大学出版中心，2019 年。
⑯　拙著：《将毋同——魏晋南北朝图像与历史》，上海古籍出版社，2019 年。
⑰　丁爱博著，李梅田译：《六朝文明》，社会科学文献出版社，2013 年。

文,还有宋馨主编的《从考古与文献看中古早期的中国北方》①收录了几篇国外学者的论文。

这十年来还刊布了一些综合性的论著,其中也涉及墓葬礼制,值得加以罗列,如李梅田《中国古代物质文化史·魏晋南北朝》②、中国社会科学院考古研究所《中国考古学·三国两晋南北朝卷》③,刘毅《中国古代物质文化史·陵墓》④对南北朝陵墓的讨论也很有参考价值。

这十年来不但刊布了一批考古报告,而且南京、大同、西安等地还将相关资料汇编成册,方便了资料的检阅。此外还有一些图录的资料价值也较高。

重要考古报告如《北周田弘墓》⑤《北周史君墓》⑥《安阳北朝墓葬》⑦《卫辉大司马墓地》⑧《北魏曹连墓石棺》⑨《余杭小横山东晋南朝墓》⑩《杭州余杭汉六朝墓群》⑪《萧山溪头黄战国汉六朝墓》⑫《大兴北程庄墓地:北魏、唐、辽、金、清代墓葬发掘报告》⑬等。重要的资料汇编如《南京考古资料汇编》⑭《南京文物考古新发现(第三辑)》⑮《南京文物考古新发现(第四辑)》⑯、《南朝真迹》⑰《二十世纪五十年代陕西考古发掘资料整理研究》⑱《大同考古资料汇编》⑲《邺城考古发现与研究》⑳等。重要图录如《天国之享——襄阳南朝画像砖艺术》㉑《融合之路——拓跋鲜卑迁徙与发展历程》㉒《熠彩千年——大同地区墓葬壁画》㉓《壁上乾坤:山西北朝墓葬壁画艺术》㉔等。还有一些书籍也包含有价值的资料,如《平城丝路》㉕《北魏平城考古研究——公元五世纪中国都城的演变》㉖《北魏平城书迹研究》㉗《北魏平城书迹》㉘等。

① 宋馨等:《从考古与文献看中古早期的中国北方》,Harrassowitz Verlag,2019 年。
② 李梅田:《中国古代物质文化史·魏晋南北朝》,开明出版社,2014 年。
③ 中国社会科学院考古研究所:《中国考古学·三国两晋南北朝卷》,中国社会科学出版社,2018 年。
④ 刘毅:《中国古代物质文化史·陵墓》,开明出版社,2016 年。
⑤ 原州联合考古队:《北周田弘墓》,文物出版社,2009 年。
⑥ 西安市文物保护考古研究院:《北周史君墓》,文物出版社,2014 年。
⑦ 河南省文物局:《安阳北朝墓葬》,科学出版社,2013 年。
⑧ 河南省文物局:《卫辉大司马墓地》,科学出版社,2015 年。
⑨ 洛阳市文物考古研究院:《北魏曹连墓石棺》,科学出版社,2019 年。
⑩ 杭州市文物考古研究所、余杭博物馆:《余杭小横山东晋南朝墓》,文物出版社,2013 年。
⑪ 杭州市文物考古研究所:《杭州余杭汉六朝墓群》,文物出版社,2017 年。
⑫ 杭州市文物考古研究所、萧山博物馆:《萧山溪头黄战国汉六朝墓》,文物出版社,2018 年。
⑬ 北京市文物研究所:《大兴北程庄墓地:北魏、唐、辽、金、清代墓葬发掘报告》,科学出版社,2010 年。
⑭ 南京市博物馆:《南京考古资料汇编》,凤凰出版社,2013 年。
⑮ 南京市博物馆:《南京文物考古新发现》第三辑,文物出版社,2014 年。
⑯ 南京市博物馆:《南京文物考古新发现》第四辑,文物出版社,2016 年。
⑰ 南京市博物总馆、南京市考古研究所:《南朝真迹》,江苏凤凰美术出版社,2016 年。
⑱ 陕西省文物保护研究院:《二十世纪五十年代陕西考古发掘资料整理研究》,三秦出版社,2015 年。
⑲ 大同市考古研究所:《大同考古资料汇编》,文物出版社,2018 年。
⑳ 中国社会科学院考古研究所等:《邺城考古发现与研究》,文物出版社,2014 年。
㉑ 襄阳市博物馆:《天国之享——襄阳南朝画像砖艺术》,科学出版社,2016 年。
㉒ 大同市博物馆:《融合之路——拓跋鲜卑迁徙与发展历程》,安徽美术出版社,2018 年。
㉓ 大同市博物馆:《熠彩千年——大同地区墓葬壁画》,科学出版社,2019 年。
㉔ 山西博物院、山西省考古研究所:《壁上乾坤:山西北朝墓葬壁画艺术》,山西人民出版社,2019 年。
㉕ 云冈研究院:《平城丝路》,青岛出版社,2015 年。
㉖ 王银田等:《北魏平城考古研究——公元五世纪中国都城的演变》,科学出版社,2017 年。
㉗ 殷宪等:《北魏平城书迹研究》,商务印书馆,2016 年。
㉘ 殷宪:《北魏平城书迹》,文物出版社,2017 年。

三、研究和表述方法的简单说明

　　本书虽然是一部以考古学性质为主的专论,但不拟采用考古学惯常的分期排队的研究和表述方式,这不仅是由于已经存在如李梅田《魏晋北朝墓葬的考古学研究》①、拙著《六朝墓葬的考古学研究》②以及为数可观的博硕论文,现有的分期断代结论没有发生重大改变,而且是因为本书所讨论的重点不是年代学问题而是文化现象及其与历史背景之间的关系。虽然南北朝墓葬的年代问题没有完全解决,但未能解决的问题,考古类型学研究现在还无能为力,这也是本书不展开大规模分期排队的原因之一。个别材料的年代学问题,将采用单独说明的方式加以处理。这是本书研究和表述方法上需要说明的第一点。

　　从考古学材料提出问题,首先用考古学方法,然后再引入其他方法进行研究,这是考古学科的基本特性之一,本书对此有充分认识。但是,南北朝墓葬材料在时间和空间上的不平衡性极其突出,有些地区、有些时段没有任何考古发现,这不仅使现有材料显示的年代早晚关系可能并非实际情况,而且使各种材料之间的关联性变得不明显。在这种情况下,本书将努力探索各种考古材料的内在联系,放宽研究结论,同时还将加强对历史背景的分析。因此,本书部分章节的研究和表述方式可能与常见考古论著略有不同,这是需要说明的第二点。

　　考古学科的另一基本特性是以对历史事实的考订为旨归,但这并不完整,这影响着我们今天的研究和表述方式。"考古"不是一个新词,是从宋代就存在的以金石学为基础的对名物进行考订的学问,在这里,事实上的正误对错、非此即彼是基本能做到的。中国考古学继承了这个优良传统。但现代考古学起源于欧美,是主要利用物质材料尝试对古代社会复原、解释的学问,这个学问不追求唯一合理的答案,而是优中选优。当代中国考古学者自觉不自觉地踯躅徘徊于唯一与多种可能性之间,这在历史时期考古学者中表现得更为明显,这是因为历史记载的增多使追求真实似乎变得更有可能,可以恣意驰骋的想象空间则变得更为狭窄。本书也不能逃脱这个时代的限定性,在个别问题上会表现得迹近苛刻,如对年代和序列的讲求;在一些问题上又会做到相当的超然,如对年代与背景之间的关系。这种貌似的不一致性表面上是由于问题的性质不同引起的,此外还有学科史方面的原因。实际上,除了时间、地点、人物这些"刚性"指标外,历史事件、原因、制度和影响等方面在今天看来都具有深浅不一的主观色彩,希望一条反证材料都没有的设想已经被证明是不现实的。这导致在研究和表述上,归纳不再是包括考古学科在内的人文学科的唯一方法,适当的演绎从而被允许。本书同样也不能不受到这个时代特点的影响,这是需要说明的第三点。

　　还需要说明的是,虽然近年来对南北朝历史正面因素和积极意义的评价不断增加,但并不能改变这样的基本事实:与其他时期相比,南北朝是中国历史上最为动荡、黑暗的时

---

①　李梅田:《魏晋北朝墓葬的考古学研究》,商务印书馆,2009 年。
②　拙著:《六朝墓葬的考古学研究》,北京大学出版社,2011 年。

期,南北朝都城以外地区普遍严重衰落;社会发展虽然没有停滞,但步伐并不快,且时有迂回甚至被打断,是有目共睹的事实。因此,南北朝墓葬集中发现于都城地区,我们对问题的讨论也只能主要使用都城地区的材料。好在墓葬礼制与墓主身份的关联性很强,墓主身份高,墓葬的信息量会更大,但这毕竟影响了不同地域特征的讨论,所以在此特别予以说明。

基于以上四点和南北朝墓葬材料的基本状况,本书采用上下编的形式进行表述。上编是对南北朝墓葬礼制中具有时代性、普遍性意义的问题进行论述,下编是对南北朝墓葬礼制的重要问题进行个别式的集中论述,结语部分是对上下编的简略总结和引申。

上编　综论

第一章　南朝墓葬礼制综论

自公元 420 年刘裕代晋,至公元 589 年隋跨江灭陈,170 年间,南方地区历宋齐梁陈四朝。从君主家天下的角度来看,南朝四朝不可不谓短促;从历史的实际情况看,南朝四朝自有其内在的连续性。古人从政权交替方式的角度对此早有洞察,如《南齐书》卷二三《褚渊传》史臣曰:

> 魏氏君临,年祚短促,服祸前代,宦成后朝。晋氏登庸,与之从事,名虽魏臣,实为晋有,故主位虽改,臣任如初。自是世禄之盛,习为旧准,羽仪所隆,人怀美慕,君臣之节,徒致虚名。贵仕素资,皆由门庆,平流进取,坐至公卿,则知殉国之感无因,保家之念宜切。市朝亟革,宠贵方来,陵阙虽殊,顾眄如一。①

南朝君主虽然比东晋皇帝在国家政治生活中发挥的影响要大,但正如杜牧所言"大抵南朝皆旷达",推动东晋南朝社会运转的基本动力是一致的,都是贵族制度。南朝四朝之更替不过如东晋皇帝之更替,只是在场面上显得更加波谲云诡而已。南朝政治的这一特性,决定了南朝历史的连续性,决定了包括墓葬礼制在内的相关礼制的连续性。丧葬活动在中国古代所具有的政治意义是毋庸多言的,墓葬是丧葬活动的凝固物,甚至可以说是墓主政治生命史的最终和极端体现。墓葬礼制的这种连续性是能够将南朝作为一个整体进行讨论的前提。

当然,连续不等于没有变化,只是变化是局部性的,没有冲决整体上的连贯性。南朝墓葬礼制遵循的就是这个规律。具体而言,刘宋对东晋似有有意的反动和创新,也有历史的继承。刘宋墓葬的部分新貌是有礼制意义的,如陵墓神道石刻的使用;有些似乎并无礼制上的动机,如买地券的重又增多。刘宋开了个头,齐梁时期在制度建设上明显大有所为,从墓葬形制和规模,到随葬品的种类和数量,都能看出制度性的因素。下文将围绕这些方面进行相对宏观的勾勒。

第一节　刘宋墓葬礼制的鼎新

刘宋在墓葬礼制上的刻意革新,笔者曾加以讨论②。近十年来,刘宋纪年墓葬颇有发

---

① 《南齐书》卷二三《褚渊传》,第 438 页,中华书局,1972 年。
② 拙文:《南朝陵寝制度之渊源》,《古代文明》第 4 卷,文物出版社,2005 年。

现,使过去主要依靠推测进行讨论的局面大为改善,刘宋刻意革新墓葬礼制的情况变得更为清晰起来。

近十年来新增刘宋纪年墓葬主要有南京西善桥 M19 钟济之孙氏夫妇墓①、句容春城元嘉十六年(439 年)墓②、南京淳化咸墅罗氏家族墓③。钟氏夫妇合葬墓中,夫人孙氏元嘉三年(426 年)下葬,钟济之元嘉十一年(434 年)下葬。简报未涉及二人随葬品是否存在差异问题,从简报材料也无法做出有效区分,这说明二人下葬间隔的 8 年间,建康地区刘宋墓葬随葬品没有发生明显变化。句容春城墓有元嘉十六年墓砖,墓主信息不明。罗氏家族墓共发现 4 座,M1 墓主为罗健夫妇,葬于元嘉二十二年(445 年);M5 墓主为罗健之子罗道训,葬于元嘉三十年(453 年);M3、M4 无文字资料发现,M3 从出土陶俑看,也可能是刘宋时期,M4资料未完全发表,年代暂不能推定,但从与 M3 毗邻看,也有可能是刘宋时期墓葬。

以往发掘的刘宋时期墓葬中,建康附近地区纪年墓葬有南京铁心桥司家山 M6 谢珫墓④(永初二年,421 年)、南京太平门外明昙憘墓⑤(元徽二年,474 年)。非纪年墓,但主流意见为刘宋时期的南京隐龙山南朝墓⑥,以及现在更多研究成果倾向于刘宋时期的南京西善桥宫山竹林七贤拼嵌壁画墓⑦。此外,文献明确记载宋文帝长宁陵前有神道石刻。根据这些墓葬,建康地区刘宋墓葬的新貌已经可以进行粗略地勾勒。

一、陵墓石刻的出现

这一点早为学术界所注意到,但并非题无剩义。

刘宋帝王陵墓前出现神道石刻,主要基于文献记载,即经常被引用的《南齐书》卷二二《豫章文献王嶷传》:"上数幸(萧)嶷第。宋长宁陵隧道出第前路,上曰:'我便是入他家墓内寻人。'乃徙其表阙骐骥于东岗上。骐骥及阙,形势甚巧,宋孝武于襄阳致之,后诸帝王陵皆模范而莫及也。"⑧对于南朝帝陵石刻,曾布川宽的研究较为全面,他认为长宁陵具体在何处还没有确切证据,但南京麒麟铺一对石兽为宋武帝刘裕陵前之物文献记载流传有序,与地望也较吻合,将麒麟铺石兽推定为宋武帝陵前之物还是最好的方案⑨(图 1 - 1 - 1)。这样,加上文献记载宋文帝陵本来就有石刻,刘宋新创了(或恢复了)陵墓神道石刻制度是没有疑问的。宋武帝、宋文帝之后刘宋诸帝陵墓石刻情况不明,但南齐陵墓前也有石

① 南京市博物馆、雨花台区文化广播电视局:《南京市雨花台区西善桥南朝刘宋墓》,《考古》2013 年第 4 期。
② 镇江博物馆、句容市博物馆:《江苏句容春城南朝宋元嘉十六年墓》,《东南文化》2010 年第 3 期。
③ 东南大学艺术学院、南京市江宁区博物馆:《南京淳化咸墅南朝罗氏家族墓地发掘简报》,《文物》2019 年第 10 期。
④ 南京市博物馆、雨花区文化局:《南京南郊六朝谢珫墓》,《文物》1998 年第 5 期。
⑤ 南京市文物管理委员会:《南京太平门外刘宋明昙憘墓》,《考古》1976 年第 1 期。
⑥ 南京博物馆、江宁博物馆:《南京隐龙山南朝墓》,《文物》2002 年第 7 期。随着考古资料的增多,刘宋与东晋的差异显示得更为明显,东晋与刘宋墓葬的分界在刘宋中晚期为越来越多的学者所接受,但刘宋与齐梁墓葬的分界线和彼此差异的程度还不明朗,这与刘宋中晚期纪年墓数量不足,与萧齐帝王以外人物墓葬数量发现很少有直接关系。
⑦ 南京博物院、南京市文物保管委员会:《南京西善桥南朝墓及其砖刻壁画》,《文物》1960 年第 8、9 期合刊。
⑧ 《南齐书》卷二二《豫章文献王嶷传》,第 414 页,中华书局,1972 年。
⑨ 曾布川宽著,傅江译:《六朝帝陵——以石兽和砖画为中心》,第 1 - 12 页,南京出版社,2004 年。

刻,则刘宋、南齐其他诸帝陵前也当有石刻。刘宋帝王陵前皆有神道石刻为确凿之事,不仅开南朝陵墓石刻之先河,后来还影响到北方,乃至隋唐以后。

图 1-1-1　南京麒麟铺传宋武帝陵前石麒麟

陵墓神道石刻正式出现于东汉,墓主身份可知者基本都是政府官员,东汉诸侯王陵墓前不见有使用者,东汉帝王陵墓更没有[1]。与陵墓前石刻类似的还有墓室壁画,诸侯王墓葬中也不使用,可知陵前石刻和壁画都不属于东汉帝王之家的陵墓制度。但我们看到,东汉诸侯王墓建筑材料已经从西汉时的木构黄肠题凑变为黄肠石或砖,墓室的中心部分从强调棺椁所在、形态较为特别的梓宫,变为与普通墓葬无异的横前堂双后寝式。从平民和中下级官员墓葬兴起的,更符合小砖券顶结构的墓葬新形式已经逐渐对帝王墓葬产生影响,这个进程只是由于东汉政权的崩溃而中断。刘宋陵墓石刻的出现,可以说是重续了东汉已经开启的墓葬演化趋势。而且,刘宋庶民阶级的出身,也与东汉平民和中下级官员在身份上有重合之处。当然,这不是说他们彼此之间存在直接影响,而是想指出他们可能有共同的心理和需求,具备相似的技术条件,所以采取了类似的表达方式而已。要之,神道石刻在刘宋时期出现于帝王陵墓之前,是刘宋墓葬礼制中的头等大事,对这个事实的评估适宜放在更长的历史时段中进行。

二、墓葬之中石质材料开始流行

可能与帝王陵墓前出现神道石刻有关,在高等级墓葬中开始使用石质材料,涉及建筑构件、棺床[2]、榻[3]、俑等。南京司家山谢珫墓没有使用石质材料的物品。南京西善桥 M19 钟济之孙氏夫妇墓的建造年代当为元嘉三年(426 年),其中也没有使用石质材料的物品。

---

[1]　洛阳象庄石兽或以为属于传光武帝陵的大汉冢,但石兽时代和大汉冢墓主二者均不确定,此说只能备闻而已。

[2]　或称为石棺座,将墓室后部高于前室的铺地砖称为棺床,如《南京隐龙山南朝墓》(《文物》2002 年第 7 期),本文为简单明了起见,将直接陈放木棺的砖砌或石质平台称为棺床。

[3]　简报中多作祭台。应该是所谓的灵筵、灵座。因强调的是象征墓主所在的坐榻,遂以榻称之。

所出买地券为砖质。元嘉十六年(439 年)的句容春城墓有砖砌棺床,甬道中似无石门。出土有纪年铭文砖。元嘉二十二年(445 年)的淳化咸墅罗氏家族墓 M1 罗健夫妇墓有石门,但棺床为砖砌。元嘉三十年(453 年)的罗氏家族墓 M5 罗健之子罗道训墓可惜为作业机械所损坏,是否用石情况不明。所出买地券为砖质。元徽二年(474 年)的南京太平门外明昙憘墓有砖砌棺床,甬道情况因被破坏而不详。出土石墓志,长宽分别为 65、48 厘米。南京隐龙山 M1-3 情况非常相似,都有石门、石棺床、石榻,还随葬有石俑、石质墓志,M1 还另有石屋、石灶(图 1-1-2)。M1 石墓志长宽分别为 36、35 厘米,M3 石墓志长宽分别为 60、50 厘米。南京西善桥宫山墓有石门、石棺床、石榻。隐龙山三墓与西善桥宫山墓的规模、形制、布局、石质材料使用情况非常相似,王志高认为隐龙山可能是南朝时期的岩山(或称龙山),三墓可能是刘宋中后期的皇族或重要功臣陪葬墓[①]。王汉、耿朔、赵俊杰等学者最近对南京西善桥宫山墓进行研究,从技术角度共同证明墓葬年代早于江苏丹阳的几座南齐竹林七贤画像砖墓[②],这一年代判断与笔者认为可以上升到刘宋中后期的推测相近。因此,在目前情况下,隐龙山三墓与西善桥宫山墓可以作为刘宋中晚期墓葬来看待[③]。

基于以上材料和分析,我们可以看到两种情况。一是随着时间的推移,刘宋墓葬面貌逐步发生改变。元嘉二十二年(445 年)的淳化咸墅罗氏家族墓 M1 罗健夫妇墓可以作为一个观察点,这是目前发现年代最早的用石门的墓葬,之前的谢珫墓、钟济之墓、句容春城墓都没有使用石门的迹象,更不用说石榻。元徽二年(474 年)的南京太平门外明昙憘使用石墓志,元嘉三十年(453 年)的淳化咸墅 M5 罗道训墓尚为砖志。隐龙山三墓和西善桥宫山墓还出土石棺床、石榻、石俑等物。以上情况虽然不能推导出石门、石墓志、石棺床、石榻、石俑出现的具体时间点,但石质材料的使用与否不仅是一个显著的标志,而且从早到晚逐渐丰富的趋势十分明确。另一种情况是,石质材料的使用可能逐步获得了等级意义。刘宋帝王使用陵墓石刻,可能造成了陵墓石刻在刘宋时期的专用,成为帝王区别于人臣的标志之一,但由此引起的直接和间接效仿却不可避免。即使最早的陵墓石刻从襄阳等外地运来,在建康当地制造也是必然之事,这自然会刺激石门等墓葬用石质用品的产生,或许因此从墓门延伸到石棺床、石墓志、石榻、石俑以及其他[④]。在这个过程中,即使不是全部,但至少石床、石榻可能获得了礼制意义,否则隐龙山三墓不太可能与西善桥宫山墓如此之相似。与此四墓相似的还有南京司家山谢氏墓地 M1[⑤],该墓规模不大,通长不过 5 米出头,使用了石棺床和石俑,但甬道之中为木门(图 1-1-3)。从出土的青瓷鸡

---

①　南京博物馆、江宁博物馆:《南京隐龙山南朝墓》,《文物》2002 年第 7 期。

②　王汉:《图变今情——南朝"竹林七贤与荣启期"砖印壁画研究》,北京大学博士学位论文,2018 年。耿朔、杨曼宁:《试论南京石子冈南朝墓出土模印拼镶画像砖的相关问题》,《考古》2019 年第 4 期。赵俊杰、崔雅博:《南朝"竹林七贤与荣启期"砖印壁画墓的年代与等级——以南京石子冈 M5 与西善桥宫山墓为中心》,《美术研究》2019 年第 6 期。

③　其实,这两处墓葬的特征无法做出刘宋或南齐的严格区分,即年代下降到南齐的可能性也存在。如果下降到南齐,对王志高推测隐龙山为刘宋岩山的说法不利,但对本文的讨论则没有实质性妨碍。

④　这个情况与云冈石窟的开凿引发大同北魏墓葬中多石灯等石质物品相似,这首先是对开窟废料的使用,然后才是有意识地使用。

⑤　南京市博物馆、雨花区文化局:《南京司家山东晋、南朝谢氏家族墓》,《文物》2000 年第 7 期。

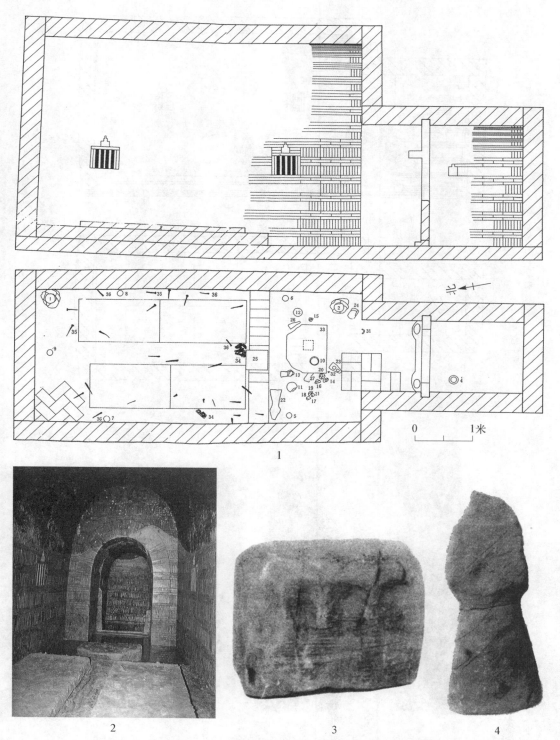

图 1-1-2　南京隐龙山南朝墓 M1 形制及石质随葬品

1. M1 平、剖面图　2. 墓葬内景　3. 石屋(M1：24)　4. 石俑(M1：22)

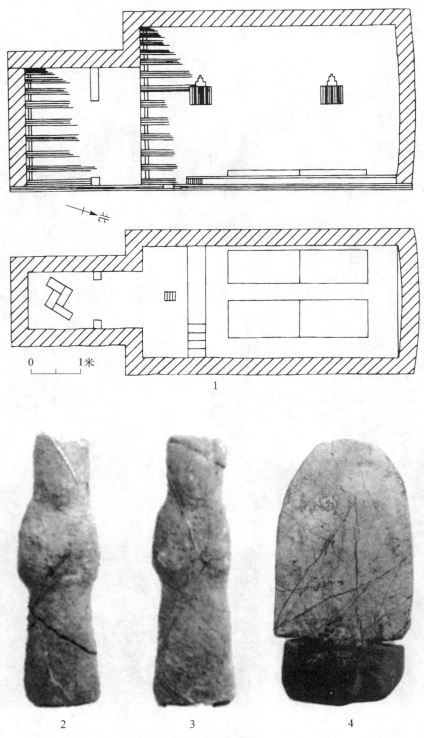

图 1-1-3　司家山谢氏墓地 M1 形制及石质随葬品

1. M1 平、剖面图　2、3. 石俑(M1：5、M1：6)　4. 石墓志(M1：7)

首壶和盘口壶来看，墓葬年代距东晋不能太远，但从出土有龟趺石碑形墓志来看，似乎又与东晋距离甚远，存在为刘宋中后期墓葬的可能性，也就是说与隐龙山和西善桥宫山墓的年代有接近的可能。在这种情况下，司家山谢氏墓地 M1 的营建和使用过程就可以大致复原为：在刘宋早些时候修建了墓室，在刘宋中晚期时候第二位死者安葬时，新增加了石棺床和石俑，因为墓室结构无法改变，所以未使用石门，而继续使用木门。至于为什么使用石棺床具有等级意义？刘宋对宗室大臣的控制史无前例，丧葬活动也有严格的规定，如《宋书》卷六一《武三王》之《刘义恭传》载义恭表云："诸王子继体为王者，婚葬吉凶，悉依诸国公侯之礼，不得同皇弟皇子。"上述墓葬材料中的罗健、罗道训父子前后袭承刘阳县开国男爵位，隐龙山三墓和西善桥宫山墓主的身份都应高于罗氏父子，他们墓葬中出现石棺床或许就与身份有关。而明昙憘虽历员外散骑侍郎这一清选，但并无爵位在身，且该墓在刘宋末期，此时相关制度应已渐备，从而墓葬中没有使用石门、石棺床之属。

三、道教因素在墓葬中的再度抬头

淳化咸墅罗氏家族墓地券的出土可能意味着道教因素在南朝墓葬中的再度抬头（图 1-1-4）。南京东吴西晋墓葬中不乏买地券，但进入东晋时期后，仅在镇江金家湾 M3 发现太和元年（366 年）冯庆买地券[①]（图 1-1-5）。镇江与南京近在咫尺，二地墓葬总体面貌相似，但镇江还是有一些自己的特色，如镇江显阳山东晋隆安年间的画像砖墓，就非常不同一般，墓主也被怀疑是山东一带南来的人物[②]。南京地区已经发掘的东晋墓葬以千计，但都没有发现买地券，这不能认为是偶然现象。东晋建康道教很发达，与道教相关的买地券却不见于墓葬之中，这使人倾向于认为这与东晋朝廷的某种禁令有关。这个推测并非完全虚妄。南京地区东吴西晋墓葬中也不乏含有佛教因素的随葬品，但进入东晋之后，这些内容也都戛然而终。很有可能道教与佛教内容都在东晋时期被禁止了。当然这或许还可以追溯到西晋洛阳地区，在洛阳地区的西晋墓葬中也几乎不见道教和佛教因素[③]，而洛阳地区道教和佛教的发展程度是颇为不低的。因此，在这个意义上，淳化咸墅罗氏家族墓地券出土的意义不可小觑。王志高很早就对南方买地券进行研究，辨认出可能为梁代的南京西善桥"辅国将军"墓志实为买地券，他还指出："南京地区南朝墓中常出土一种方形或长方形石板，因长期侵蚀，字迹完全剥落，多被认为是墓志。现在看来，其中有一部分应属买地券。"[④]罗氏家族墓地券的出土印证了王志高的推测具有相当强的合理性[⑤]。

---

① 林留根：《江苏镇江东晋纪年墓清理简报》，《东南文化》1989 年第 2 期。
② 镇江市博物馆：《镇江东晋画像砖墓》，《文物》1973 年第 4 期。
③ 日本书道博物馆藏有洛阳出土太康三年（282 年）朱书镇墓瓶，不知可靠程度有多高，见中村不折著，李德范译：《禹域出土墨宝书法源流考》，第 33、34 页，中华书局，2003 年。
④ 章湾、力子：《南京西善桥南朝墓志质疑——兼述六朝买地券》，《东南文化》1997 年第 1 期。
⑤ 换个角度来说，墓志和镇墓券合在一起可能具有地方和时代特色，也可能与这个时期墓志还没有上升到制度层面有关，因而与本来就没有制度因素的地券发生了交融现象。

图 1 - 1 - 4 淳化咸墅南朝罗氏家族墓地券

1. 砖买地券(M1：26)拓片 2. 砖卖地券(M1：32)拓片 3. 砖卖地券(M5：1)拓片

　　罗氏家族墓地券出土后,王志高就南京与其他地区买地券的关系认为:"尽管鄂州萠谦、始兴妳女两例地券的年代要比南京罗健地券分别早6年、3年,但由于南京是东晋、南朝国都建康所在,是其时南方的道教中心,就与道教相关的地券葬俗的传播而言,我们仍然相信是南京地区对湖北、广东等地的扩散影响,而不是有关学者推测的反方向。各地区当下所见南朝地券年代的相对早晚,只是考古发现的局限性所致。"①这是一个很有见地的认识,是一个从中国古代政治与宗教、首都与地方的主次关系出发而得出的认识,但王志高没有作具体论证,笔者这里试作补充。其一,东晋买地券不仅建康地区不见,整个东晋疆域范围内,镇江之外,仅有浙江平阳出土的咸康四年(338年)朱曼妻薛氏买地券。这枚买地券的年代为东晋初年,平阳又是相对偏远之地,因此,很可能是延续了西晋习俗而尚未被截断而已。这样,可以完全视为东晋时期的买地券就仅镇江金家湾那一枚了。但是,南朝时期的买地券就发现甚多、分布地域甚广了,鲁西奇所列举刘宋时期的买地券就有7枚,它们是徐州元嘉九年(432年)王佛

图 1-1-5　镇江东晋冯庆墓买地券

女买地券、长沙元嘉十年(433年)徐副买地券、鄂州元嘉十六年(439年)萠谦买地券、始兴元嘉十九年(442年)妳女买地券、仁化元嘉二十一年(444年)田和买地券、广州元嘉二十七年(450年)龚韬买地券、桂林泰始六年(470年)欧阳景熙买地券②。这些地券彼此之间关联性甚强,多有"新出太上老君符敕""从军乱以来,普天下死人,皆得听随生人所在郡县葬埋"字句,还有作为证人即"时人"或"知者"的"李坚固、张定度"。这样突然流行起来、文本又非常相似的买地券不仅与某种道教组织有关,还应该与这种道教组织的活动得到了政府的许可有关,能将这种宗教与政治力量整合到一起的地区自然以首都为首选。情况可能略微复杂的是,徐州在其中发挥了一定的作用,徐州王佛女买地券透露了这方面的信息。王佛女地券不仅是目前所知时代最早的刘宋买地券,而且券文中有"傍人张亢报",鲁西奇认为这就是后来常见的"张坚固",这个认识是可取的。徐州为刘宋桑梓故里,本来就是宗教发达之地,在刘宋王朝建立后,地位迅速攀升,甚至称呼为副都也不为过。徐州与建康的这种紧密关系,有可能促成徐州地区买地券样式流传到建康,在建康有所改造后再向其他地区流传。在流传过程中,也许还会加

---

① 王志高、许长生:《南京淳化新见南朝罗氏地券考释》,《文物》2019年第10期。
② 鲁西奇:《中国古代买地券研究》,第108-121页,厦门大学出版社,2014年。

上一些新因素,如"新出太上老君符敕"一语多见于长江中游和岭南,似乎是在长江中游出现而流传到岭南的。为很多学者所注意到的不见于三国和两晋地券的"军乱",或也暗示这种铭文与刘宋王朝的新建有关。至于"军乱"是实指还是虚指,尚无材料可资证明。

　　新式地券从首都建康向外地流传的另一个证据是地券形式可能受到了砖质墓志的影响。新式地券由买地券、卖地券、镇墓券三券构成,这也是刘宋时期新出现的现象。罗振玉早年曾推测汉代墓葬中可能并存镇墓与买地二券,然而汉魏两晋墓葬中均不见二券并存之例。但建康附近东晋时期有数方内容相同的墓志出于同一墓葬中的现象,如马鞍山东晋太元元年(376 年)孟府君墓①出土墓志 5 方(图 1 - 1 - 6)、丹徒谏壁东晋义熙十二年(416 年)刘庚之墓出土墓志 3 块、南京铁心桥刘宋元嘉二年(424 年)宋乞墓出土墓志 3 块②。上文提及的南京西善桥 M19 钟济之孙氏夫妇墓中,属于钟济之的墓志有 4 块,属于孙氏的有 2 块,墓志铭文基本相同。南京谢珫墓志虽不重复,但有 6 块之多(图 1 - 1 - 7)。刘宋地券的形式与砖志的形式非常接近,刘宋商品经济的发达程度在东晋基础上又向前大迈一步。砖志的形式、商品经济的发展与道教发展所导致的地券内容的细化——这从刘宋与东晋地券铭文字数的多少就可以看出,可能共同促使地券分化为买地、卖地、镇墓三种类型。这三种类型地券在刘宋时期的出现,虽不能直接认为与墓葬礼制有关,但属于刘宋墓葬的新内容无疑,而且因为墓主或具有官员身份,不能认为完全与墓葬礼制无关,至少作为葬俗仍具有一定的普遍意义乃至强制性。

图 1 - 1 - 6　马鞍山东晋孟府君墓志铭

---

① 安徽省文物工作队:《安徽马鞍山东晋墓清理》,《考古》1980 年第 6 期。
② 南京市博物馆:《江苏南京市中华门外铁心桥出土南朝刘宋墓志》,《考古》1998 年第 8 期。

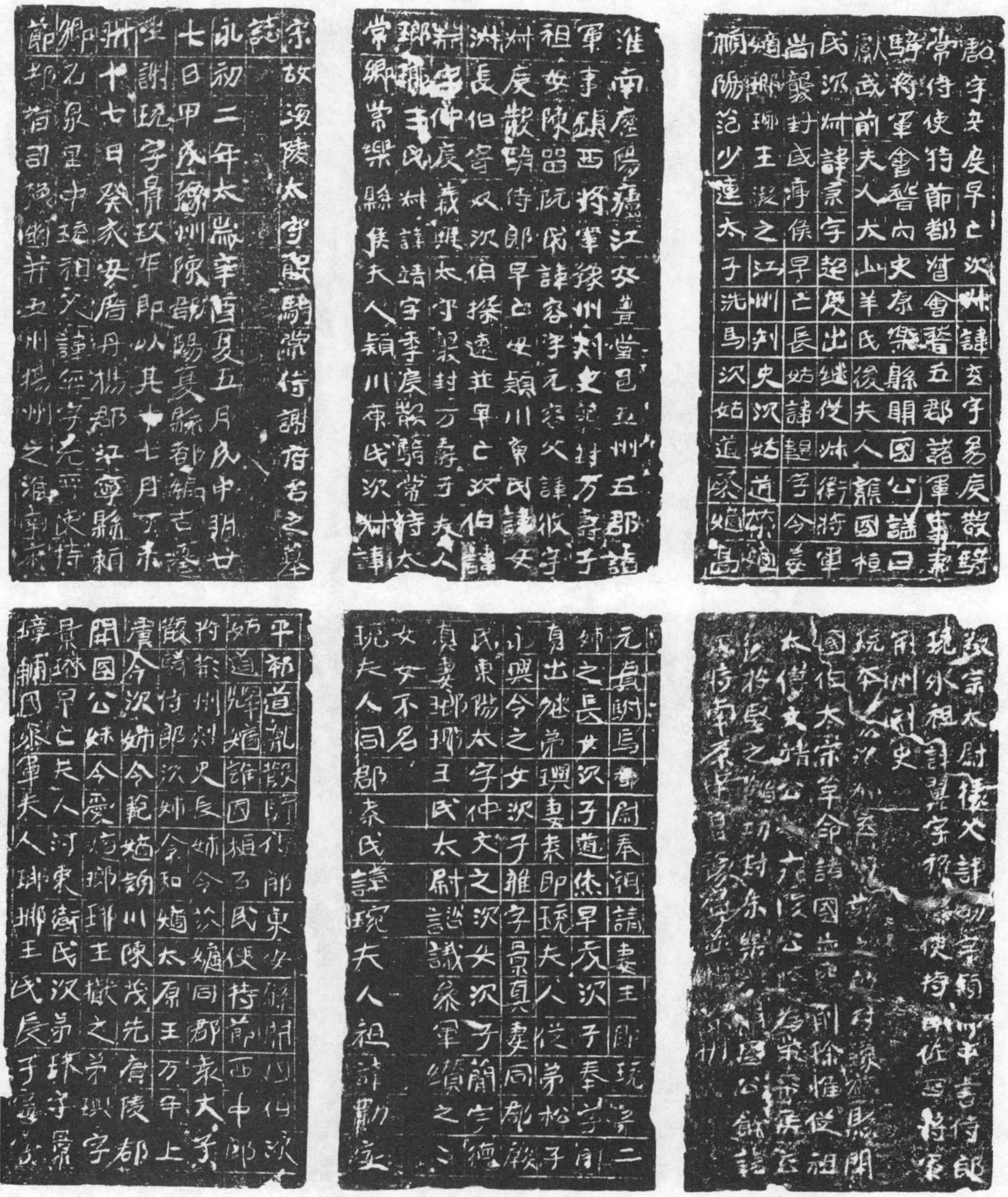

图 1－1－7　南京刘宋谢珫墓志

第二节 "齐梁新礼"视野下的墓葬礼制

所谓"齐梁新礼"是指齐梁时期实行的礼制,与刘宋礼制有较大不同,这在文献中有较为充分的记载。《南齐书》卷九《礼志上》明确记载创设了新礼:"永明二年,太子步兵校尉伏曼容表定礼乐。于是诏尚书令王俭制定新礼,立制礼乐学士及职局……因集前代,撰治五礼,吉、凶、宾、军、嘉也。"《隋书》卷八《礼仪志三》述丧服时对南齐的改制进行了肯定:"江南王俭,偏隅一臣,私撰仪注,多违古法。"齐、宋差异被充分肯定,梁代继续修治五礼。《梁书》卷二十五《徐勉传》载普通六年上五礼表云:"伏寻所定五礼,起齐永明三年……谘禀卫将军丹阳尹王俭,学士亦分住郡中,制作历年,犹未克就。及文宪薨殂,遗文散逸,后又以事付国子祭酒何胤,经涉九载,犹复未毕。建武四年,胤还东山,齐明帝敕委尚书令徐孝嗣。旧事本末,随在南第。永元中,孝嗣于此遇祸,又多零落。当时鸠敛所余,权付尚书左丞蔡仲熊、骁骑将军何佟之,共掌其事。时修礼局住在国子学中门外,东昏之代,频有军火,其所散失,又逾太半。天监元年,佟之启审省置之宜,敕使外详……于是尚书仆射沈约等参议,请五礼各置旧学士一人……乃以旧学士右军记室参军明山宾掌吉礼,中军骑兵参军严植之掌凶礼……后又以(伏)暅代严植之掌凶礼。暅寻迁官,以五经博士缪昭掌凶礼……凶礼仪注以天监十一年十一月十七日上尚书……"严植之参与了齐梁两朝凶礼的修撰。上引《隋书》卷八《礼仪志三》续云:"就庐非东阶之位,凶门岂设重之礼。两萧累代,举国遵行。"齐梁凶礼相承之迹甚明。齐梁相比,梁朝的地位更重一些。南齐不旋踵而灭,五礼终齐世未能克就,梁续修,天监十一年(512 年)成凶礼,普通六年(525 年)正式颁行。职是之故,《隋书》卷六《礼仪志一》总叙称:"梁武始命群儒,裁成大典。"梁代庾信《哀江南赋》序:"五十年中,江表无事",而且"江东复有一吴儿老翁萧衍者,专事衣冠礼乐"①,南朝中后期历史可以说是围绕梁代而展开的,五礼成就于梁有其必然。

当然,以上文献记载的核心是丧葬礼仪的过程和形式,墓葬本身并不是记载的主要对象,那么,主要立足于考古材料讨论"齐梁新礼"是否可行?答案是肯定的。首先,墓葬本身就是丧葬活动的一部分,安放于墓葬之中的各种物品参与了丧葬过程,也具有礼制意义。墓葬可以说是丧葬活动的最终凝固物,通过墓葬材料虽然不能完全复原丧葬过程,但是其中蕴含的礼制成分仍然可以分析。其次,可堪注意者,"齐梁新礼"不可能是全新之礼,必然是部分革新部分继承。进行礼仪活动的人,礼仪活动所蕴含的思想,礼仪活动中所使用的物品,都不可能是全新之物。因此,"齐梁新礼"只是部分新礼。这是易明之理,但齐梁墓葬已为一千五百年前之物,墓葬材料本身不会说话,何者为新何者为旧,需要我们进行辨别,这既是考古学研究的职责,也是考古学研究的价值所在。复次,陈位居南朝

---

① 《北齐书》卷二十四《杜弼传》,第 347 页,中华书局,1972 年。

四朝之末,实力和国势俱颓,但在墓葬礼制研究上的意义却与国运无太大关系,陈朝墓葬发现虽然不多,但仍有其价值,也可以纳入"齐梁新礼"的框架之下,所以下面的讨论一并涉及。

一、神道石刻和墓葬规模的等级性

考古材料所体现的"齐梁新礼"首先表现在墓葬等级制度方面。从现有的刘宋墓葬材料中,尚不能概括出较为明确的墓葬等级状况,这可能与考古发掘资料有限有关,也可能与刘宋丧葬的等级性主要体现在现实礼仪活动之中,还没有下沉到墓葬层面有关。齐梁墓葬则不然,我们可以相当清楚地看出高级贵族墓葬的等级差异,这在陵墓石兽方面和墓葬规模方面表现得最为明显,前人虽有不少探讨,但仍有集中叙述之必要。

南齐陵墓石兽似乎都集中在今江苏丹阳地区,南京地区未闻有南齐陵墓石兽。丹阳九处南齐陵墓石兽,主人身份均经考订,意见有分歧,但尚不严重①。具体如下(表1):

表1　江苏丹阳地区南齐陵墓石刻墓主身份

地　点	石　刻	墓　主	出　处
胡桥大队	麒麟一对	宣帝萧承之永安陵	《南朝陵墓雕刻》
胡桥大队	麒麟一对	武帝萧道成泰安陵	《南朝陵墓雕刻》
建山春塘大队(戎家村北)	麒麟一对	武帝萧赜景安陵	《南朝陵墓雕刻》
胡桥麻场大队仙塘湾	麒麟一对	景帝萧道生修安陵	《文物》1974年第2期
荆林三城巷北	麒麟一对	明帝萧鸾兴安陵	《南朝陵墓雕刻》
埤城水经山村失名墓之一	辟邪一对	前废帝郁林王萧昭业	《南朝陵墓雕刻》
埤城水经山村失名墓之一	辟邪一对	后废帝海陵王萧昭文	《南朝陵墓雕刻》
建山金家村	麒麟一对	和帝萧宝融	《文物》1980年第2期
胡桥吴家村	陵前无石兽	东昏侯萧宝卷	《文物》1980年第2期

文献记载前废帝郁林王萧昭业"葬以王礼",埤城水经山村失名墓之一墓主被认为是萧昭业,陵前石兽为辟邪。该墓附近又有一墓,墓主被认为是后废帝海陵王萧昭文,陵前石兽也为二辟邪(图1-2-1)。此兄弟二人身世、身份相似,陵前石刻也相似,可知南齐帝陵前用一对麒麟,王陵前用一对辟邪,且辟邪之体量小于麒麟。对此,《建康兰陵六朝陵墓图考》早已认识到:陵寝"皆前列二麒麟(左者往往双角,右者往往独角)","诸王之墓,则不得用麒麟,往往前列辟邪"。20世纪60年代时,南京博物院研究人员得出相似认识:"最近,我们调查三十座六朝时代陵墓,存石兽者二十六座,所得规律与此相同。"②

①　邵玉健认为建山金家村墓主为和帝萧宝融、胡桥吴家村墓主为东昏侯萧宝卷,南京博物院正好相反,此从邵玉健观点。邵玉健:《丹阳两座南朝失名陵墓墓主考》,《东南文化》1989年第2期。简报发表时间不一,当时"萧""肖"二字的使用也不统一,现统一改为"萧",以免混乱。
②　南京博物院:《江苏丹阳县胡桥、建山两座南朝墓葬》之注释13,《文物》1980年第2期。

图1-2-1　埠城水经山村南齐失名墓前石辟邪　　　图1-2-2　南京梁建安侯萧正立墓前石辟邪

　　南齐陵墓神道石兽仅上述丹阳九处,南齐陵墓石兽使用范围限于皇帝和王,而不及侯一级,看来是可以确定的。梁代继承南齐神道石兽的使用制度,但将石兽使用的身份扩大到侯一级,这在考古上有明确的反映,如梁吴平忠侯萧景墓、新渝宽侯萧瑛墓、建安侯萧正立墓前皆为一对辟邪(图1-2-2)。至于太子陵前石兽使用情况,由王志高的考证和南京考古部门对南京狮子冲墓葬的发掘而明确了①,该墓墓主可以确定为昭明太子萧统,这样,太子比照皇帝,用麒麟一对(图1-2-3)。

图1-2-3　南京狮子冲梁昭明太子墓前石麒麟

　　通过陵前石兽,可以明显看出刘宋时期制度上的草创,南齐的逐渐完善,到萧梁时的完备。萧梁陵墓石刻的完备在其他方面体现得更为明显,那就是增加了神道石柱、石碑,

　　①　王志高:《梁昭明太子陵墓考》,《东南文化》2006年第4期。南京市考古研究所:《南京栖霞狮子冲南朝大墓发掘简报》,《东南文化》2015年第4期。

最完整的组合保存在丹阳三城巷梁武帝之父梁文帝萧顺之建陵之前（图1-2-4），南京甘家巷梁安成王萧秀墓前石刻组合也相当完整。神道石柱、石碑皆非萧梁新创之物，汉晋时期早已有之，且南朝时人估计可得而见之，但直到萧梁才被纳入神道石刻组合之中，不能不认为萧梁对陵墓制度之重视和讲究，反衬出刘宋的率性而为和南齐的因循而无所作为。

图1-2-4　丹阳梁文帝萧顺之建陵神道石刻

　　如果说陵墓石刻是看得见的等级，那么，地下墓葬虽然最终被掩埋，但其等级含义仍然是不得含糊的，这构成"齐梁新礼"等级制度方面的又一项重要内容。考古发掘了南齐帝陵而未发掘到王侯陵墓；萧梁正相反，发掘了王侯陵墓而无帝陵。由于齐梁并称，都是萧姓天下，而且制度和文化上联系紧密。因此，虽然不完全合适，但将两朝墓葬放在一起排列仍有一定的合理成分。下文将两朝墓葬择要列表，部分高级官员墓葬也酌情收入（表2）。

表2　齐梁两朝重要墓葬

墓葬名称	墓主身份	墓葬规模（长宽高/米）	出　　处
丹阳胡桥仙塘湾	齐景帝萧道生	墓坑15×6.2、墓室9.4×4.9×4.35	《文物》1974年第2期
丹阳胡桥吴家村	东昏侯萧宝卷	墓坑13.5、墓室8.2×5.19×5.1	《文物》1980年第2期
丹阳建山金家村	齐和帝萧宝融	墓坑13.6、墓室8.4×5.17×5.3	《文物》1980年第2期
南京甘家巷M6	萧秀	墓室6.4×3.7×3.5	《考古》1976年第5期
南京狮子冲M1	昭明太子萧统	墓坑17.26×9.36、墓室8.32×4.88	《东南文化》2015年第4期
南京狮子冲M2	丁贵嫔	墓坑15.84×8.8、墓室8.4×5	《东南文化》2015年第4期
南京白龙山	萧宏？	墓坑13.4、墓室7.7×3.7×5.25	《考古》1998年第8期
南京燕子矶	梁辅国将军	墓室5×2.35	《文物》1980年第2期
南京西善桥	梁辅国将军	墓室3.62×2.2	《东南文化》1997年第1期
南京西善桥	陈黄法氍	墓室5.5×3.15	《文物》1993年第11期

　　上述墓葬中，皇帝、宗王、高级官员墓葬的规模差异是十分清楚的。齐景帝萧道生、齐和帝萧宝融墓室的长度都大于 8 米。昭明太子萧统和其母丁贵嫔墓室的长度也都大于 8 米，墓坑的规模还大于萧道生和萧宝融，这说明昭明太子的墓葬是按照帝王级别修建的，其墓葬前使用了石麒麟而非辟邪也可作辅证。丁贵嫔的身份实质与皇后无异，墓葬规模超大也属正常。被推定为东昏侯萧宝卷墓的丹阳吴家村墓墓室长度仍然超过 8 米，或许是受到礼遇的结果，也可以看作南齐陵墓制度尚不严格的标志，这与上文叙述南齐丧礼没有修订完成可能也有关系。萧秀和萧宏都是梁代有名的宗王，但他们墓室的长度都没有超过 8 米，这可以作为梁代墓葬制度已经相当规整的标志。此外的高级官员如两位梁代辅国将军墓、陈中权大将军黄法氍墓室的长度均不及 6 米，与宗王墓长度之间存在断崖式缩小，既显示出皇亲与庶姓之间的差异，也显示了梁陈的延续。被推断为陈宣帝陵墓的南京西善桥罐子山墓室长 10 米[①]（图 1 - 2 - 5），为已知南朝帝王陵墓之冠，更加拉开了与高级官员之间的距离，凸显了帝王之尊。这些都为文献资料所不载，是认识南朝社会实际情况的重要资料。

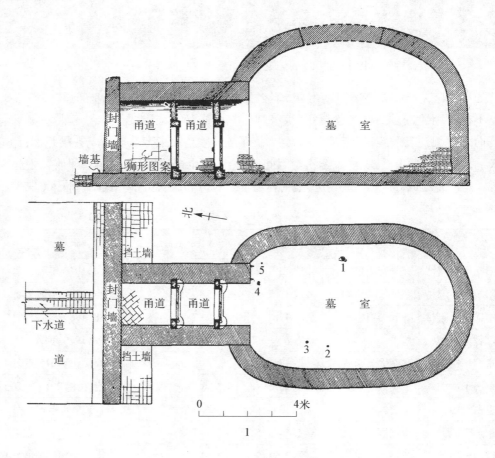

1

---

①　罗宗真：《南京西善桥油坊村南朝大墓的发掘》，《考古》1963 年第 6 期。

2

图 1－2－5　疑为南朝陈宣帝陵的南京西善桥罐子山墓
1. 平、剖面图　2. 清理后的全貌

二、墓志所体现的时代变化

与陵墓石刻、墓葬规模相比,墓志材料能更细致地反映"齐梁新礼"的施行,而且能更全面地反映南朝历史的变化。

北朝墓志考古发现数量大,书体在中国书法史研究上更受推崇,因此南朝墓志常被掩盖在北朝墓志的光环之下,在各种叙述中被轻轻带过。实际上,南朝墓志有相当完整的演化史,北朝墓志是在南朝的影响下兴起的。下文结合新旧考古发现,对南朝墓志的演化情况略述如下。

墓志的形成有很长一段发生史,或追溯到秦,或追溯到汉,墓志名称、内容不一,今人看法也各执一词。墓志之多见,始于西晋,与薄葬和地表碑禁有关,所以西晋墓志多与墓碑相似,与南北朝时期定型的墓志区别甚大。东晋墓志与西晋不相续,墓志主要用于南渡人物,志文为简单的记事,主要形式为砖志,讲究者不过以大砖或薄石板。之所以如此,与东晋"假葬""权厝"观念有关,念念不忘中原的东晋士人甚多,他们希望有朝一日能重返关洛,所以丧事从简,墓志的主要功用是备忘,而不似后来注重述功褒美。但这种情况在刘宋建立之后就慢慢发生了变化。虽然刘宋政权建立第二年(421 年)的谢珫墓志由 6 块墓砖构成一篇,元嘉二年(425 年)宋乞墓志为文字相似的 3 块墓砖[1],元嘉三年(426 年)钟济之夫人孙氏墓志为文字相似的 2 块墓砖,元嘉十一年(434 年)钟济之墓志为文字相

————————

[1]　罗新、叶炜认为宋乞墓三块墓志中,两块分属宋乞、宋乞夫人,另一块为正式的合葬墓志,不存在所谓的"一式多块"墓志现象(罗新、叶炜:《新出魏晋南北朝墓志疏证(增订本)》,第 42 页,中华书局,2016 年)。

似的 4 块墓砖,但基本内容与东晋时期相似,主要记述墓主卒年、世系、姻亲关系。清末山东益都出土大明八年(464 年)刘怀民墓志就颇不同于以上墓志,首题直接称"墓志",接着是铭辞,然后才是很简单的个人身世情况。南京太平门外元徽二年(474 年)明昙憘墓志首题也直接称"墓志",然后是墓主世系,再后是墓主生平,最后是铭辞(图 1-2-6)。至于齐梁墓志就几乎均以"墓志"为首题了。由此可知,至迟大明八年"墓志铭"已普遍作为首题,山东益都又距建康甚远,那么"墓志铭"普遍作为首题的时间可能更早一些。三国曹魏景元三年(262 年)的《陈蕴山墓志》就首题"大魏故陈公墓志",但后来没有产生影响。首题"墓志"的再次出现是刘宋初年的谢珫墓志,虽然年代稍晚的宋乞、钟济之及夫人孙氏墓志都没有使用"墓志"为首题,但谢珫墓志的先导意义是存在的。《南齐书》卷十《礼志下》载:"有司奏:'大明故事,太子妃玄宫中有石志。参议墓铭不出礼典。近宋元嘉中,颜延作王球石志。素族无碑策,故以纪德。自尔以来,王公以下,咸共遵用。储妃之重,礼殊恒列,既有哀策,谓不须石志。'从之。"这则文献与考古发现正可相互辅证,石质墓志具有"纪德"的作用,出现的原因是士族人物身份虽高,但还不能使用哀策这种高级身份标志物,所以用石头来代替。这就告诉我们,元嘉年间是墓葬礼制建设的一个重要时间点,颜延为王球石墓志所作志文具有示范作用,包括王公在内的士族们都开始模仿。但

图 1-2-6　南京刘宋元徽二年明昙憘墓志

像太子妃这样的人物究竟是用石质墓志还是其他方式一时并没有明确规定，所以在大明年间出现了太子妃墓中石质墓志和哀策兼用的情况。经过有关部门的研究，认为太子妃地位尊贵，使用哀策就可以体现出身份，不必再使用石质墓志。南齐有司的意思应该是，既然刘宋时期已经做出了这样的规定，那么南齐照章办理就行。王球卒于元嘉十八年（441年），按照《南齐书·礼志下》的记载，石质墓志应该出现于是年或略晚。当然，我们不必过分拘泥于这个时间点，但已经发现的刘宋砖志皆早于是年，石志皆晚于是年，而且石志的形态一下子就是近方形，而没有经过墓砖那样长方形的过渡阶段，看来石志的形态出于独特的发明更合理一些。刘怀民墓志内容、格式与之前砖志区别也大，一开头就是抒情式的铭辞，赞美咏叹可能是石质墓志刚出现时的基调，与砖志重在记事也不同。王球性格简贵，"唯与琅邪颜延之相善"，"颜延作王球石志"似出于主动，具有真情实感，或许因此将铭辞置于墓志前端，并引起刘怀民墓志的效仿。但墓志的基本性质还是记事，资料性高于文学性，可能因此到了明昙憘墓志的时代就将铭辞置于后部，并成为定式了。总之，考古资料和文献记载相互配合证明石质墓志在刘宋元嘉年间出现是可信的，其出现具有一定的偶然性①，并且其格式和内容也都有创新之处，但迅速成为刘宋墓葬礼制的一部分，并在随后不久调整了格式，正式开启了中国古代墓志演化的步伐。

南齐国祚短促，虽在丹阳一带发掘了数座大墓，但没有发现墓志，其原因不在于被盗，而是因为墓主身份贵为帝王。上文已指出，帝王本来就不使用墓志。现在可知确属南齐的墓志只有两方，一方为江苏句容出土的永明五年（487年）刘岱墓志，志文在首题之后是刘岱世系，这与明昙憘墓志相同，是传统的格式②（图1-2-7）。另一方是早年绍兴出土的永明十一年（493年）吕超（静）墓志，此志文字漫灭甚多，不可卒读，但基本内容和格式清楚，在首题"墓志"之后，不是吕超（静）的世系，而是对吕姓久远华贵出身的赞美之词，开墓志中吹嘘命氏得姓不同寻常之先例。吕超（静）父、祖情况从残存文字中不易看出，但即便有之，也较为简单。看来，南齐墓志在刘宋晚期的基础上又略有调整，但由于材料太少，难得而详之。

梁代墓志虽然发现也不多，但有几方高级人物的墓志，清楚地揭示了梁政权与墓志的直接关系，再次有力证明"齐梁新礼"与墓葬礼制建设之间的密切关系。如萧敷墓志，在首题"故侍中司空永阳昭王墓志铭"之后，为"尚书右仆射太子詹事臣徐勉奉敕撰"；"故永阳敬太妃墓志铭"也是徐勉所撰。王慕韶墓志，在首题"梁桂阳国太妃墓志铭"之后，为"吏部尚书领国子祭酒王暕造"。这些高级人物的墓志大概只是名义上由徐勉、王暕这样的名臣撰写，实际上是由梁朝相关低级官员起草，徐勉、王暕不过是寓目署名而已。这类墓志铭不但辞藻华丽，而且多引用诏书，更非有司与丧家协作，并经皇帝最终首肯不可。

---

① 这种偶然性中有必然性。砖志规模小，志文内容稍多，一砖就不能容纳。而且，砖志可能是立放于墓葬之中，有倾倒之虞，石志平放，则无此弊。所以，从砖志到石志，是扬弃而不是抛弃。可参见王佳月：《试论两晋墓志的演变和等级性》，《东南文化》2012年第5期。

② 镇江市博物馆：《刘岱墓志简述》，《文物》1977年第6期。

图 1-2-7　句容南齐永明五年刘岱墓志

这个时期的墓志早已摆脱单纯记事的阶段,而成为丧礼的一部分,既以此显示丧家与皇帝之间的关系,也借机夸耀或提升门第,与梁代好修谱牒异曲同工。

　　陈太建八年(576年)黄法氍墓志虽然残泐过甚、不堪卒读,黄法氍身份不及梁代宗王,但墓志制作班子的构成如下:左民尚书江总制,太子率更令、东宫舍人顾野王撰,冠军长史谢众书。墓志的制作程序更复杂,墓志的外表美更受重视。黄法氍墓志的这种情况在当时肯定不是孤例,后世对墓志的讲究也不过如此,可以说在墓志方面将墓葬礼制推到了顶点。罗新、叶炜说:"此志为江总撰志文,顾野王撰铭辞,谢众书写。江、顾都以文辞名,而且顾野王身为大著作,总国史之任,与撰王公墓志,当出自朝命。南朝后期王公墓志的撰作往往出自名家之手,而且志文与铭辞由不同的人写。孙玚墓志由江总撰,陈后主为之写铭辞,见《陈书》卷二五《孙玚传》。"①黄法氍墓葬发掘简报指出,黄法氍墓志与《陈书》卷一一《黄法氍传》若合符节。罗新、叶炜说:"这种情况说明,修撰墓志时使用了秘书

————————

①　罗新、叶炜:《新出魏晋南北朝墓志疏证(增订本)》,第45页,中华书局,2016年。不过,陈后主似乎喜欢给大臣写墓志铭,孙玚之外,《陈书》中还记载曾给司马申、陆琼写墓志铭。

省史馆机关原有的史传资料,而且这种资料与后来的《陈书》非常接近。"①梁萧象墓发掘者早些时候也指出墓志内容乃至文辞都与《梁书》卷二三《桂阳嗣王象传》相似之处甚多,因此认为"墓志与《梁书》应有一定的关系"②。罗新、叶炜说:"事实上这种关系就是同源关系,二者都是依据秘书省有关的史传稿件而稍加改写。据此类推,南朝由朝廷出面营葬的王公贵族,其墓志的撰写一般也就是由秘书省诸著作或相关人员来承担,这些人所依据的资料,只能是秘书省原有的档案(名臣传、功臣传之类)。所以在名号、称谓、生平等等方面,是符合有关规定的,这与北朝墓志很不一样。"③此说极有见地,墓志所具有的礼制意义由此更可清楚得见。

三、俑类所体现的等级性和时代变化

南朝墓葬多被盗得极其严重,劫余文物之中,陶瓷器看不出与墓葬等级之间的关系,陶俑也是如此,似乎能够反映一定等级特征的是石俑。不过,石俑风化严重,很多面目全非,给分析判断带来很大难度。以石俑材料发现较多的梁墓而论,因墓志中有"辅国将军"字样而被称为"辅国将军"墓的南京西善桥南朝墓规模较小,墓室长度为 3.62 米④。南京燕子矶梁普通二年(521 年)"辅国将军"墓墓室长度为 5 米⑤,或许两墓长度差异不构成等级差异。两墓的相同之处是除都出土有石马外,都还有石俑,形态较为接近。燕子矶普通二年墓墓志铭中有"天子爱以祖载之日,诏兰台谒者□□□致祭。又遣宣传左右姚昙□□护□事远至墓所,百僚会丧,朝野必集"之语⑥,则知此类墓葬礼制当受到制约,两墓石马、石俑的相似性当植根于墓葬礼制。与燕子矶普通二年墓规模相近的南京仙鹤门南朝墓⑦以及时代可能为陈代的南京花神庙 M1⑧ 也都出土有石俑、石马,是有助于从随葬品角度说明梁代以及陈代墓葬存在等级制度的材料(图 1-2-8)。这个规模的墓葬中多有一道石门,也具有等级制意义。在规模更小的墓葬中,既无石门,也无石俑,可以从另一个角度证明梁代墓葬等级的存在。但是,"辅国将军"一级墓葬与梁宗王一级墓葬在随葬品上的差异难以看出。不知中高级官员和皇族墓葬的等级差异是否主要体现在墓葬的规模和墓内装饰(如是否普遍用花纹砖)方面,而中高级官员与其他低级人物墓葬的差异不仅体现在墓葬规模方面,还体现在随葬品方面?

如果将刘宋也一并加以考虑的话,整个南朝墓葬随葬俑类的阶段性变化还是比较明

---

① 罗新、叶炜:《新出魏晋南北朝墓志疏证(增订本)》,第 45 页,中华书局,2016 年。
② 南京博物院:《梁朝桂阳王萧象墓》,《文物》1990 年第 8 期。
③ 罗新、叶炜:《新出魏晋南北朝墓志疏证(增订本)》,第 45、46 页,中华书局,2016 年。
④ 南京博物院:《南京西善桥南朝墓》,《东南文化》1997 年第 1 期。
⑤ 南京市文物保管委员会:《南京郊区两座南朝墓清理简报》,《文物》1980 年第 2 期。
⑥ 类似的情况在南朝并不罕见,如《陈书》卷二十九《毛喜传》:"太建三年,丁母忧去职,诏追赠喜母庾氏东昌国太夫人,赐布五百匹,钱三十万,官给丧事。又遣员外散骑常侍杜缅图其墓田,高宗亲与缅案图指画,其见重如此。"(《陈书》卷二十九《毛喜传》,第 389 页,中华书局,1972 年。)
⑦ 南京市博物馆:《南京郊区两座南朝墓》,《考古》1983 年第 4 期。
⑧ 南京市博物馆、南京市雨花台区文管会:《江苏南京市花神庙南朝墓发掘简报》,《考古》1998 年第 8 期。

图 1 - 2 - 8　石马

1. 南京西善桥"辅国将军"墓石马　2. 南京燕子矶"辅国将军"墓石马　3. 南京花神庙南朝墓石马

显的。隐龙山 M1 有石俑,M3 有东晋特色的陶冠帽俑与石俑同出,南京西善桥宫山墓有东晋特色的陶女俑和小冠俑,似乎这类墓葬的年代要略早。刘宋晚期的明昙憘墓出现小冠俑,这是目前所知年代明确的最早的小冠俑。南齐时期的几座大墓中都发现石俑、陶俑,但胡桥仙塘湾墓资料报道模糊,准确数量不知。丹阳吴家村、金家村墓虽然也被盗窃,但两墓规模性质乃至同类随葬品相似度高,所以可互相补充。如金家村墓有陶小冠男俑,还有一件石俑,也有石马槽。丹阳吴家村有石臼、石马、石马槽、石俑。石俑有 10 件,分男女,男俑有文武之分。女俑有的戴笼冠,有的为双髻。笼冠俑宽衣博带,仿佛宫廷人物的装束(图 1 - 2 - 9)。从这个情况看,南齐的石俑比刘宋发达,梁代的情况可能同南齐。当然,这三墓墓主都是或曾为皇帝,最有财力和资格使用石俑这种相对时新和高级的随葬品。石俑的使用在南朝陈代更普及,详见第三章。梁代俑类最大的特点是流行半扇形覆额的陶女俑,这种俑既出现在萧象之类的王一级人物墓葬中,也出现在很多普通墓葬之中,其身份指示意义不明确,但从其突然流行来看,似乎行政因素充当了幕后推手,普通墓葬中使用这类女俑可能是模仿高级墓葬之故,而不会相反。从梁代皇帝对墓志制作在内的丧葬活动之关心来看,将这类女俑的出现理解为与墓葬礼制的改变和推行相关也许有一定合理性。这种俑为南朝陈代所继承,而形态有所变化。形态变化主要关乎工艺而与礼制关系不大,这类俑的继承则说明梁代墓葬礼制的影响力之强。

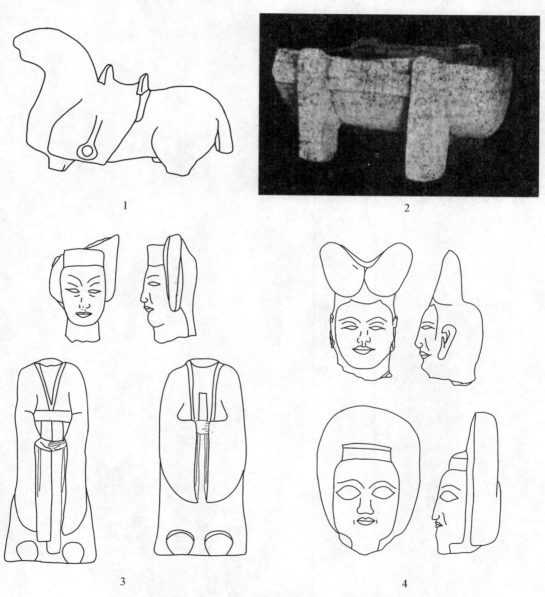

图1-2-9 丹阳吴家村南齐墓石制品
1. 石马 2. 石马槽 3. 石俑 4. 石俑头部

　　张学锋在《南朝建康的都城空间与葬地》指出："刘宋孝武帝的礼制建设,建立起了以建康为中心的天下观。都城空间的确立与政治、社会的土著化,对南朝葬制与葬地产生了深刻的影响。南朝帝王陵墓的选址,高大的封土,陵墓神道两侧麒麟、辟邪、神道柱、墓碑等石刻的出现,显示了南朝在葬制上已经告别了曹魏两晋以来的传统文化,建立起了独自的制度体系。"①张学锋的这篇论文将城市与葬地相结合,视野更为开阔,文化史的意识更强。葬地方面对刘宋孝武帝时期的重视,与本著第三章第一节"南朝陵寝制度之渊源"不谋而合。本文对"齐梁新礼"在墓葬礼制方面表现的讨论,实也可与张文互为补充。

---

① 张学锋：《南朝建康的都城空间与葬地》,《中华文史论丛》2019 年第 3 期。

第二章　北朝墓葬礼制综论

公元 439 年，北魏统一黄河流域，中国北部持续百余年的分崩离析局面戛然而止，多少是出乎世人的意料的。北魏统一黄河流域之后，并没有像前秦那样打算消灭南方一统天下，这其实是更出乎后人意料的。北魏能够统一北方而不试图统一全国，根本原因在于北魏以部族武装立国，这个特点决定了其能消灭北方其他国家的存在，但不足以消灭南方，这是很容易看清的一点，北魏太武帝和刘宋文帝之间的拉锯战争就是证明。不容易看清楚的一点是，即使北魏能够攻占南方地区，也很难有效控制，这是当时北魏以部族武装为基础的政治体制和文明状况决定的，这与后来元代继承辽金文明成果、军事上确立皇帝的绝对指挥权是无法相比的。这样一个复杂的问题在这里无法展开，但是从墓葬礼制的角度对北魏历史发展状况进行检讨，有助于对上述推论的理解。

《魏书》卷四十八《高允传》载：“（高）允以高宗纂承平之业，而风俗仍旧，婚娶丧葬，不依古式，允乃谏曰：‘前朝之世，屡发明诏，禁诸婚娶不得作乐，及葬送之日歌谣、鼓舞、杀牲、烧葬，一切禁断。虽条旨久颁，而俗不革变。将由居上者未能悛改，为下者习以成俗，教化陵迟，一至于斯。……今国家营葬，费损巨亿，一旦焚之，以为灰烬。……今陛下当百王之末，踵晋乱之弊，而不矫然厘改，以厉颓俗，臣恐天下苍生，永不闻见礼教矣。’”崔浩被杀之事并不遥远，高允进谏的措辞一定经过力所能及的润色，拓跋鲜卑葬俗中骇人听闻的内容肯定更多，如多有发现的单棺双人合葬就不见于高允谏书。但是，大约三十年之后，北魏的丧葬情况就发生了巨大的变化。《魏书》卷十三《文成文明皇后冯氏传》载：“（太和）十四年，（文明太后）崩于太和殿，时年四十九。……葬于永固陵。日中而反，虞于鉴玄殿。诏曰：‘……今以山陵万世所仰，复广为六十步。……其幽房大小，棺椁质约，不设明器。至于素帐、缦茵、瓷瓦之物，亦皆不置。……梓宫之里，玄堂之内，圣灵所凭，是以一一奉遵，仰昭俭德……’及卒哭，孝文服衰，近臣从服，三司已下外臣衰服者，变服就练，七品已下尽除即吉。设祔祭于太和殿，公卿已下始亲公事。高祖毁瘠，绝酒肉，不内御者三年。”这样的孝文帝根本不像一个拓跋鲜卑的皇帝，他比绝大多数汉人皇帝都做得好，是一个真正的孝子、真正的楷模。再过了三十多年后，北魏的情况发生了更大的变化。《资治通鉴》卷一五三：“（陈）庆之自魏还，特重北人，朱异怪而问之，庆之曰：‘吾始以为大江以北皆戎狄之乡，比至洛阳，乃知衣冠人物尽在中原，非江东所及也，奈何轻之？’”出自敌国之口的称赞，是最真实的称赞。

北魏平城时代仍保留着不少部落制的残余，这在墓葬礼制方面以族坟墓最具代表性。史家多赞叹拓跋鲜卑离散部落之举，但从族坟墓的随处可见可知，其实际内涵还是需要仔细斟酌的。平城时代又是北魏走向成熟封建国家的重要时期,这在墓葬形象上必然有所表现,作为墓葬礼制核心内容的等级制在宋绍祖、司马金龙等高级人物墓葬上得到了体现。平城时代的墓葬内容是极其丰富的,不少内容现在还无法解释,这也是必须明了的。从洛阳地区出土的大量皇族和高级官员墓葬,以及文献记载来看,北魏孝文帝确实亲自领导了北魏墓葬礼制的制定和实施工作。当然,考古发现的情况有不少是文献未曾记载的,如神道石刻、高等级墓葬的具体等级差异、墓葬壁画的布局和特点、世家大族的墓葬礼制建设等,而且这些内容多为东魏北齐所继承和发展,这是将北魏洛阳时代与东魏北齐墓葬集中加以讨论的主要原因。由于西魏北周墓葬呈现出与北魏洛阳时代墓葬貌似截然有别的特征,以往的研究几乎都将西魏北周作为单独的对象,或者将其从北朝墓葬中抽离出来加以讨论。仔细深入的分析显示,西魏北周墓葬相当大的一部分内容以变换的形式继承了北魏洛阳时代,还有一部分内容是对鲜卑文化的重新表现,再一部分是对魏晋十六国关中地域墓葬文化的沿袭和利用,这些不同的墓葬文化成分折射出西魏北周折衷历史条件与现实状况的努力,值得专门加以论述,这构成本章的第三节"西魏北周墓葬礼制"。

　　北魏立国的一百年间,所发生的变化是天翻地覆式的。墓葬状况是一个社会文明状况的尺度之一,也不能不随着社会的总体变化而变化。此后的东西魏、北齐北周虽然国祚易主,但历史发展的轨迹早已由北魏划定,墓葬礼制的损益都不过是局部调整,反而使北魏在墓葬礼制上的创立之功更为突出。

第一节　　北魏平城时代的墓葬礼制

　　平城时代的一百年左右时间,是北魏从部落联盟组织迅速转化为封建制国家的时期。自东汉时期陆续进入中原地区的各族各地区人民,经历了魏晋十六国的长期动荡和不安,骤然之间被统一到北魏政权之下,还相当完整地保留着的各民族各地区文化获得了真正交流和融合的机遇,墓葬文化自然也属于交流和融合的一部分。北魏平城时代的墓葬面貌较为复杂,其中有些内容还不能给出较为合适的解释,但从墓葬礼制的角度来观察,其基本状况是清楚的:一端是拓跋鲜卑平民的族坟墓,一端是体现封建等级身份制度的北魏高级人物墓葬,二者之间墓葬的礼制特点不太容易概括,但这些墓葬将多种文化因素或礼制组合到一起则是明确的,而且颇能反映平城墓葬礼制变化的历程。因此,下面的讨论将集中于平民的族坟墓和北魏高级人物的墓葬礼制,对中间状态墓葬的礼制有待墓葬材料更为丰富时加以讨论①。下面就平城墓葬礼制具有普遍意义的三个重要问题进行简单论述。

---

　　① 有必要说明,大同地区考古工作的成绩虽然很大,但大同地区北魏墓葬的完整面貌还没有展露出来,不同于已有类型的墓葬很可能还会发现不少。在这种情况下,以大同地区为主探讨北魏平城时代的墓葬礼制仍然是有必要的,这是由于现有材料已经复杂到必须深入仔细地分析才能获得比较可靠认识的阶段,只有现在做出充分的讨论,得出较为合理的认识,才能更好地消化新材料。

一、平民墓葬的埋葬方式

平民墓葬的基本埋葬方式是族坟墓。这里所说的族坟墓不是家族墓,而是指高于家族组织的墓群形态,家族则是这种墓群的基本单元。族坟墓不仅墓群规模较大,而且墓葬的规模、随葬品状况在总体上接近,当然,随着时间的变化而产生差异是在所难免的。这样的族坟墓群在大同已经发现好几处,如大同南郊电焊器材厂墓群①、迎宾大道墓群②、二电厂墓群③、沙岭新村墓群④(图2-1-1)。有些墓群没有发表平面图,但仍可以推测为族坟墓,如大同七里村墓群⑤。大同以外地区有些墓群的揭露面积虽然有限,但因为墓葬排列有序,大致可以推测为族坟墓,如固阳蒙古族学校新建校所发掘的7座墓葬⑥。有些墓群可能是族坟墓,但情况相当复杂,如化德陈武沟墓群⑦。有些墓群的年代、性质和墓葬特点,可能需要获得更多的相似材料来加以讨论,如吴忠北郊北魏墓群⑧。要说明的是,这些墓群一般都归属为鲜卑墓群(此鲜卑一般就是指拓跋鲜卑,因为慕容鲜卑、宇文鲜卑在北魏建国后已完全没落),这是从考古学文化上立论的,即将使用梯形木棺、随葬砑光罐和长颈壶的墓葬认定为鲜卑墓葬。现在还没有从人种学上区别出鲜卑人,将来能否区别出来也是问题,即使区别出来是否有意义也难以评估。从文献记载的情况看,从大兴安岭深处走出来的"纯正"的鲜卑人并不多,后来他们又融入匈奴之中,出现所谓鲜卑父胡母与胡父鲜卑母的区别。北魏帝室十姓之外,还有勋臣八姓——穆、陆、贺、刘、楼、于、嵇、尉,都是异姓诸部,他们与拓跋鲜卑世代通婚。因此,试图从人种上找出鲜卑人特征的出发点可能就需要修正。具体的考古发现也暗示从人种学上寻找鲜卑人的困难,如大同七里村墓群中有氐人杨众庆墓,可知这个墓群可能是氐人墓群,但该墓群的墓葬形制、随葬品与一般认定的鲜卑墓没有什么差别。类似的情况在十六国时期就有发生,如锦州发现的前燕李廆墓⑨、北票的后燕冯素弗墓⑩,如果不是因为墓志等文字材料的发现,难以知道他们原为汉人⑪。

---

① 山西大学历史文化学院、山西省考古研究所、大同市博物馆:《大同南郊北魏墓群》,科学出版社,2006年。
② 大同市文物考古研究所:《山西大同迎宾大道北魏墓群》,《文物》2006年第10期。
③ 大同市文物考古研究所:《山西大同二电厂北魏墓群发掘简报》,《文物》2019年第8期。
④ 大同市文物考古研究所:《山西大同沙岭新村北魏墓群发掘简报》,《文物》2014年第4期。这个墓群中三座邻近的墓葬M22、M23、M24墓道中分别出土了"苟黑""尉娘""赵胡"三块刻铭墓砖,这种刻铭一般表示墓主姓名,"苟黑"与"赵胡"都似男子姓名,如果确实如此的话,这个墓地该如何理解是个问题。
⑤ 这一墓群的情况比较特殊。从墓砖刻铭看,墓群主人当是投化北魏的仇池氐族杨氏。在这个墓群中高级人物与普通人墓葬在一起,不同于鲜卑墓葬。但在另一方面,这些墓葬的特征与常见鲜卑墓葬没有什么差异,如果不是出土铭文砖,就会被当成鲜卑墓葬看待。
⑥ 包头市文物管理处:《包头固阳县发现北魏墓群》,《考古》1987年第1期。
⑦ 内蒙古自治区文物考古研究所等:《化德县陈武沟鲜卑墓群发掘简报》,《草原文物》2014年第1期。
⑧ 宁夏文物考古研究所:《吴忠北郊北魏唐墓》,文物出版社,2009年。发掘报告认为该墓群中的北魏墓葬成排分布,为家族墓地,其中还存在一墓随葬多人的习俗,多者达5人,并认为"……一墓多次葬在已发现的北魏墓中少见,是吴忠地区北魏葬俗的典型特征,具有一定地域性"(第257页)。由于这些墓多被严重扰乱,出土的随葬品也很少或没有,这些墓主是鲜卑还是其他民族都不好断定,因此进一步的讨论需留待他日。
⑨ 辛发、鲁宝林、吴鹏:《锦州前燕李廆墓清理简报》,《文物》1995年第6期。
⑩ 辽宁省博物馆:《北燕冯素弗墓》,文物出版社,2015年。
⑪ 不过,如果能找到很早阶段的拓跋鲜卑骨骼,也许能发现一些特殊的体质特点。

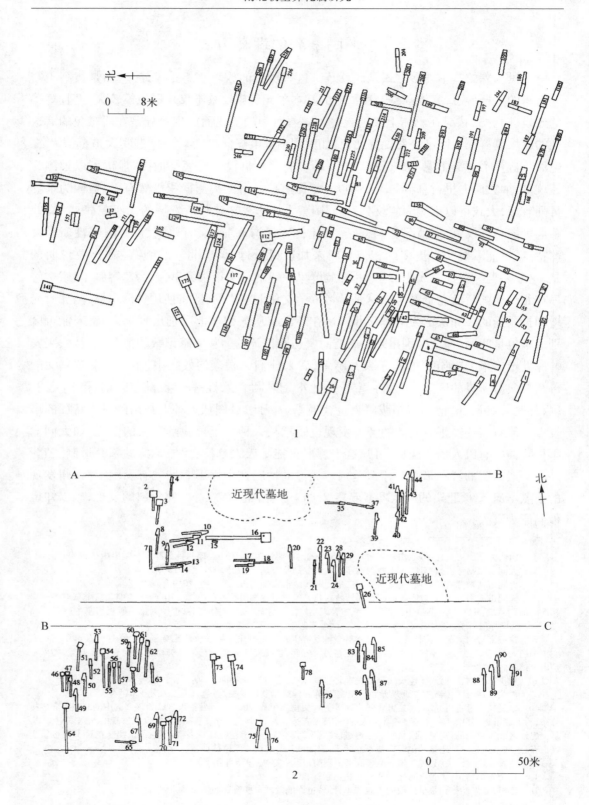

1

2

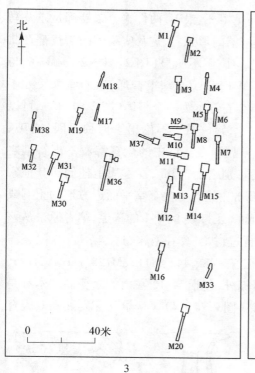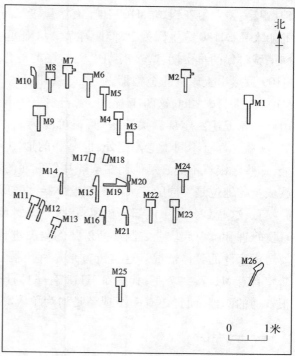

图 2-1-1　大同几处北魏"族坟墓"墓群
1. 大同南郊电焊器材厂墓群平面图　2. 大同迎宾大道墓群平面图
3. 大同二电厂墓群平面图　4. 大同沙岭新村墓群平面图

上述墓群中,大同南郊电焊器材厂墓群最为典型:墓群基本得到完全揭露,墓葬数量多达 167 座,时间几乎贯穿整个平城时代;绝大多数墓葬都是近梯形的单室墓,墓群中的家族小墓群可以清晰地辨认出来,墓群的形成过程也可以较为清晰地推衍出来;整个墓群似由三个宗族墓群构成,每个宗族墓群下包含若干家族,尽管家族的数量不能确定。墓葬之中基本都有梯形木棺,木棺上多有铜铺首;保存状况较好的话,棺前有漆案、耳杯等物;墓葬还多随葬形态相近的研光灰陶器、釉陶器,不同寻常的是,这些陶器基本都置于木棺之内,而且多在墓主的头部。从这些情况看,这些墓主人是按照一定的仪式比较体面地下葬的,体现了鲜卑的墓葬礼制。梯形木棺是极富鲜卑特色的葬具,在推测与拓跋鲜卑有关的内蒙古察右旗三道湾墓群中,以及年代更早的扎赉诺尔墓群中,都是梯形棺,只是在具体形态上略有差别而已。陶器中的研光灰陶罐,特别是长颈壶系鲜卑进入蒙古高原后吸收匈奴陶器技术而发展出来的器物。从朝阳王子山坟、乌审旗大夏田晏墓、呼和浩特美岱村北魏墓等墓葬来看,长颈壶当源自慕容鲜卑,后来被拓跋鲜卑、大夏吸收,在拓跋鲜卑建立北魏政权后,开始风靡于黄河流域,成为北魏平城时代的标志性陶器,不仅在鲜卑平民墓葬中,在拓跋鲜卑贵族墓葬中也扮演着重要角色,是墓葬礼仪中不可或缺的"礼器"。

大同南郊电焊器材厂墓群中也有几座随葬品比较丰富的墓葬,如 M107 出土有玻璃碗、银罐、鎏金錾花银碗，M109 出土有鎏金錾花高足银杯、银碗，两件鎏金银器都是东罗马的舶来品，M180 墓主佩戴金耳环、耳坠。从随葬陶器的形态看，这几座墓葬的年代都在北魏平城时代的早中期，这个时期平民阶层的分化应该还不明显（图 2 - 1 - 2）。M107 与 M109 虽然出土珍贵的金银器，但与二墓邻近的 M106、M108 却很普通，这四座墓又处于 M102 与 M116 之间，这两座墓葬中各自出土的半个石灯本为一个整体（图 2 - 1 - 3），可以由此推测上述六座墓葬关系密切，很可能为同一家族成员。不论出于何种原因，M107、M109 墓主都有不同于他人之处，但墓葬的形制、规模、在墓群中的位置都看不出特别之处，那些金银器不能表示他们在墓葬礼仪方面的特别之处，因此，在本质上他们与其他家族成员的地位是等同的。大同南郊电焊器材厂墓群中还有一些墓室平面近方形的土洞或砖室墓，这些墓葬的年代都比较晚，有些墓葬如 M42 还打破了 M41 的墓道，笔者原来从该墓群管理和鲜卑族坟墓之制逐渐松弛的角度进行过讨论，现在看来，这个角度之外，还需要考虑墓葬的具体情况。这类近方形墓葬土洞者有 M8、M42、M112、M128、M141、M175，砖室者有 M117，共 7 座，其中除 M112 有一具石榻外，包括 M112 在内的随葬品基本都是很普通的陶器，而且还有一个现象是均为单人葬（图 2 - 1 - 4）。从单人葬发展到双人合

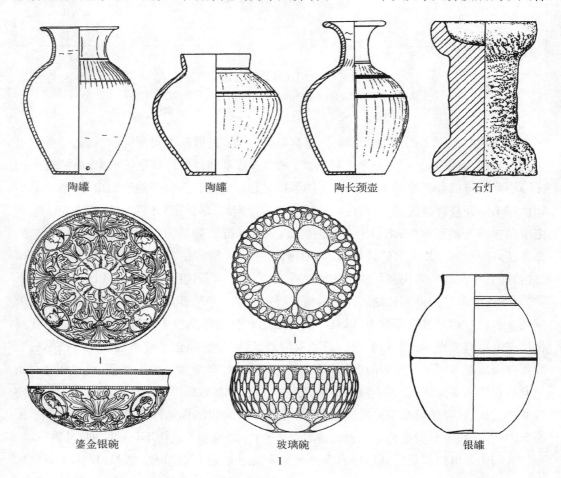

陶罐　　　　　陶罐　　　　　陶长颈壶　　　　　石灯

鎏金银碗　　　　　玻璃碗　　　　　银罐

1

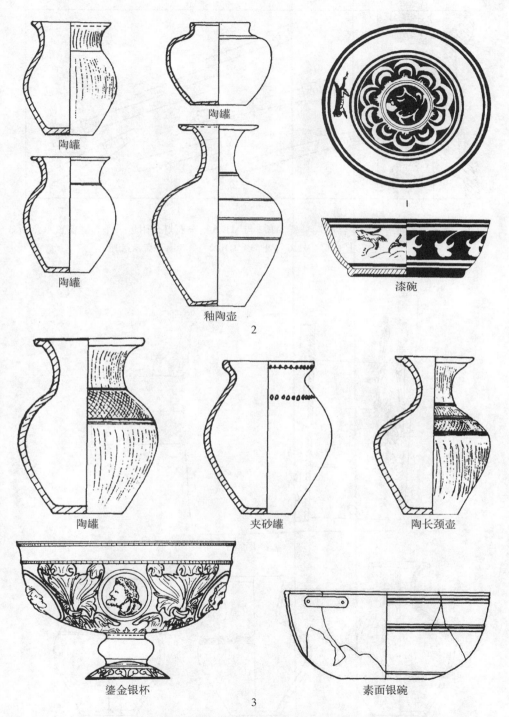

陶罐

陶罐

陶罐

釉陶壶

2

漆碗

1

陶罐

夹砂罐

陶长颈壶

鎏金银杯

素面银碗

3

图 2-1-2 大同南郊电焊器材厂墓群 M107、M108、M109 出土器物

1. M107 出土器物 2. M108 出土器物 3. M109 出土器物

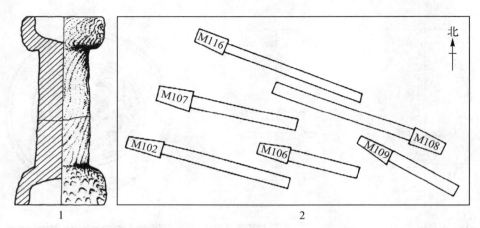

图 2-1-3　大同南郊电焊器材厂墓群 M102 与 M116 出土石灯及附近六座墓葬位置示意图
1. 石灯(上半部属 M116,下半部属 M102)　　2. 墓葬位置示意图

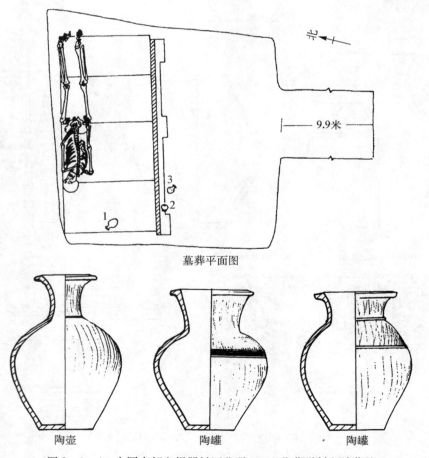

图 2-1-4　大同南郊电焊器材厂墓群 M112 墓葬形制和随葬品

葬在平城地区有明显的发展脉络,南郊电焊器材厂墓群也是如此,而且很多合葬墓依然采用梯形形式,不过是宽梯形而已。这7座墓葬不再采用鲜卑特色的梯形,而改用方形,确实是对鲜卑旧俗的某种放弃,但这7座墓葬随葬品少、墓室长宽只约大于一棺之长,木棺本身还是梯形,因此,将这些墓葬理解为只是为了增大一些墓室面积而效仿了平城时代晚期高等级墓葬形制,此外别无深意也未为不可。合葬本非鲜卑之制,很可能是在汉人影响下,部分鲜卑人士的观念发生了变化,但很多鲜卑人士依然坚持单人葬。这7座方形墓葬的时代已是合葬很流行的平城时代晚期,但他们仍然使用单人葬,可以窥见墓葬相关者对鲜卑传统墓葬礼制的某种坚持。方形砖室墓的M117梯形木棺还置于墓室正中,头朝向墓道,这是绝不见于汉人墓葬的现象,更说明鲜卑本身的墓葬礼制仍发挥主导作用(图2-1-5)。从上面的分析来看,尽管有一些特殊现象,但大同南郊电焊器材厂墓群作为平民墓群的性质是始终如一的。

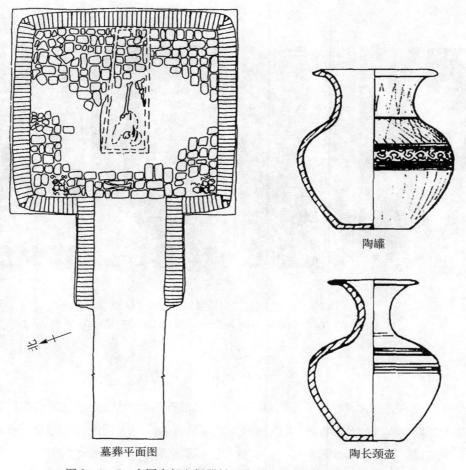

墓葬平面图　　　　　　　　陶罐

陶长颈壶

图2-1-5　大同南郊电焊器材厂墓群M117墓葬形制和随葬品

梯形与方形墓葬并存于同一墓群之中并不仅见于大同南郊电焊器材厂墓群,而是当时的普遍现象,迎宾大道墓群、大同二电厂墓群、沙岭新村墓群都是如此,还有必要再讨论一二。尽管这些发掘简报没有对每一座墓葬材料单独介绍,但还是可以看出梯形墓的延续时长,方形墓是后来发展起来的。在沙岭新村墓群中 M11 与 M12 紧靠在一起,二者一为梯形墓、一为方形墓。迎宾大道墓群中,两种墓葬紧邻的情况也有,如 M75 与 M76;更多的似乎是数座墓葬构成一个小型家族墓群,梯形墓与方形墓又各自聚类,如发掘区最西端的一组墓葬中,靠北的 M2、M3 都是方形墓,其南的 M7、M8、M9 都是梯形墓,尽管随葬品情况不明,但这一小群墓从南向北发展的趋势是存在的。与大同南郊电焊器材厂墓群类似的是,方形墓室也都是单人葬。迎宾大道墓群出土的一方砖质墓志上有"长安县民叱干渴侯"字样,另一方上有"长安人□一□"字样(图 2-1-6),这大概表明这个墓群的主人是来自关中地区的鲜卑人士,说明将这个墓群视为平民墓群是可行的。看来,不同的鲜卑平民人物对墓葬的选择有差异,有些选择了同室合葬,有些选择了更大一些的墓室,这些选择都不改变墓主的平民身份和墓群的族坟墓属性,也都是在鲜卑墓葬礼制允许范围内的局部调整。

图 2-1-6　大同迎宾大道墓群出土砖质墓志
1. "叱干渴侯"砖志(M70:4)　2. "长安人□一□"砖志(M70:5)

二、鲜卑贵族的埋葬方式

鲜卑贵族的埋葬方式有助于我们对平民族坟墓的理解。大同地区贵族墓葬发现不少,由于未全部发掘或资料发表有缺,可以推测为贵族墓群的只有大同沙岭 7 号墓所在的墓群和雁北师院墓群。就这两个墓群而言,只有雁北师院墓群材料完整公布(图 2-1-7)。沙岭 7 号墓所在墓群的大致情况是"农田中有一方圆约 3 000 平方米的高地",经钻探,"共发现北魏时期墓葬 12 座,……其中 2 座砖室墓,10 座土洞墓,皆是长方形斜坡墓道。墓葬排列方式有两种,其中 7 座坐北朝南,5 座坐东朝西"。从简报文字叙述情况看,这个墓群发现时原始地貌虽然有破坏,但平面形态基本完整,那么这个墓地之中本来就可能只有 12 座墓葬。这 12 座墓葬比较密集地分布在一起,不太可能是不同家族的墓葬。12 座墓葬可分为 2 - 3 组,有可能代表了一个家族里的小分支。从简报给出的墓地平面图看,方形或长方形墓室超过一半,而且沙岭 7 号墓本身就是一座接近长方形的北魏初年墓葬,类似形制的还有 M1,可见这个家族在很早时候就热衷建大墓。不可忽视的是,在这个墓群中部的是几座梯形墓,其中 M6 还呈刀把形。遗憾的是,这几座墓葬的年代和随葬品情况不明,因此只能作假设性讨论。一种可能性是这几座墓葬时代早,整个墓地是围绕它们而形成的,那么,这几座墓的主人就是沙岭 7 号墓主人的先人,他们的地位本自不低,只是采用了早些时候更为常见的墓葬形制而已。另一种可能性是,墓群不是以他们为中心,而是以近方形墓为中心形成的,这些墓葬主人的身份较低,但必然还是家族成员,否则不能进入这个墓地。第一种可能性代表了一个贵族家族墓地的自然形成过程,后一种可能性则暗示了一种原则,那就是贵族墓群存在向下兼并的原则——只要属于同一家族,不论身份如何,都有资格进入墓地。

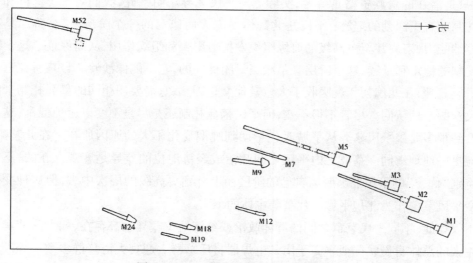

图 2 - 1 - 7　大同雁北师院墓群平面图

同样的情况见于雁北师院墓群,墓群所在地域经过普遍钻探,十一座北魏墓"分布于平面略呈三角形、面积约 5 700 平方米的区域内。均坐北朝南,……其中长方形斜坡墓道土洞墓六座,编号为 M7、M9、M12、M18、M19、M24,位于发掘区中部,分布比较集中。……长方形斜坡墓道砖室墓五座,编号为 M1、M2、M3、M5、M52,位于发掘区西北乡间小路一线,分布疏朗,由北向南依次排列。墓室皆近似正方形,……除 M52 相距较远外,其余四座砖墓距离很近。钻探区域的东北和东南是规模不等的取沙场,废弃或正在使用,地面上散置有零星的北魏陶片,这说明在墓群的周围仍有北魏墓葬存在"①。从上述文字可知,约 5 700 平方米范围内的北魏墓葬只有十一座,那些被取沙场破坏或掩盖的墓葬也不会很多。已发现的这十一座墓葬朝向一致,似乎存在内在关系。M1、M2、M3、M5 也可以建立直接的联系,M52 不排除墓主因具有"平远将军"的官职而单独安排在稍远处的可能。需要讨论的是发掘区中部的六座土洞墓,也存在两种可能性,这里也还是倾向于"有关"。这是因为,如果视为"无关"的话,这六座墓葬面貌与普通的平民墓葬实无差异,那么它们不属于一个较大平民墓地而毗邻于贵族墓群是非常奇怪的事情。但是,将他们视为贵族家族中地位不高成员的墓葬则是相对合理的,贵族墓群向下兼并的原则在此又得到体现。大同沙岭 7 号墓和雁北师院两处墓群的情况都显示鲜卑贵族实行以家族为本位的"族坟墓"形式,而不同于以宗族甚至更高级别社会组织为单位的平民埋葬方式。

北魏鲜卑平民墓群很接近华夏民族古代的"邦墓",鲜卑贵族的家族墓群庶几接近于"公墓"。"公墓"中同一家族成员之间墓葬差异很大,与这个时期的贵族与官职很大程度上重叠有关。贵族身份并非自然获得,而是要经过北魏官方的认可,从而造成同一家族墓地之中不同墓葬的丰俭差异会非常之大,部分贵族家庭的成员在北魏朝廷正式授予官职之前,只是潜在的贵族资格具备者,实际上与平民无异。明乎此,我们对平民墓群和平民墓葬礼制才有更深刻的理解:平民是北魏体量庞大而稳定的一个阶层,这个阶层具有很强的容纳能力,宗族甚至更高级的血缘组织发挥着凝聚和组织作用,从而保证了这个阶层墓葬礼制的稳定和延续;这个阶层又是相当封闭保守的,它不能像沙岭 7 号墓所在墓群那样的贵族墓葬,在北魏初年就吸收了大量其他文化因素,它需要用相同的墓葬礼制来唤起本族民众的心理认同。尽管不得不变,但平民墓葬礼制还是尽量不变以避免混乱,这就是我们看到很多北魏平民墓葬从平城时代早期到晚期变化不大的原因所在。在此基础上,我们能更好地理解同一墓群之内平民之间政治或经济地位的差异是客观存在的,不排除个别特别"优秀"的平民能够脱离自己的阶层而上升到更高级的层次中去,但这种变化不能改变平民墓群作为北魏平城时代墓葬主体的事实。

不仅如此,不同平民墓群之间的群体政治或经济地位差异也都存在,如大同迎宾大道墓群主人的总体身份状况似乎高于南郊电焊器材厂墓群。迎宾大道墓群多数墓葬随葬品的总体状况较好,少数墓葬也不仅出土有金银器、玻璃器等奢侈品,还有陶俑这种更高级的随葬品。但这些墓主或墓群主人的平民属性决定了他们墓葬礼制的基本内容,从而与高级人物墓葬形成显著差异,这种大群式的埋葬方式为贵族阶层所不取,是因为贵族阶层不仅高踞于本族的顶端,成为本族和他族平民的统治者,甚至在某种程度上已与平民形成了一定的对立关系,而且他们的身份从国家而非本族那里得到认可,自然要在埋葬形式上与平民有所不同。

---

① 大同市考古研究所:《大同雁北师院北魏墓群》,第 3、4 页,文物出版社,2008 年。

　　大同平民墓葬中还有一个值得一提的现象,那就是单棺合葬墓,即在一具木棺里安葬二人,二人为一男一女,年龄多不相当,似女子有被迫从死之感。这种墓例见于不少墓群之中,主要集中于北魏平城时代,有些可以延续到洛阳时代甚至更晚,而且都使用梯形木棺,这样的墓葬见于大同南郊电焊器材厂、大同迎宾大道、大同下深井[①]、大同雁北师院、西安东郊东小寨(M4)[②]、彭阳海子塬(M19)[③]、朝阳黄河路和辽河街交叉处[④]、朝阳工程机械厂[⑤]、伊克昭盟巴图湾水库[⑥]、吴忠北郊明珠公园[⑦]等墓地,北齐时期的太原厍狄业墓[⑧]中也是两具骨架在同一棺内(图2-1-8)。在年代更早、一般认为与拓跋鲜卑关系密切的察右旗三道湾、商都县东大井、右玉善家堡墓群[⑨]中也有发现。这类墓葬地域分布之广、延续时间之长、基本形式之稳定,已不宜完全将之视为葬俗,而应该视为强制性的墓葬礼制。由于这类墓葬早些时候集中于内蒙古、大同等地,后来才出现在朝阳、西安、吴忠等地,可知这种葬法的确源自鲜卑,后来凭借北魏的统一而向其他地区流传和向后延续。这是一种残酷的死亡和埋葬方式,在已经发掘的北魏高等级墓葬中未见此例,表明这类葬法起源于鲜卑的民间且年代相当久远。在墓葬揭露较为充分的大同南郊北魏墓群中,单棺合葬墓6座,占总共167座墓葬的3.6%;在大同迎宾大道墓群中,单棺合葬墓7座,占总共75座的9.3%。从时代上来说,北魏平城时代是这种葬法最流行的阶段,而且分布在北魏平城时代的各个阶段。这个情况反映出北魏平城时代平民墓葬礼制的稳定,这是与前面对其他方面的分析相一致的。这个问题将在下编专门进行讨论。

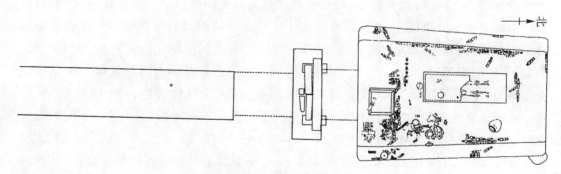

图2-1-8　太原北齐厍狄业墓平面图

　　①　大同市考古研究所:《山西大同下深井北魏墓发掘简报》,《文物》2004年第6期。
　　②　西北大学文化遗产学院、西安市文物保护考古研究院:《西安市东郊东小寨村两座北魏墓葬发掘简报》,《文博》2018年第5期。
　　③　宁夏文物考古研究所、彭阳县文物管理所:《彭阳海子塬墓地发掘报告》,上海古籍出版社,2013年。
　　④　朝阳市博物馆:《辽宁朝阳北魏墓》,《边疆考古研究》第5辑,科学出版社,2007年。
　　⑤　辽宁省文物考古研究所、朝阳市博物馆:《辽宁朝阳北朝及唐代墓葬》,《文物》1998年第3期。
　　⑥　陆思贤:《巴图湾水库区的古墓》,《内蒙古文物考古》创刊号,1981年。
　　⑦　宁夏文物考古研究所:《吴忠北郊北魏唐墓》,文物出版社,2009年。
　　⑧　太原市文物考古研究所:《太原北齐厍狄业墓》,《文物》2003年第3期。
　　⑨　王克林、宁立新、孙春林、胡生:《山西省右玉县善家堡墓地》,《文物季刊》1992年第4期。

三、平城时代墓葬与北魏政权

　　尽管不能认为在平城时代晚期北魏政权才对官员的墓葬加以干预,但现有能够证明北魏政权予以有力干预的墓葬只有宋绍祖墓和司马金龙墓。两墓的共同特点是随葬了大量的仪仗俑,其中包括各种甲士俑,这些俑群既是一支仪仗行列,也是一支战斗队伍,是墓主人生前可享用的仪仗和可指挥军队的缩影,因此,绝非民间可任意制造,任何人可随便购买、入葬之物。司马金龙在北魏具有很高的政治地位和影响,墓葬规模很大,形制也较为特殊,当系专门设计建造的墓葬。司马金龙之死不可能不为北魏执政者所知,其丧事北魏朝廷不可能不予以监护,那么,其墓葬中出土的大量釉陶俑很可能就是朝廷专门安排烧造的。司马金龙家族是投北的南方亡国皇室,世代以拼命效忠北魏政权获取信任。汉代周亚夫为其父周勃购买兵士俑以陪葬而惹祸的故事广为人知,这样的事情司马金龙家族避之唯恐不及,更有助于说明司马金龙墓出土陶俑来自朝廷所赐。很多风帽俑披大氅,表面用不同釉色间隔成虎斑纹,这样的技术显非民间所有。著名的、工艺精湛的石棺床和石帐座至今仍是北魏墓葬出土品中最精美者,艺术水准丝毫不逊于云冈石窟。多达 5 万块的墓砖上有"琅琊王司马金龙寿砖"阳文,为特制之物(图 2 - 1 - 9)。凡此种种迹象,均说明司马金龙墓背后北魏政权的力量。应该指出的是,在上述各种迹象中,可以肯定明确具有墓葬礼制意义的只有陶俑,宋绍祖墓也是如此。宋绍祖墓随葬陶俑的数量和质量均不及司马金龙墓,但基本种类并没有多少差异,而且由于都是彩绘陶俑,所以表现得要细致生动得多,不像司马金龙墓釉陶俑虽然身份象征意义强,但可能因为烧造不多的缘故,陶俑面目反而多不清楚。宋绍祖墓石椁柱础和棺床表面雕刻的工艺水平也明显不及司马金龙墓(图 2 - 1 - 10)。同属于雁北师院墓地,出土"平远将军"墓砖的 M52 中只出土了女侍俑和女舞俑,而没有仪仗俑。墓葬规模与宋绍祖墓接近的 M2 有成套的女乐俑、女舞俑和男女侍俑、胡人杂技俑,陶马、陶牛车也都很精致。从司马金龙墓和宋绍祖墓来看,如果随葬了仪仗俑或甲士俑,那么这类俑的数量要占绝大多数,雁北师院 M2 虽被盗扰,但陶俑出土不少,唯独没有仪仗俑和武士俑,说明不是被盗,而应该是本来就没有随葬,其原因当在于墓主身份受到限制。这样,从司马金龙墓到宋绍祖墓,再到雁北师院 M52、M2,身份由高到低,构成等级序列——北魏朝廷只给高级官员以特别的规定和待遇,且集中于仪仗俑和甲士俑。也正因为这是来自北魏朝廷的礼遇,所以自然成为墓葬礼制的中心内容,其他方面因而弱化,难以归纳出墓葬礼制的规律性特点。

　　还应该提及的是冯太后的永固陵,该墓虽然严重被盗,但在北魏墓葬礼制史上的意义仍不同寻常。严格说来,永固陵是单室墓,虽然发掘简报将进入墓门之后那个比甬道宽大一些的空间称为前室,但这是不符合对墓葬结构的一般认定原则的,因为在这个"前室"与真正的墓室之间有很长的甬道,甬道之中还有两道门,这两道门意味着这个"前室"与墓室之间不能正常交通,也就是说"前室"不是墓主在地下日常活动时的空间。这个"前室"

图 2 - 1 - 9　大同北魏司马金龙墓随葬品
1. 墓砖　2. 风帽俑正、侧、背面　3、4. 石柱础

1

2

图 2 - 1 - 10　　大同北魏宋绍祖墓柱础和石椁板
1. 柱础　　2. 石椁板

的具体含义不清楚,但为后来的洛阳北魏宣武帝景陵、疑为北魏节闵帝陵的洛阳衡山路大墓所继承,直到后来的湾漳大墓也都是如此,可以说开创了北朝陵墓制度的一代先河(图 2 - 1 - 11)。永固陵营建年代前后,平城地区双室墓并不罕见,如前述之司马金龙墓,还有大同湖东 1 号墓,怀仁县的丹扬王墓为前室带双耳室的大型前后室墓,但这些墓葬形式都不为永固陵所取,这与文明太后的薄葬遗嘱有关,孝文帝葬文明太后诏书提及“又山陵之节,亦有成命”。文明太后生时有皇帝之尊,没有遵从旧俗陪葬金陵,而是在方山为自己的永固陵选址,对陵墓的形式也有具体要求,孝文帝对文明太后生前死后都无限尊崇,原来“乃于永固陵东北里余,豫营寿宫,有终焉瞻望之志”①,迁洛之后,虽此志不酬,但从宣武帝景陵形制与永固陵相似来看,介于二者之间的孝文帝长陵形制基本也是如此。孝文帝按照文明太后遗愿创建的永固陵成为北魏与东魏北齐陵墓的模式。永固陵与宣武帝景陵、洛阳衡山路大墓也有一些细节上的不同,比较重要的是永固陵的墓道没有居于墓室的正中,这个细节或许是孝文帝有意的安排,用以表示文明太后毕竟是女性而非皇帝。

---

① 《魏书》卷十三《皇后列传》,第 330 页,中华书局,1974 年。

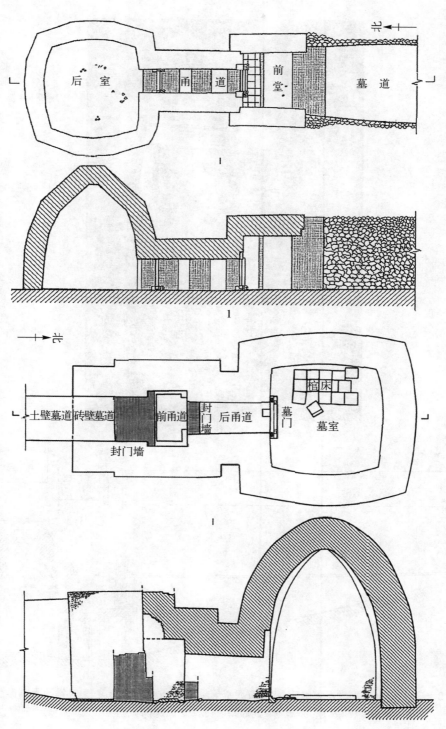

1

2

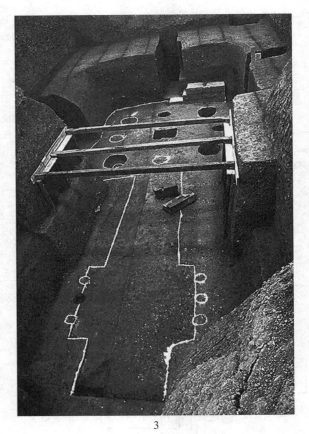

3

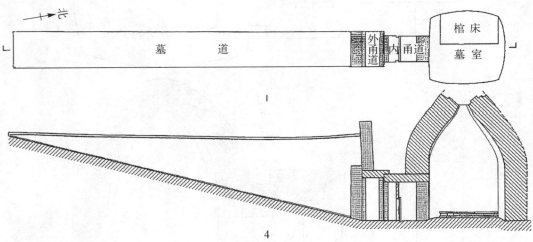

4

图 2 - 1 - 11　北魏冯太后永固陵、北魏宣武帝景陵、疑为北魏节闵帝陵、磁县湾漳大墓形制图

1. 北魏冯太后永固陵　2. 北魏宣武帝景陵　3. 疑为北魏节闵帝陵　4. 磁县湾漳大墓

第二节　北魏洛阳时代、东魏
北齐的墓葬礼制

北魏洛阳时代、东魏北齐是整个魏晋南北朝时期墓葬礼制内容最为丰富、墓葬礼制建设成就最大的时期。北魏平城时代墓葬礼制建设的进程在北魏洛阳时代得到延续,孝文帝汉化改革使南朝墓葬礼制的成分得以进入北方,东魏北齐对北魏洛阳时代墓葬礼制的广泛继承,世家大族在北魏洛阳时代和东魏北齐的恢复和壮大,促成了这个阶段墓葬礼制的繁荣局面。具体说来,可以从帝陵制度建设、官僚墓葬礼制的等级性、世家大族的墓葬礼制创新、对佛教礼仪的吸收几个方面加以描述。

一、帝陵制度建设

帝陵制度建设方面,首先需要涉及的是皇族聚葬制度,这是由孝文帝开创的。宿白先生《北魏洛阳城和北邙陵墓》一文对此有深入分析:洛阳瀍河两岸是北魏墓葬最集中的分布区。孝文帝长陵是这个墓区的中心,其子恪(宣武)景陵位于其右前方,恪子诩(孝明)定陵在距长陵较远的左前方。距长陵较近左前方的高地埋葬了自拓跋宏七世祖拓跋珪(道武)子孙以迄拓跋宏自己的一支子孙。其布局是以拓跋珪(道武)子孙的墓地为中心,宏六世祖嗣(明元)、四世祖晃(景穆)、二世祖弘(献文)的子孙的墓葬位于右侧;宏五世祖焘(太武)、三世祖濬(文成)子孙和宏子怀一支的墓地位于左侧。这块高地的前沿和坡下一带,除埋葬妃嫔之外,还有傅姆、大监、内司等内职。拓跋珪以上的什翼犍(昭成)、鬱律(平文)后裔的墓地,则远离这块墓地,甚至分散到这个大墓区的北部边缘。墓葬的排列方式系不同辈分按前后布置,同辈按长幼一线布置。这个大墓区集中的对象有:不久以前还是一个氏族(皇室元氏)、一个大氏族(九姓帝族)的死者;同属于一个联盟而又类乎兄弟氏族(勋旧八姓)的死者;同一个联盟的其他部落的死者(其他内入的余部诸姓);其他鲜卑诸部的降臣(如慕容诸燕和北燕冯氏);投魏的中原和南方的降臣(如弘农杨氏、琅邪王氏)(图2-2-1)。北魏宣武帝景陵经过发掘,孝庄帝静陵得到确认,都证明宿白先生的推测是正确的。这种皇族聚葬制度为东魏所继承。东魏孝静帝陵无异意,都认为就是今磁县申庄乡前港村俗称"天子坟"的大墓(编号为北朝墓群M35)。在"天子坟"东南3.5公里发掘的东魏皇室元祜墓墓志载葬于"邺都城西、漳河之北的皇宗陵内"①。孝文帝发明的这个皇族聚葬制度在中国历史上史无前例,似乎结合了昭穆制、集中公墓制、内臣陪葬制度,以及不得其详的草原民族墓葬制度成分在内,是一种实施于高级人物的"族坟墓"。这种制度以源远流长的血缘纽带为基础,以强大的皇权为保证,以权力秩

---

① 中国社会科学院考古研究所河北工作队:《河北磁县北朝墓群发现东魏皇族元祜墓》,《考古》2007年第11期。

序的超稳定为前提,其不能长久也是必然。东魏权臣高欢的墓葬与东魏其他贵族官员一道被集中安排在邺城的西北部,以家族墓的形式而存在。北齐建国后,文宣帝高洋的陵墓脱离出去,在距高欢陵墓 2 公里之外,按照帝陵的规模构建,但没有再形成皇族聚葬的形式。北周似乎建立了功臣陪葬制度,而不是皇族聚葬,详见"西魏北周墓葬礼制"部分。

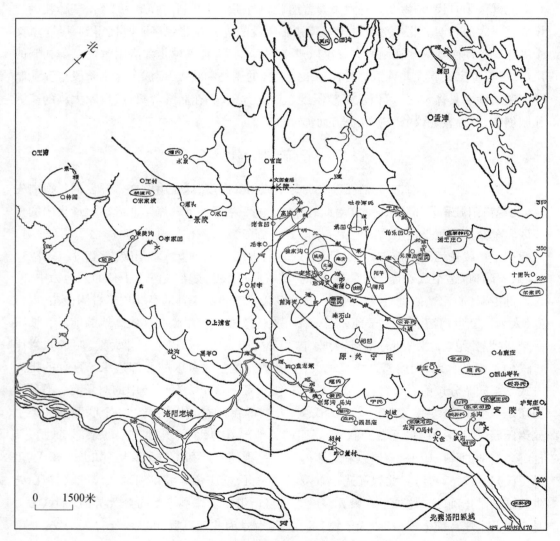

图 2-2-1　洛阳北郊北魏皇室墓葬分布图

　　上文已指出冯太后的永固陵奠定了此后北魏、东魏北齐帝陵单体的基本形态,永固陵严重被盗,北魏、东魏北齐部分帝陵经过考古调查和发掘,丰富了这个阶段帝陵制度的内容。在帝陵地面设置方面,北魏洛阳时代开始出现了同茔异穴合葬和神道石刻。经考古勘探和调查,北魏孝文帝长陵陵园内有两座陵寝,孝文帝陵位于中轴线偏北部,

文昭皇后陵位于孝文帝陵西北约 106 米处①。孝
文帝长陵地面封土犹存。经考古钻探,陵墓坐北
朝南,在封土南部 21 米处,有两个对称的石墩,
据推测为石翁仲座。再向南 46 米处有两个对称
的长条形竖穴方坑,具体性质不详。墓道、石墩、
方坑三者连成一线,标明了神道位置和走向②
(图 2 - 2 - 2)。宣武帝景陵同样坐北朝南,墓道尽
端延长线约 10 米处西侧发现石刻武士残像一
躯③。孝庄帝元子攸静陵坟丘前约 12 米处,也发
现一石人,与景陵前武士像相似④。被推测为北齐
文宣帝武宁陵的磁县湾漳北朝大墓南部经钻探
发现道路,应为墓前神道,在距墓室约 100 米处
有一石刻人像(图 2 - 2 - 3),据云此石刻人像东
另有一石刻人像。在墓室南 270 米处的神道东西
两侧各发现一座夯土建筑基址,应是陵园地面建
筑⑤。这样的地面布局方式,也与永固陵有关,
《水经注》卷一三"㶟水"条载:"羊水又东注于
如浑水,乱流迳方山南。岭上有文明太皇太后

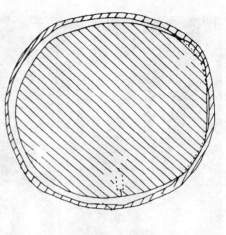

石墩。　。石墩

方坑 ▭　　　　▭ 方坑

图 2 - 2 - 2　洛阳孝文帝长陵封土、
　　　　　石墩、方坑示意图

陵,……庙前镌石为碑、兽,碑石至佳,左右列柏,四周迷禽暗日。"磁县北齐兰陵王高肃
墓前今犹存高大石碑,相传原来还有石兽。磁县另有一对北齐石兽,不知归属何冢。从
这些情况看,从冯太后永固陵开始,陵园的基本布局,以神道为中心的石碑、石兽,巨大
的单室墓葬已经成为基本样式。当然,也存在一些不同。冯太后永固陵前建有地面佛
寺——著名的思远灵图,已经过发掘,其他帝陵从文献和考古情况都看不出设置了陵
寺,这或许与孝文帝比较彻底地接受汉人陵墓传统有关。冯太后永固陵后室的入口浮
雕了佛教相关的内容,这也不见于后来的陵墓(图 2 - 2 - 4)。永固陵内发现有石人,双
手拱于胸前作握兵器状,似乎为镇墓武士,不知后来的磁县湾漳大墓等墓葬中的大门吏
俑是否导源于此。

①　孝文帝与文昭皇后的合葬系宣武帝所为,大概不是孝文帝本意。从东汉以来皇帝与皇后同穴合葬,而孝文帝
与文昭皇后的合葬方式具有特殊性。虽然如此,孝文帝和文昭皇后的合葬方式并非没有道理可言,至少反映了宣武帝
对合葬的认识和态度。
②　洛阳市第二文物工作队:《北魏孝文帝长陵的调查和钻探——"洛阳邙山陵墓群考古调查与勘测"项目工作
报告》,《文物》2005 年第 7 期。
③　中国社会科学院考古研究所洛阳汉魏城队、洛阳古墓博物馆:《北魏宣武帝景陵发掘报告》,《考古》1994 年
第 9 期。
④　黄明兰:《洛阳北魏景陵位置的确定和静陵位置的推测》,《文物》1978 年第 7 期。
⑤　中国社会科学院考古研究所、河北省文物研究所:《磁县湾漳北朝壁画墓》,第 13、14 页,科学出版社,
2003 年。

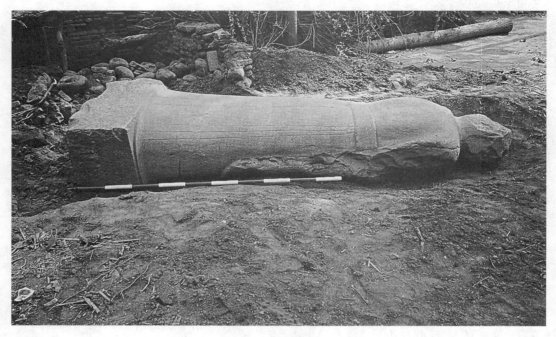

图 2 - 2 - 3　磁县湾漳北朝大墓附近石人

图 2 - 2 - 4　大同北魏方山永固陵后室石门复原

二、官僚墓葬礼制的等级性

官僚墓葬礼制的等级因素几乎在各个方面都有体现,其中墓室的规模、随葬陶俑的数量和大小、墓志的尺寸和内容是最能反映等级差异的三个方面。前两个方面宿白先生早年就作为重要的等级标准提出来了。在为北京大学考古专业编写的《魏晋南北朝考古》讲义中,宿白先生将整个魏晋北朝墓葬划分为四型,实际上主要就是依靠北魏洛阳时代和东魏北齐墓葬材料立论的。宿白先生的划分方法至今仍然是有效的,第 IV 型是平民墓葬,这里存而不论,"I、II、III 型墓,绝大部分是砖结构,但墓室面积差距很大,长七米以上、四至五米以上、四至五米以下,是较清楚的划线所在。这三型墓,一般都有第二组随葬品——生活用具,第三组随葬品——厨房明器和第四组随葬品——陶俑,但各组的数量、种类,甚至质料都有差别。十六国以后,外出仪仗俑数量的多少,二百件以上、八十件以上、三十件以上、二十件以下和有无鼓吹、骑俑,也具有了区别类型的意义。……墓葬类型的不同,反映了严格的封建等级制度,其具体情况是:I 型,是显要的皇室贵族的墓葬;II 型,墓主人的官爵范围较广,大约从一般的王侯一直到二千石左右的刺史、太守;III 型,墓主人有中郎、县令,即秩在千石以下"[1]。宿白先生所举北魏洛阳时代的 I 型墓为江阳王元乂墓,墓室边长约 7.5 米,高近 10 米,墓葬多次被盗后,仍出土陶俑数百件,仪仗俑和陶马形体高大。据江阳王元乂墓志,元乂虽"赐死于家",但以宗室贵戚优以饰终,墓葬等级明显提高。宿先生所举 II 型墓为常山王元邵墓,墓室边长 4 米,出土仪仗俑 120 件以上。东魏时代我们可以补充茹茹公主墓,墓室 5.23×5.58 米,共出土陶俑 1 064 件,其中仪仗俑776 件。茹茹公主卒年 13 岁,可见陶俑与年龄关系不大,而与身份关系密切。

东魏时期还可以举出东魏皇族成员元祜墓,其死后"赠使持节、太傅、司徒公、录尚书事、都督冀定沧瀛四州诸军事、本将军(引者注:卫将军)、冀州刺史、侍中、开国如故",墓室边长约 4.5 米,未被盗掘,出土陶俑 144 件,绝大多数为仪仗俑。元祜的地位也非常高,但墓室规模不及茹茹公主,随葬陶俑的数量更不可相比,这说明陶俑的身份象征意义很强。元祜作为东魏皇室,在高欢家族执政时自不受重视。茹茹公主贵为柔然可汗菴罗辰之女,且嫁于高欢第九子高湛为妻,墓葬礼数自然有加。茹茹公主墓、元祜墓与磁县湾漳大墓出土陶俑十分相似,都非常精美,当是东魏北齐朝廷的甄官署所制(图 2-2-5)。北齐时期的考古发现更多,且有一批北齐时期的王公墓发掘出土,择要列举如下。第一个层次的如:高润爵位为冯翊郡王,墓室边长 6.4 米,墓室被盗,仍出土陶俑 381 件;娄睿爵位为东安王,墓室边长 5.7 米,墓室被盗,仍出土陶俑 610 件;徐显秀爵位为武安王,墓室6.3×6.65 米,墓室被盗,仍出土陶俑 320 件。第二个层次的如:库狄回洛爵位为顺阳郡王,墓室边长 5.4 米,墓室未被盗,出土陶俑约 120 件;高密郡开国公韩裔墓室边长 4.5 米,墓室被盗,出土陶俑约 120 件;库狄业爵位为彭城郡开国公,墓室近梯形,长 4.2 米,宽 2.6

米,墓室被盗,出土陶俑 80 余件。第三个层次的如：贺拔昌爵位为蒙县开国子,墓室边长
4.8 米,被盗,出土陶俑 18 件;尧峻爵位为征羌县开国侯,墓室呈近方形的梯形,长 4.52
米,宽 4.38 米,被盗,出土陶俑 33 件。似乎爵位在等级制中起关键作用,以爵位之高低
(主要通过陶俑),可以对墓葬等级进行更细致的区分。这不仅表现在陶俑数量上,还表
现在陶俑的质量上,高级人物随葬的陶俑在施彩之外还会贴金,如高润、徐显秀、厍狄回洛
墓等。

图 2-2-5　磁县湾漳大墓、茹茹公主墓、元祜墓出土陶俑

　　同样形式陶俑分布范围的扩大也是官僚墓葬等级制严格化的标志,东魏为时短暂,可
确定的纪年墓葬不多,到了北齐时期表现得特别明显。以江苏徐州地区为例,公元 469 年
北魏占领徐州之前,徐州地区的陶俑与建康地区相似,之后与洛阳地区相似,但不同于洛
阳北魏墓的秀骨清像,徐州北魏陶俑头大身材魁梧,只在风格上接受了洛阳影响而已,实
际上有自己的一套。但是一到北齐时期,徐州地区陶俑就完全与邺城地区相似了,不是按
照邺城地区的样本制造,就是从邺城运来(图 2-2-6)。清华大学北齐墓葬出土陶俑与
太原北齐墓的非常相似,但工艺水平要低得多①。这些陶俑以武士俑为主,不少还是仪仗
俑,因此,不能将这些陶俑看作随意模仿的结果。这种大范围内陶俑的相似性说明北齐政
权通过墓葬礼制控制地方的目的性很明确,这也与北齐在北魏的基础上,进一步加强了对
地方社会的控制有关。

---

① 北京市文物考古研究所张利芳女士惠示。

图 2 - 2 - 6　徐州地区北魏、北齐陶俑对比图
1. 徐州狮子山北魏墓出土　2. 徐州狮子山北齐墓出土

　　相较于墓葬规模和陶俑数量，墓志尺寸的等级表现得要笼统一些，如清河王元怿墓志
95×99 厘米、常山王元邵墓志边长 97 厘米，自然与父子二人地位不同寻常有关；北魏武昭
王元祉墓志边长 82 厘米①，淮南王元遵墓志边长 73 厘米②，元祐墓志边长 71 厘米，北齐
娄睿墓志边长 81.5 厘米，徐显秀墓志边长约 71 厘米，库狄回洛墓志边长 81 厘米，韩裔墓
志边长 81 厘米，高润墓志边长 73.5 厘米，这些开国王、公大概都属于一个级别；北齐库狄
业墓志边长 56 厘米、贺拔昌墓志边长 58 厘米，这种开国侯、子大概属于下一个级别。茹
茹公主墓志边长 62 厘米不太合身份，大概因为墓主是小女孩，又无多事迹可述。尧峻墓
志边长 86 厘米，可能有所僭越。

　　朝服葬也是北齐官员墓葬礼制加强的一个表现，可惜仅在娄睿、库狄回洛、吴桥罗屯
M2③ 中发现了朝服上的玉佩（图 2 - 2 - 7）。吴桥罗屯 M2 墓主身份不会太高，与娄睿、库
狄回洛肯定不属同一等级。这个情况说明朝服葬在北齐官僚阶层中是普适的。北魏东魏
墓葬中，至今没有发现朝服葬相关的遗物，或许说明北朝的朝服葬是从北齐才开始推行
的。舆服制度与墓葬制度直接关联，考古发现对此给予了有效证明。

────────────

① 洛阳市文物考古研究院：《洛阳北魏元祉墓发掘简报》，《洛阳考古》2017 年第 3 期。
② 洛阳市文物考古研究院：《洛阳北魏淮南王元遵墓发掘简报》，《洛阳考古》2013 年第 2 期。
③ 河北省沧州地区文化馆：《河北省吴桥四座北朝墓葬》，《文物》1984 年第 9 期。

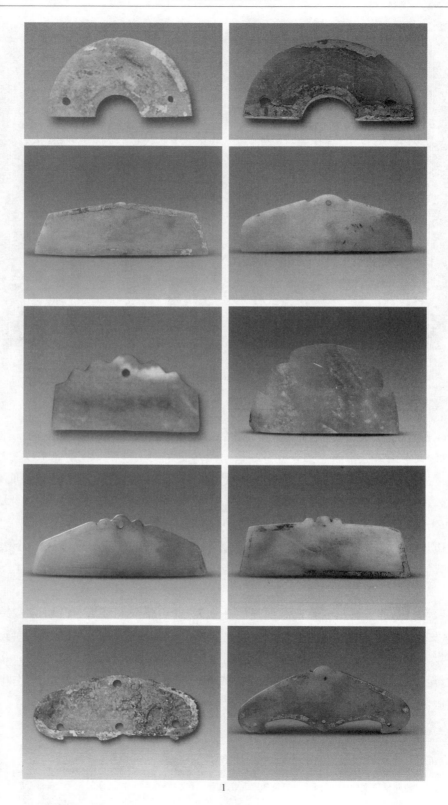

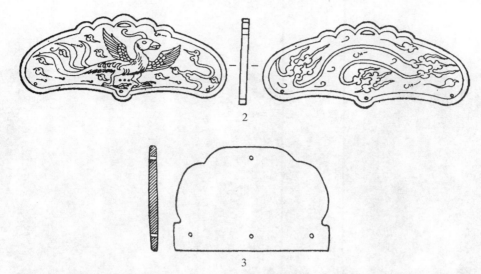

图 2-2-7　太原北齐娄睿墓、寿阳北齐厍狄回洛墓、吴桥罗屯北齐 M2 出土组玉佩构件

1. 太原北齐娄睿墓出土组玉佩墓构件　2. 寿阳北齐厍狄回洛墓出土组玉佩构件　3. 吴桥罗屯北齐 M2 出土组玉佩构件

墓室壁画从北魏洛阳时代开始成为官僚墓葬礼制的一部分。这是与陶俑作为官僚身份的标志相应的，即不仅在墓葬中葬入标志身份的陶俑，还在墓葬中画上代表身份的壁画，壁画内容则以仪仗出行为主要内容。这个情况的出现不是一蹴而就的，平城时代晚期这个现象已初露端倪，洛阳时代得到加强，东魏北齐时代在大范围内推行。

宋绍祖墓、司马金龙墓陶俑是这个现象露头的标志，北魏国家开始将陶俑作为墓主身份的标志，这个标志如此之重要，以至于墓葬之中几乎只见陶俑，其他随葬品的地位已无足轻重了。平城地区北魏官员墓葬中绘制壁画似乎是一种时尚，壁画内容主要由两部分构成，一部分是汉晋以来的出行、宴饮、百戏、庖厨、庄园、升仙等内容，一部分是反映北方生产生活的狩猎、放牧等内容。这些内容之中与身份有关的是出行行列，成为后来墓葬礼制的重要来源，但这些壁画并不普遍，而且少数的壁画出行行列如沙岭 7 号墓侧壁所绘者，似乎是对实际军戎队伍的直接描摹（图 2-2-8），其重点之意似不在突出墓主的身份，与那种摆架子、讲威风、花拳绣腿的仪仗行列不是一回事，尽管仪仗行列是从军戎队伍演化而来的。平城墓葬壁画的千姿百态之中，还有相对固定的成分，那就是在墓室的正壁（后壁）通常为墓主夫妇室内宴饮图，在室外有待乘的鞍马牛车。在大同智家堡石椁壁画中，可能是石椁壁面的面积有限，所绘制的壁画题材似乎根据重要程度进行了选择，其具体情况是后壁为墓主夫妇宴饮，两侧壁为执花男女仆侍，前壁左右分别为鞍马牛车（图 2-2-9）。后来的壁画就是大同沙岭出行图与智家堡石椁壁画的相加，只是局部有所调整而已。出行图被改造为仪仗行列，被安排到墓道两边，在接近墓门的墓道位置绘上兰锜或门戟，有的在墓道门墙上绘上门楼，标明墓室象征墓主府第，门外是代表墓主身份的仪仗行列。鞍马牛车被调整到墓室的两侧壁，占据整整一个壁面，将鞍马牛车与墓主人靠得更近了，而且鞍马牛车的身份特征更强了。这样的一个以突出身份为目的的壁画布局形式在洛阳地

图 2 - 2 - 8 大同沙岭 7 号墓侧壁出行图

石椁北壁

石椁东壁　　　　　　　　　　　　　　　石椁西壁

石椁南壁

图2-2-9　大同智家堡石椁壁画

区北魏墓葬中还没有完整见到,这是洛阳地区墓葬被盗过于严重引起的,但其存在是没有什么疑问的,究其原因有二:其一,洛阳地区出土多具围屏石棺床,就是这种墓主夫妇宴饮图居围屏中部、鞍马牛车居围屏两侧的形式;其二,"(北魏)静陵发掘工作中途停工,但已确知墓道、墓室中有壁画"①。地位极高的元怿墓、元乂墓墓道中无壁画,但甬道中有武士壁画,这具有两层含义:一层含义是北魏晚期墓葬甬道壁画为仪卫性质的武士形象,为仪仗图延伸到墓道创造了条件;另一层含义是可能墓主身份还不够高,不能在墓道中也使用壁画。洛阳衡山路疑为北魏节闵帝的大墓,墓室之内也有壁画,墓道破坏严重,面目全非。徐婵菲认为:"(洛阳北魏墓葬)壁画流行的时间在北魏后期,多集中于 525 – 532 年。"②这能够解释宣武帝景陵没有壁画,孝庄帝静陵和衡山路大墓都有壁画的现象。东魏茹茹公主墓、湾漳大墓的墓道两侧是大型出行行列,这种成熟的形式不太可能是东魏时期发明的,而是对北魏洛阳地区的继承。茹茹公主墓道中有壁画,一则可能是出于特许,一则可能是墓道壁画开始向公主诸王开放了,这有助于理解北齐徐显秀等人墓道中壁画的普遍出现(图 2 – 2 – 10)。

东魏北齐墓葬壁画内容和布局的规律性明显而成熟,杨泓先生曾就邺城地区的发现进行了概括:第一,墓道壁画以巨大的龙、虎布置在最前端,青龙和白虎面向墓外,衬以流云、忍冬,有时附有凤鸟和神兽。第二,墓道两侧中段绘出行仪仗,间叱地连墓出现廊屋内的列戟,湾漳墓仅存廊屋残迹。墓道地面有莲花、忍冬、花卉等图案,或认为是模仿地毯。第三,墓门正上方绘正面的朱雀,两侧有神兽等图案,间叱地连墓、尧峻墓和湾漳墓保存较好,高长命墓仅残存神兽及火焰,余二墓(引者注:指高润墓和颜玉光墓)残毁不详。门侧多有着甲门吏。第四,甬道侧壁为侍卫人像。第五,墓室内壁画仍按传统作法,在正壁(后壁)绘墓主像,旁列侍从卫士。侧壁有牛车葆盖和男吏女侍。墓主绘作端坐帐中的传统姿势,如高润墓。室顶绘天象,其下墓壁上栏分方位绘四神图像,间叱地连墓保存较完整③。

太原地区北齐墓葬壁画的情况与邺城地区大体相似,也有一些不同,如几座大型墓葬的墓道壁画前端没有大龙大虎,娄睿墓壁画为分栏布置,忻州九原岗墓道壁画有狩猎图和各种仙怪,这个情况与太原和邺城的陶俑从组合到形式也都有一定差异相应。东魏北齐政权将陶俑、壁画纳入了墓葬等级管理的范畴,但可能只是给出总体原则,而没有要求到细节上的完全相似。即使在太原地区,娄睿、徐显秀、忻州九原岗三座大墓的壁画也是一墓一样,远不如陶俑来得整齐划一。那么,该如何理解壁画和陶俑在北魏时期作为墓葬礼制因素越来越受到重视? 又如何理解东魏北齐墓葬壁画与陶俑的差异性?

将陶俑和壁画纳入墓葬礼制之中,是与北魏国家的封建化进程遥相呼应的。陶俑在

---

① 徐婵菲:《洛阳北魏元怿墓壁画》,《文物》2002 年第 2 期。
② 徐婵菲:《洛阳北魏元怿墓壁画》,《文物》2002 年第 2 期。
③ 杨泓:《南北朝墓的壁画和拼镶砖画》,载氏著《汉唐美术考古和佛教艺术》,第 97 页,科学出版社,2000 年。

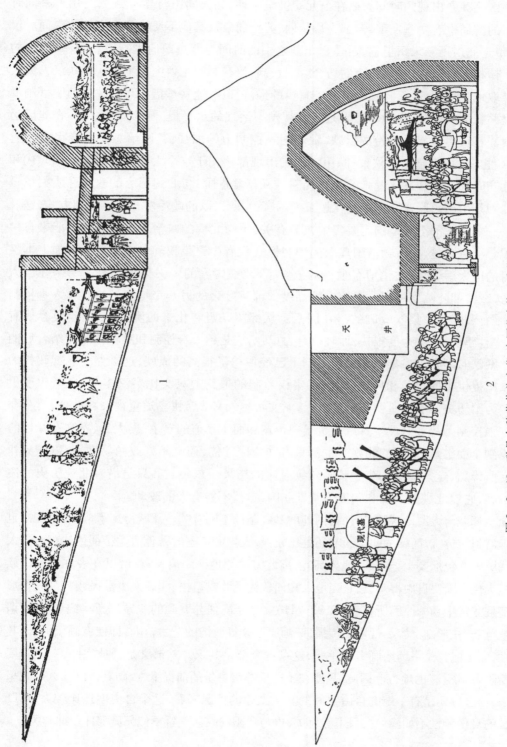

图 2－2－10　磁县东魏茹茹公主墓、太原北齐徐显秀墓壁画

1. 磁县东魏茹茹公主墓壁画　2. 太原北齐徐显秀墓壁画

平城地区墓葬中出现的时间大概在公元 5 世纪中期,如大同田村墓所见①,与田村墓同时或略后的陶俑也有一些发现,但都为侍从俑、劳作俑以及其他不反映墓主身份的陶俑。仪仗俑、甲士俑出现于宋绍祖墓、司马金龙墓之中的时间与北魏政府推行三长制、俸禄制的时间大体相当,这难以视为完全的巧合。三长制、俸禄制的主要内容不仅在于从汉人大族手中夺取地方控制权,而且强调对政府官员的经济管理,这些举措与北魏政权的职官制度建设是并行的,其共同目的和结果是将北魏国家治理的水平提升到一定高度。丧葬活动作为封建官员生前死后身份的反映,随着国家控制力的加强,其政治意义会变得突出起来,宋绍祖墓、司马金龙墓仪仗俑、甲士俑的出现都依托于这个大背景。北魏洛阳时代和东魏北齐时期陶俑和墓葬壁画的墓葬礼制意义日益进阶,与北魏国家的政权性质关系至密。北魏是由部落联盟制迅速转化过来的国家,它所采取的政治模式是集权制方式,这既与统一一个偌大的空间范围需要集中权力有关,更与北魏的政治知识主要且只能来自中原知识分子有关,这些人物治国理政的理想模式只有中央集权和君主专制。再加上本汉人出身的冯太后、对汉文化情有独钟的孝文帝,北魏国家的中央集权和君主专制在冯太后、孝文帝时期陡然发展到一个惊人的高度。部落社会的另一个特点是具有超人身控制权,这是有利于推进集权专制的潜在因素。从部落联盟转化来的国家,制度建设容或有缺,但一旦建设,就会速度很快,而且执行力很强,这是超人身控制和集权体制相结合后的优势。秦汉时期在中央集权和君主专制上已经取得了很高的成就,这必然为北魏政权的统治策略提供丰厚营养和启迪,北魏在集权专制的道路上只会比秦汉走得更远、程度更深。作为给历史发展以重要影响的个人,孝文帝本人又非常讲孝道重视丧葬礼仪,对墓葬礼制加强控制乃势在必然。宣武帝也是一个宽和而重孝道的君主,冯太后、孝文帝开创的道路得到全面继承,之后的北魏君主都只有守成之才能,而又不好改弦易辙,所以墓葬礼制上无所维新,这是陶俑和墓葬壁画延续有序的结果。东魏北齐只是沿着北魏历史的惯性在运转,它以北魏的人员和制度为基础立国,自然不能有大的改动。

　　至于邺城与太原地区的差异,与两地的基础条件不同有关。邺城得到了洛阳的资源,也受制于洛阳的传统,南朝的间接影响还是比较强,人物形态上的秀骨清像特征依然存在。太原这些历史的包袱要小,本来就地势高亢,离北方草原地区距离又近,所以在表现鲜卑民族和草原文化方面要自由得多,这是当地人物俑较为矮胖或魁梧、戎装或少数民族骑马人物形象较多且非常生动的原因所在(图 2 - 2 - 11)。至于陶俑与壁画的差异,陶俑属于今日所谓的工艺范畴,在形制上容易规定和传播;壁画属于今日所谓的艺术范畴,即使有画稿,但因其艺术性,而不能完全束缚绘画者的手脚,这在古今都是共识。墓道又是开放空间,一定程度上是绘画者"炫技"的地方。因此,只要在不违反等级身份的前提下,壁画具体以什么形式呈现出来,绘画者还是有一定的自由空间的。从太原的情况来看,这个自由度还比较大,这既与壁画的身份特性不如陶俑一目了然有关,也与晋阳的政治气氛不似邺城那样压抑有关。

---

① 　简报对该墓年代的判断有误,该墓出土陶器与公元 435 年的大同沙岭 7 号墓相似,因此其年代不能晚至太和年间。

图 2 - 2 - 11　太原北齐徐显秀墓、贺拔昌墓出土少数民族骑马人物形象的陶俑
1. 徐显秀墓出土　2. 贺拔昌墓出土

三、世家大族的墓葬礼制创新

　　世家大族墓葬礼制的创新是以世家大族地位的恢复和力量的发展为前提的。世家大族势力的恢复与北魏孝文帝迁洛具有直接关系。孝文帝迁洛在政治上宣示了对部族酋长式皇帝体制的抛弃,决心要变成一位集权专制的封建式君主;在政权基础上,改变过度依靠鲜卑本族王公大人进而有所受制的局面,给予汉人大族地主一定的权力和自由,以调动他们的积极性,为北魏政权扩大支持的力量;在文化上宣示了对草原文化主导地位的放弃,决心以南朝为代表的华夏农耕文化为立国基础。在北魏建国过程中,中国北方各地世家大族经历了一场浩劫,被掳掠至平城地区集中安置,其中尤以青齐地区的大族最为惨烈,他们因为抗魏持久、入魏晚而备受歧视,被专门列为"平齐户"而受到特别控制。孝文帝迁洛,才给这些世家大族重返故土的机会,青齐地区的解放感最强,可能因此在墓葬礼制的创新方面也最动脑筋。

　　北朝崔氏墓礼制创新中最重要的内容是圆形墓葬形制和以十二生肖俑为主的一批新陶俑(图 2 - 2 - 12)。由于这种墓葬形制和陶俑前所未见,学者们高度关注,并尝试给予各种解释,笔者认为这种墓葬形制与随葬陶俑实际上是一个整体,是对时人观念中的天地模式的模仿,详细讨论见本著下编之"北朝大族崔氏墓的象征性"。这里想指出的是,北朝大族墓葬别出机杼者不止崔氏一族,目前所知属于北魏洛阳时代的还有赵郡李氏、益都贾氏(贾思伯),二族墓葬之中都出土仿汉代样式的大陶器,洛阳还发掘了出土这类陶器的其他大族人物的墓葬,因此,大族在墓葬礼制上的创新不是个别现象,而是一个普遍现象。这个普遍现象的发生需要某种条件。大族们不约而同地进行变革,那他们就需要进行交流,这个交流的地点以北魏首都洛阳最为合适。这种变革既然是普遍的、有关联的现象,就不是秘密举措,而是为北魏朝廷所知晓,这就不能不又牵涉到重孝道、特别讲究礼仪的孝文帝了。孝文帝对汉人大族及其文化的推崇无以复加,他亲自将皇室诸王与汉人第

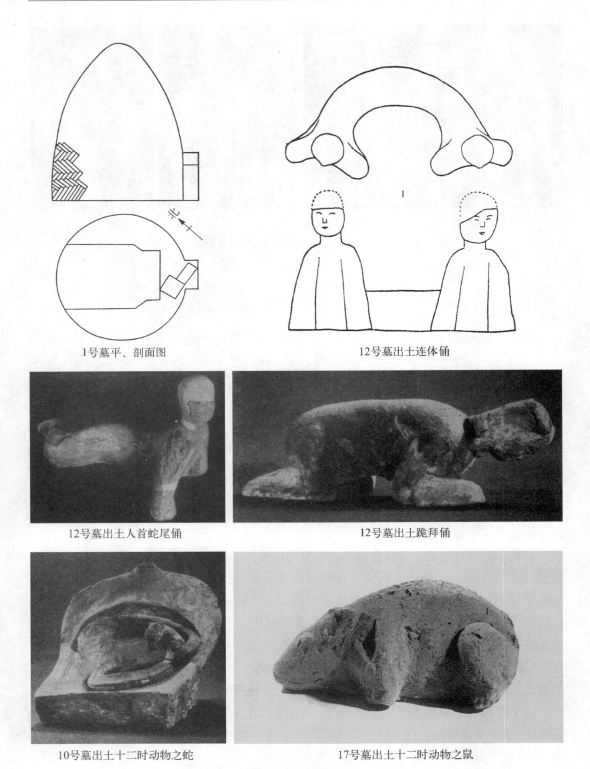

1号墓平、剖面图　　　　　　　　　　12号墓出土连体俑

12号墓出土人首蛇尾俑　　　　　　　12号墓出土跪拜俑

10号墓出土十二时动物之蛇　　　　　17号墓出土十二时动物之鼠

图 2 - 2 - 12　临淄北朝崔氏墓形制和随葬品

一流高门大族崔、卢、李、郑子弟婚配的事情更为史家所乐道。实际上,这些高门大族当时除了所谓的文化之外,没有任何政治经济上的资本可以倚靠了。也正是因为这个原因,这些大族反而会刻意强调自己在文化上的优越感。这在北方如此,在同时期的南方也是如此。此时的南方已经变为庶族掌权,但庶族在已经开始没落的贵族面前似乎更加抬不起头。庶族原来不需要面对贵族,现在不能不面对,文化上的修养又非遽然可以提高,这给南方执政的庶族带来很大困扰,甚至使之受到了很多羞辱。他们也曾试图"动粗"来解决问题,但效果适得其反,当时的政治没有贵族的配合根本无法进行下去。南方的这种情况,可以作为孝文帝时期的参照,此后的宣武帝又有其父之风,汉人文化活动的空间异常宽阔。孝文帝重孝道、讲礼仪是抓住了汉人文化的核心的。尊宗敬祖是团结族人的最好手段和旗号,丧礼通常能最大限度地聚集族人,还是宣扬宗族秩序、调整宗族内部关系的机会,特别是在魏晋南北朝这样宗族成为社会成员第一和最终依靠的时期,丧礼作用之大超乎寻常想象。一些北朝大族墓葬的封土至今依然留存,如河北景县境内高氏墓群,直径达百余米的封土与边长不过数米的地下墓室形成对照。狭小的墓室既是遵从国家的规制,又显示出宗族领袖的谦损。高大的封土是宗人共同劳动的产物,能激发对先人的敬重,并与族人紧密团结的心理相呼应。丧葬活动在当时是一场既静秘又公开的活动,是一次宗族教育的良机。在北魏洛阳时代的历史状况下,还是一次展示本宗族文化的机会,展示本宗族对礼的独特理解和运用的机会。今天考古发掘出土的遗物,都是当年直接参与了丧礼的物品。无论是早期的遣册,南北朝时的衣物疏,还是近代的器物账本,这些物品当年都是在公开陈列之后才被移入墓室之中的。因此这些物品所具有的礼制含义是无疑而明确的,在丧礼参与者心中所激起的感受也是有所期待的。然而,中原北方汉人大族的历史与文化被北魏从中途生生割断,还归故里的大族回不到过去了,他们自觉不自觉地都要进行创新。不过,虽然是创新,其返本报始、尊宗敬祖的核心思想不可能有所变化,反而

应该通过新的形式予以加强,思虑寻常者则仿造古代的器物如赵郡李氏等大族(图2-2-13),用心精深者则如清河崔氏新创了圆形墓室和十二生肖为中心的一批新式陶俑,这也是笔者用"象天地"来概括北朝崔氏墓的根本原因。崔氏墓新创的这套东西虽然在今天引起许多不同理解,但在当时必然虽新奇而易懂,否则只会昙花一现。

北朝汉人大族在墓葬礼制上的创新产生了很大的影响。这可

陶壶　　　　　　　　陶钫

图2-2-13　赞皇北魏李弼墓出土陶器

以分为两种情况。一种是"复古"式器物的影响，这个类型对其他大族、皇室成员乃至皇帝陵墓都产生了影响，而且这在东魏时期就体现出来了，具体的表现是茹茹公主墓出土了陶编钟、陶编磬。陶编钟、陶编磬虽然不是陶器皿，但属于比器皿更高级的礼乐器。前面说过，东魏时期不太具备创造新礼的能力和机会，这个时期所新见的很多内容其实是北魏晚期就出现了的，不过北魏晚期的考古发现有限而已。即便北魏晚期没有出现陶编钟、陶编磬，这也并不是个创意，而是延续了复古式器物。复古式器物的影响在磁县湾漳大墓中体现得最为明显，湾漳大墓出土了成套的鼎、壶、灯、耳杯，这又是在茹茹公主墓基础上的踵事增华，这些器物的礼制含义更为明确。我们还看到，北齐娄睿墓、徐显秀墓、厍狄业墓等墓葬中都出土有釉陶壶、釉陶尊等物（图2-2-14），这些器物形态优美、装饰华丽，与陶器那种素朴深沉的格调差别很大，或许娄睿墓中这些器物已经不再具备太多的礼制含义，或者礼制含义已经不太为人所知了。随着北齐的灭亡，这类复古式陶器很快也就消失了。另一类就是北朝崔氏发明的圆形墓和十二生肖为主的一批陶俑的影响，这个影响发生的时间要略晚，北朝晚期可能已对外产生影响的例子只能举出临沂出土的几件器物[1]（图2-2-15）。但从隋代开始，北朝崔氏墓的发明的对外影响就强劲地显露出来，如扬州隋炀帝夫妇墓，再晚如朝阳唐墓，再晚如河北唐墓，基本是围绕渤海湾分布的[2]。北朝崔氏墓的圆形墓葬形制与十二生肖为主的一批新式陶俑后来有时"单独行动"了，如武昌隋唐墓就似乎接受了十二生肖俑而放弃了圆形墓[3]（图2-2-16），这可能与南方地区的地质条件有关，也可能与人们的观念有关。

灯　　　　　鸡首壶　　　　　壶

壶　　　　　　　托杯

图2-2-14　太原北齐娄睿墓出土釉陶器

---

① 临沂平邑出土，临沂博物馆展品，2012年10月参观所见。

② 可参考齐东方：《中国北方地区唐墓》，载北京大学考古文博院、大阪经济法科大学编《7-8世纪东亚地区历史与考古国际学术讨论会论文集》，科学出版社，2001年。

③ 权奎山：《武昌郊区隋唐墓出土陶俑的分期》，载氏著《说陶论瓷——权奎山陶瓷考古论文集》，文物出版社，2014年。

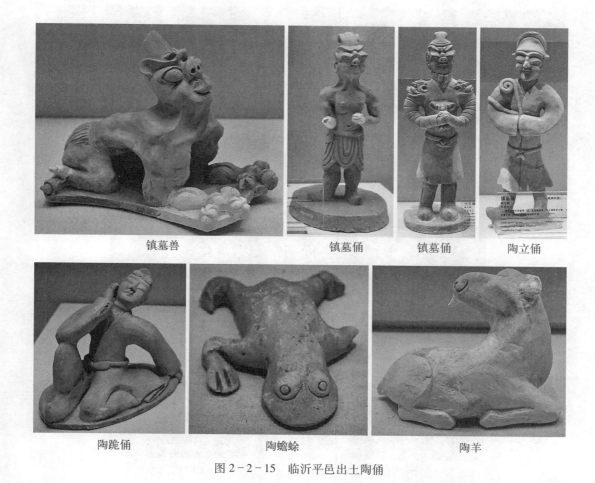

镇墓兽　　　　　镇墓俑　　镇墓俑　　陶立俑

陶跪俑　　　　　陶蟾蜍　　　　　　陶羊

图 2-2-15　临沂平邑出土陶俑

镇墓兽　　　　　镇墓兽　　　　　镇墓兽

镇墓兽　　　　　　　　双头兽　　　　　　　十二时俑

十二时俑　　　　　　　　十二时俑

图 2 - 2 - 16　武昌郊区隋唐墓出土陶俑

四、对佛教礼仪的吸收

　　墓葬礼制对佛教礼仪的吸收是值得专门提出并加以讨论的现象。佛教从进入中国开始，就与墓葬结下不解之缘，但墓葬中的佛教因素具备佛教本来的含义要从南北朝时期才真正开始。这个转变过程曲折复杂，但是是了解和理解佛教中国化历程的重要视角，其意义不下于对佛教石窟、造像等遗存的研究，详细的讨论见本著下编第五章"南北朝墓葬中的佛教因素"，这里仅就墓葬礼制对佛教礼仪的吸收略作讨论。

　　体现佛教礼仪的器物是长颈垂腹瓶、烛台、盘、三足盆、唾壶等物。有时还有熨斗、镌斗。多为铜质，也有陶瓷质，可能是对铜器的仿制。判断它们为佛教礼仪用品的依据有二：一是长颈垂腹瓶与佛教菩萨所持净瓶相似，这种物品不是中国陶瓷器的固有品类，且于佛教因素普遍出现在墓葬中的南北朝时期开始出现；一是在个别保存完好的墓葬，如北齐库狄回洛墓中，这组器物被集中置于仿木房形木椁一侧，不与其他随葬品相杂，供奉意味甚浓，而且鎏金，颇不同于其他铜器（图2－2－17）。洛阳北魏吕达墓被盗扰，几件铜器的位置也靠得较近，可能当时也是集中陈列的。

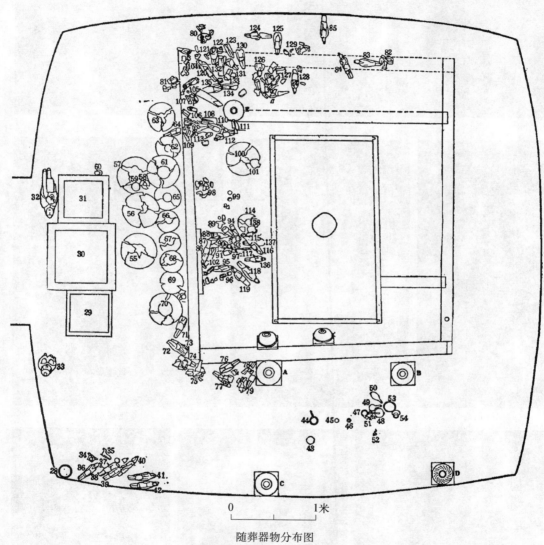

随葬器物分布图

28. 陶钵　29－31. 墓志　32、33. 武士俑　34. 陶灶　35、37. 陶羊　36、38－42、81－97、102－113、115－137. 陶俑　43. 鎏金铜盒　44. 熨斗　45、46. 高足杯　47. 铜镶斗　48. 三足器　49. 带流瓶　50. 细颈瓶　51、52. 鎏金铜烛台　53. 铜碗　54. 鎏金铜唾壶　55－57、62、63、70、100. 瓷盘　58、59、98. 瓷碗　61. 灰陶盆　62、65－69、114. 瓷壶　80. 鎏金龙首　99. 瓷杯　101、138. 陶罐　A、B、C、D. 石础（1－27. 未绘出；编号据原报告；划线部分为与佛教相关的礼仪用器）①

---

① 原报告发表的平面图中有2个62，无60。经查，一个62应为壶，另一个不详。

熨斗　　　　　　　　　　　　　　镰斗

细颈壶　　　　　　　带流壶　　　　　　　唾壶

盒　　　　　　　　　三足盘　　　　　　莲花烛台

图 2 - 2 - 17　寿阳北齐厍狄回洛墓平面图和鎏金铜器

佛教礼仪器物的出土地点较为分散,不仅在洛阳王温、吕达等人墓葬中,在河北赞皇李氏家族墓群、山东贾思伯墓葬中也有发现,而且这些都是北魏洛阳时代晚期的墓葬。在较大范围内流传,且出现仿铜的陶瓷器,说明这组器物开始出现的时间要更早一些。北魏平城时代的墓葬中没有出现这组器物,因此,这组器物很有可能是在洛阳时代才出现的。而且很可能是在南朝影响下发展起来的,但应该不是从长江下游传入的。长颈垂腹瓶是佛教礼仪用品中的代表性器物,长江下游地区罕见,见诸报道的南京燕子矶南朝墓出土者似乎还是长江中游的产品①(图2-2-18)。长颈瓶在长江中游的发现既早也多。江西清江南朝墓葬中发现好几件,其中M9有元嘉廿七年纪年砖②。湖南益阳南齐建元四年(482年)墓出土有长颈瓶,唯腹部不甚垂③。长沙烂泥冲南朝墓M3不排除为南齐时期的可能性。而且,洛阳北魏墓葬出土的青瓷器基本可以肯定是南方长江中游地区的产品,那么北朝这组佛教礼仪性质的物品从南朝传入的可能性是存在的。这不是说北朝不能自发地将佛教礼仪应用到墓葬之中去,而是说由于北魏洛阳时代接受了南方的大量文化,特别是佛教方面受南方的

图2-2-18 南京燕子矶南朝墓出土长颈瓶

影响很大,这从今天洛阳龙门石窟以宾阳中洞为首的北魏诸洞以及巩县大力山石窟、偃师水泉等石窟就可以看出。既然从皇家到民间都无所顾忌地接受南方佛教,那么佛教仪轨自然比留存至今的佛教造像在现实生活中的影响要大,长颈垂腹壶等器物所代表的是实际佛教活动中的法器,不过又被带至地下墓葬中而已。

南朝对洛阳地区的影响是在官方和民间两个层面上同时进行的,这种佛教礼仪用品恰好体现了与两个方面的关系,这其实牵涉到洛阳地区从南方地区吸收文化因素的来源问题。简单地说,民间层面的影响可能主要来自长江中游地区,这是洛阳与长江中游地区邻近的地理位置关系决定的。长江中游从来就是南朝的一个分中心,佛教文化又异常发达,今天留存的湖南长沙、湖北襄阳、河南邓县等地南朝墓葬中的佛教因素既强烈,又很有地方特色。长江中游青瓷器生产能力高,对北魏的影响已如前述。长颈瓶这种代表性器物在长江中游地区发现的要比下游多,且年代早。北魏洛阳与长江中游地区在民间层面上的互动关系要比长江下游容易和自如,长江中游的大量人口本来就是中原地区的人民。在这里需要说明的是,这里所说的民间层面,依然与底层普通民众关系不大。洛阳朱仓发掘的23座北魏墓都是中小型墓,鲜卑陶器很多,这些墓葬的主人应该就是鲜卑平民,他们

① 南京市博物馆:《南京燕子矶南朝墓出土长颈瓶》,载南京市博物馆编《南京考古资料汇编(叁)》,第1712页,凤凰出版社,2013年。原发表于何处不详。
② 清江县博物馆:《江西清江山前南朝墓》,《文物资料丛刊(8)》,文物出版社,1983年。
③ 益阳地区文物工作队、益阳县文化馆:《湖南省益阳县晋、南朝墓发掘简况》,《文物资料丛刊(8)》,文物出版社,1983年。

在北魏洛阳时代依然是国家的基本支持力量,但在这批墓葬中,没有出土一件上述佛教礼仪用品①。在官方层面上,洛阳北魏高等级墓葬礼仪应与建康的关系更密切,这是建康的首都地位所决定的,那里才是南朝文化的根据地,才是北魏真正取法的对象,这在文献上有很多方面的记载。北魏从洛阳时代开始墓葬设奠才作为独立的仪式被重视起来,被赋予了专门的墓内空间和器皿,这就是被单独集中摆放的以鸡首壶、盘口壶、青瓷碗、盏托为代表的一群器物,以长颈瓶为首的佛教礼仪用品要想在高级官员的墓葬中取得一席之地必须得到官方的许可,这是因为至少北魏洛阳地区的官员墓葬是严格地按照墓葬礼制进行的,这在前文已有充分陈说。王温、吕达墓中都出土有仪仗俑和武士俑,吕达还在皇帝追赠新的官职之后重新刻了一方墓志纳入墓葬,可以说这是为天子所知的丧事,丧事的进行必然有官方的直接介入。王温死后被追赠"使持节抚军将军、瀛洲刺史",要超过吕达的"追赠辅国将军、博陵太守",其丧事自然也为官方所全盘知悉。当然,这并不是说,这组器物构成官方墓葬礼制不可或缺的内容,赞皇北魏李仲胤墓、李翼墓,寿光北魏贾思伯墓中都只出土了佛教礼仪器物而无仪仗俑、甲士俑,说明这组佛教礼仪器物与身份之间并无严格的关系,但在洛阳地区官员墓葬中的使用,无疑会产生广泛影响,并推动社会风气的变化。在笃信佛教的临淄北朝崔氏墓葬中,我们几乎见不到明显的佛教因素,正说明佛教礼仪用品没有强制性。

　　上述墓例尚属佛教因素之有无清晰可辨者,实际发生的情况可能要更复杂。以洛阳纱厂西路北魏墓 HM555② 为例,这个墓葬的陶器组合很有意义,设奠组合基本是陶器,可能代表了一般墓葬的基本情况,即将受到南方影响的礼制因素与鲜卑本来的东西组合在一起,具体表现为不同来源的两类器物和睦共存,此外,可能与佛教相关的因素也跻身其间。代表南方因素的是唾壶、盘,代表鲜卑本来因素的是细颈壶、罐、灯,代表佛教因素的是长颈瓶、莲花座。其中部分器物可能还发生了性质置换现象,如细颈壶相当于盘口壶(图 2 - 2 - 19)。如此等等,不一而足,也不再细论。

南方因素

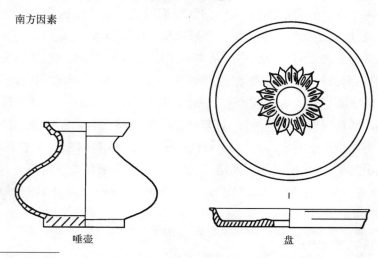

唾壶　　　　　　　　　　　　　　　盘

①　洛阳市文物考古研究院:《洛阳孟津朱仓北魏墓》,《文物》2012 年第 12 期。
②　洛阳市第二文物工作队:《洛阳纱厂西路北魏 HM555 发掘简报》,《文物》2002 年第 9 期。

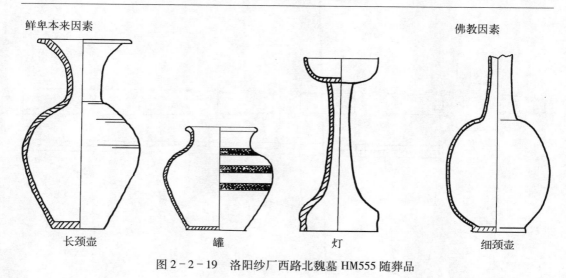

鲜卑本来因素　　　　　　　　　　　　　　　　　　　　　　佛教因素

长颈壶　　　　　　　　罐　　　　灯　　　　　　　细颈壶

图 2 - 2 - 19　洛阳纱厂西路北魏墓 HM555 随葬品

第三节　西魏北周墓葬礼制

　　总体说来,西魏北周墓葬礼制以继承北魏墓葬礼制为主而略有变化,同时吸收了关中地区十六国北魏墓葬的部分因素,有些甚至能追溯到北魏平城时代。北周大族在墓葬礼制方面略有侧重,但创新性远不及关东大族。西魏北周的考古材料不算丰富,而且墓葬出土物也不算多,但其中所包含的历史信息一点不少。有些历史信息相当隐晦,只能以意求之。为了更好地理解西魏北周墓葬礼制,必要时还会涉及其他地区材料进行对比之用。

一、对北魏墓葬礼制的选择性继承

　　西魏北周的墓葬面貌乍看与北魏洛阳时代和东魏北齐区别甚大,这是由于彼此的墓葬形制和随葬品表面形态迥异造成的。西魏北周常见带后室或耳室的袝葬墓,随葬品中数量颇大的陶俑矮小粗陋,特别是镇墓兽呈趴卧状(图 2 - 3 - 1),造成西魏北周特点鲜明的感觉,但可以认为这基本上是一种错觉。这两项内容中,带后室或耳室的袝葬墓是关中地区十六国时期就流行的家族合葬方式,本为葬俗,在西魏北周时期可能获得了一定的礼制意义。真正具有强烈礼制意义,更直接地说具有身份意义的是随葬俑群,但这套俑群却不是北周的发明,而是可以追溯到北魏洛阳地区。西魏北周墓葬礼制的核心内容就是由上述两部分构成的。

　　带后室或耳室的袝葬墓虽然本来主要是关中地区的一种葬俗,但其间经历了北魏、西魏时期的衰落,在北周时期流行有再度勃兴之感,这当与北周有意尊重关中地方传统有关,在某种程度上这也具有政治意义,也约略可以划入墓葬礼制的范畴,所以下面略作陈

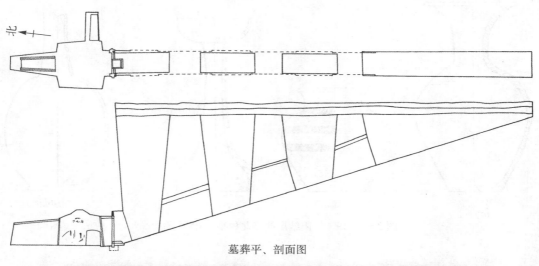

墓葬平、剖面图

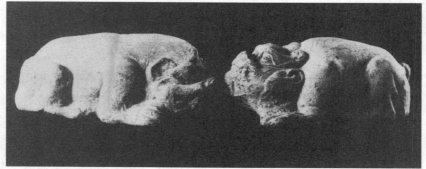

镇墓兽

骑马仪仗俑　　　　　　　　　　　　骑马仪仗俑

图 2 - 3 - 1　咸阳北周独孤藏墓形制和随葬品

述。带后室或耳室的祔葬墓在关中地区的出现可以追溯到曹魏时期，墓例如景元元年（260年）墓，墓葬前后室虽然总体上还呈方形或长方形，但不甚规则，而且后室相当窄，前宽1.5米，后宽1.3米，放置一棺有余而二棺不足①（图2-3-2）。这种墓葬显然是从前堂后寝的双室墓演变来的，所以如此，当与曹魏推行薄葬有关。曹魏推行薄葬，关中是仅次于洛阳受其强烈影响的地区，两地墓葬形制与东汉晚期相比都发生了变化，洛阳地区曹魏西晋官员墓葬大多采用近方形的单室墓②，关中地区发展出了带后室或耳室的祔葬墓。关中地区的这种墓葬形制是否还具有不同寻常的礼制含义尚不清楚，但可以埋葬多人却是事实，似乎能满足将同一家族内多人合葬于同一墓穴之中的要求。这种情况在洛阳也有发生，如西晋裴祇墓中就包含了祖孙三代人，这对于理解关中地区类似墓葬是有帮助的。这种墓葬形制在十六国时期变得更为流行，可以咸阳十六国墓葬为代表。当然，这不是说所有墓葬都采用这个方式，而是说这一方式相当常见。没有后室和耳室的单室墓也有一定数量，似乎还有家族特点，如咸阳文林小区发现的一排9座墓葬中，有7座为单室墓，但其中至少M113、M69、M6都埋葬了3个人，而带耳室的两座墓葬M44、M61都有三具木棺③。这说明带后室或耳室的祔葬墓就是为了更便利地埋葬多人，而且关中地区流行家族合葬（图2-3-3）。还需要指出的是，夫妻两棺并列的形式在带后室或耳室的祔葬墓中很少见，而是每棺各处于一个小室之中，与东汉时期很不相同。这不是说夫妻关系不再是第一位的，而应该理解为家庭关系的重要性在时人的认知中可能放在夫妻关系之前。这种情况，在北魏时期有所改变，带后室或耳室的祔葬墓和多人合葬墓都明显变少，前者据笔者所知仅长安县韦曲北塬的韦彧墓④，后者如西安灞桥区江村王氏家族墓地⑤发掘的10座墓葬中仅M14葬有多人。这种情况的发生，与两个原因有关，一是鲜卑不流行多人家族合葬，这从西安东小寨的两座北魏墓⑥可以看出，其中的M3出土朱姓铭文砖，疑为汉人，但出土的细颈壶等陶器，特别是M4的双人单棺合葬葬式，表明即使墓主为汉人，也已经鲜卑化了。另一个原因是方形或弧方形的单室墓在北魏平城时代后期已成为官员墓葬的基本形态，洛阳时代几成定制，西安北魏邵真墓⑦（图2-3-4）、华阴杨舒墓以及出土著名漆棺的固原太和年间墓葬都是良好的例证。但在西魏时期，这种带后室或耳室的祔葬墓似乎又开始抬头，关中地区可以确定的西魏墓葬不过六七例，吐谷浑公主与茹茹大将军合葬墓⑧

---

① 西安市文物保护研究所：《西安三国曹魏纪年墓清理简报》，《考古与文物》2007年第2期。
② 洛阳地区也有与关中地区类似的后室窄长的墓葬，如洛阳孟津大汉冢西晋围沟墓，见洛阳市第二文物工作队：《洛阳孟津大汉冢西晋围沟墓发掘简报》，《文物》2011年第9期。
③ 咸阳市文物考古研究所：《陕西咸阳市文林小区前秦朱氏家族墓的发掘》，《考古》2005年第4期。
④ 陕西省考古研究所：《长安县北朝墓葬清理简报》，《考古与文物》1990年第5期。
⑤ 西安市文物保护考古研究院、北京联合大学：《西安市灞桥区江村北魏王氏家族墓地发掘简报》，《文博》2019年第1期。
⑥ 西北大学文化遗产学院、西安市文物保护研究院：《西安市东郊东小寨村两座北魏墓葬发掘简报》，《文博》2018年第5期。
⑦ 陕西省文物管理委员会：《西安任家口M229号北魏墓清理简报》，《文物参考资料》1955年第12期。
⑧ 陕西省考古研究院、陕西历史博物馆、长安区旅游民族宗教文物局：《陕西西安西魏吐谷浑公主与茹茹大将军合葬墓发掘简报》，《考古与文物》2019年第4期。

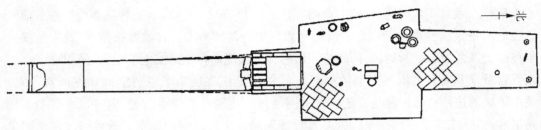

图 2-3-2　西安曹魏景元元年墓形制

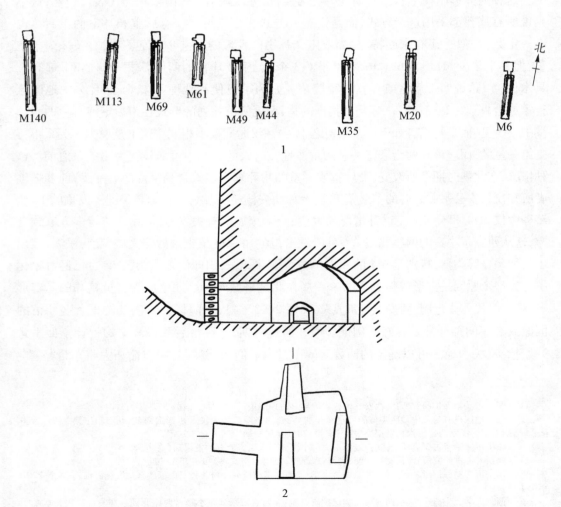

图 2-3-3　咸阳文林小区十六国墓地平面图和 M61 平、剖面简图

1. 墓地平面图　2. M61 平、剖面简图

就为带后室的双室墓,其建造年代当为西魏(图2-3-5)。北周时期带后室或耳室的祔葬墓就很常见了,以咸阳机场北周高等级墓葬区为例,叱罗协、若干云、独孤藏、王士良、侯子钦、独孤宾等人的墓葬都属于这一类型,另有咸阳北周郭生墓①也是这个形制(图2-3-6),甚至北周武帝陵也出现了一个相当于大龛的后室。远在固原的田弘墓也是这种形制,后室仅容一棺,田弘夫人木棺横置于后室之前(图2-3-7)。从上面的追溯可知,带后室或耳室的祔葬墓本是关中地区汉族人士在薄葬的逼迫下想出来的一种家族合葬墓形式,这种墓葬形式在北魏时期经历了一段时间的"沉沦",但在北周时期又为不少显贵人物所青睐,其中透露的历史信息是很耐人寻味的。这是不是表现北周政权在丧葬上对关中地方传统形式的一种尊重?因而这也具有了一些墓葬礼制的性质。

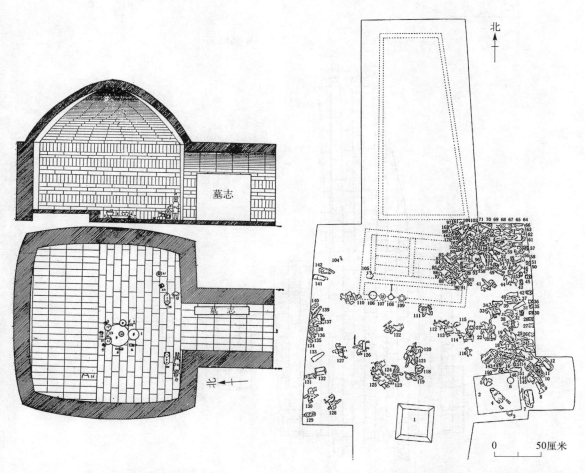

图2-3-4　西安北魏邵真墓形制　　　　图2-3-5　西安西魏吐谷浑公主与茹茹大将军
　　　　　　　　　　　　　　　　　　　　　　　　　合葬墓形制

---

①　陕西省考古研究院:《北周郭生墓发掘简报》,《文博》2009年第5期。

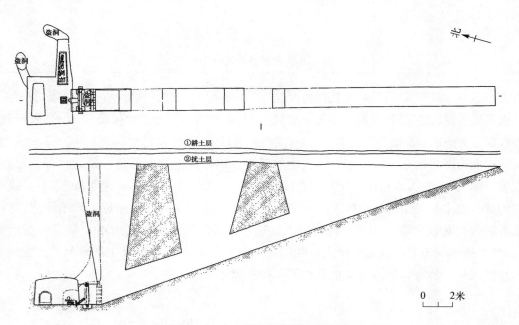

图 2 - 3 - 6　咸阳北周郭生墓形制

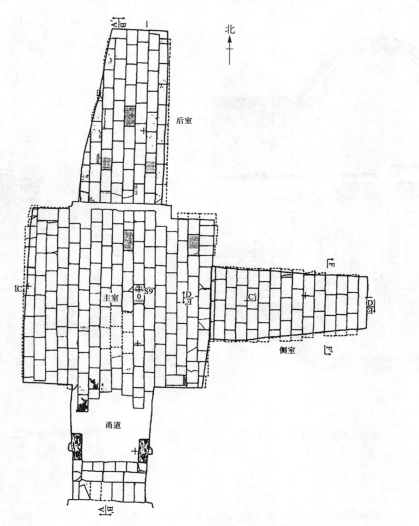

图 2 - 3 - 7　固原北周田弘墓形制

二、墓葬礼制建设的加强

现在通行的表述中,俑群包括人俑和镇墓兽。严格来说,陶俑只能指人俑,而不包括镇墓兽。但镇墓兽既有人形或半人半兽形的,又是与人俑作为同一类物品而同时制作出来的,因此在表述中,要严格区别二者既不容易也不太可能。但我们这里的讨论,要将呈趴卧状的镇墓兽从西魏北周俑群中剥离出来,因为二者的来源不一样。西魏北周的俑群在关中地区北魏墓葬中基本不见,虽然形态上与北魏和东魏北齐俑群不同,但基本种类却非常相似,都由鼓吹仪仗俑、具装俑、步兵俑、侍从俑等类型组成,鼓吹俑的乐器如鼓、角等与关东地区如出一辙(图2-3-8),只不过工艺上远不及关东地区而已。我们经常用拙陋来形容西魏北周陶俑,并将此作为西魏北周实行节葬的证据,这自然是不错的。但我们不能因此忽略掉另一个方面,那就是这些俑都比较丰壮,同样属于造型艺术的佛教雕像在西魏北周时期也摆脱了北魏洛阳时代的秀骨清像而丰壮雄伟,这种在人物造型上对丰壮的讲求当是西魏北周的时代特色。我们还会发现西魏北周佛教雕像和陶俑与北魏平城时代如云冈石窟造像、司马金龙墓陶俑有几分相似,后者被普遍认为表现了鲜卑民族的人物特征。那么,就可以说,稚拙简陋的西魏北周俑群外表之下隐藏着不容忽视的深刻的历史内涵,这不仅可以与北魏洛阳政权崩溃后出现的对汉文化的反感相关联,也可以与北周佯附周礼、阴复鲜卑文化的政策相关联。因此说,北周俑群是一种复杂体,既体现了礼制上对北魏的继承,也表现了西魏北周时代的趣味,还有西魏北周国家政策在背后发挥着驱动

图 2 - 3 - 8　固原北周李贤墓出土陶俑

作用。将西魏北周俑群理解为新创是不合适的,不仅在于其与北魏俑群的高度相似性,还在于西魏北周在推行节葬的大背景下,是不太可能再专门创造一套新东西的。趴卧状的镇墓兽与带后室或耳室的墓葬形制一样,都是关中地区的传统内容,都带有很强的葬俗意义。呈趴卧状的镇墓兽与所有的镇墓兽一样,都处于俑群的前端,但二者性质从来都是不同的。镇墓兽要镇祛的是危害墓葬和墓主的各种恶鬼,俑群则是显示墓主身份的地下队伍,此外并无明确职守。即使到了唐代,从被称为四神——当圹、当野、祖明、地轴来看,镇墓兽仍然没有多少标志墓主身份的性质,北周时期应更是如此。可能因此之故,西魏北周在关中立国后,在俑群上变相继承了北魏洛阳地区,在镇墓兽上尊重了关中的地方传统,就像继续使用带后室或耳室的祔葬墓一样。实际上,趴卧状镇墓兽向前追溯的话,可能还与平城有关,这种镇墓兽出现于关中地区最早的时间正是北魏占领关中地区不久的北魏早期阶段,那个时候平城地区如沙岭7号墓中已经出现类似的壁画镇墓兽,后来其他墓葬中又出现半蹲的陶镇墓兽(图2-3-9)。北魏时期关中与关东镇墓兽的源头都在平城,两地后来走上不同的路子,西魏北周采纳关中地区趴卧状镇墓兽似乎具备一定的"心理"基础。西魏北周政权提倡节葬,但节葬绝不等于不重视丧葬,可以说是以特殊的方式加以重视,文献中西魏北周当政者对丧葬活动的关心一点也不少于北魏和东魏北齐的君主。西魏北周墓葬中的俑群不可能为西魏北周当政者全然不知,这从北周武帝陵墓中陶俑群与其他大臣墓葬俑群一样就可以推知。因此可以说,俑群是西魏北周墓葬礼制方面最重要的内容,在这个方面,"拿来主义"似乎是西魏北周墓葬礼制建设的基本格调。

1

2

3

图2-3-9　大同北魏墓葬中的镇墓形象

1. 沙岭7号墓壁画　2. 司马金龙墓出土镇墓兽　3. 云波里华宇工地出土镇墓兽

　　陪陵制度是北周墓葬礼制的重要内容。据《北周武帝孝陵发掘简报》："宇文泰埋葬时宇文氏尚未代魏称周，故葬于西魏文帝永陵附近的富平县宫里乡，有封土，后称成陵。不在北周五陵之列。"看来西魏已有建立陪陵制度之意，当然，这未必是西魏文帝之意。北周政权一建立，就在今咸阳机场附近另辟了墓葬区。陕西学者认为这一带"是北周皇室及贵族的重要墓葬区"①，这是非常谨慎的意见。不过，另建陵区，又将功臣贵族墓聚在附近，不是陪陵是什么呢？正如大家都认识到的，咸阳机场一带既有北周武帝孝陵，也有宇文俭、尉迟运、若干云、独孤藏、王德衡、王士良、叱罗协等北周高官显贵的墓葬，且墓葬排列有序，明显经过规划。王士良与王德衡为父子关系，二墓相距约50米，有可能说明是以家族墓葬的形式为北周帝陵陪葬的。北周与北齐的情况很相似，邺城和长安对于北齐和北周政权来说，都是陌生之地，北齐北周政权的建立者又不像北魏孝文帝那样有部族力量可以依靠，所以君臣特别"抱团"，陪陵制度因而出现了。与北齐相比，北周要更坚决。高氏墓葬与其他贵族墓葬本都属于迁都邺城的统一规划的一部分，而无特别地位。高洋称帝后，没有像北周那样跟西魏划清界限，而是以高欢陵墓为中心发展陵区，因而难免局促。

　　朝服葬在北朝呈现出较为复杂的现象，北周首都长安附近的今西安、咸阳等地高等级墓葬中，都没有发现朝服葬的相关物品。宇文俭墓葬中发现两件玉璧，是前代物品，可知玉器依然受到珍视。宇文俭墓志说"率由古礼，不封不树"，实际情况颇为符合。长安地区的北周君臣不使用朝服葬当有意为之。但这并不能说明北周没有朝服，李贤墓②、田弘墓③是目前已发掘的固原地区两位北周高级人物墓葬，都使用了朝服葬，朝服玉佩的形式一致，应该就是北周朝服的标准样式，这就更能说明长安地区北周高级官员不使用朝服葬当出于官方之命（图2-3-10）。李贤、田弘之丧，都是惊动北周天子的大事，特别是李贤，与宇文氏关系亲密异常。发掘简报已据《周书》《北史》"李贤传"指出李贤是当时很有影响的人物，西魏实际统治者宇文泰、北周武帝宇文邕多次出巡原州，都亲临李贤宅第"让齿而坐，行乡饮酒礼，……欢宴终日"。李贤死后，"帝亲临，哀动左右"。这与墓志记载完全吻合，墓志载："（李贤）天和四年岁次己丑三月廿五日薨于长安，时年六十有六。其年五月己丑朔廿一日己酉葬于原州西南陇山之足。皇帝追保弼之勋，不拘恒例，爰降神笔，特赠柱国大将军、原泾秦河渭夏陇成幽灵十州诸军事、原州刺史，谥曰桓公。"李贤使用朝服葬，当为北周武帝所知。李贤身份虽高，但还是无法与宇文俭等北周皇室成员相比。然而李贤既可用朝服葬，又可以还葬原州家族墓地，发掘简报还指出李贤墓"从残存遗迹看，当时墓葬封土高大，墓道比前代加长加宽，封土及墓道内遍经夯打。随葬器物中有金银玉石等"，认为"厚葬遗风仍然存在，并未按北周明帝和武帝提倡的那样'丧事所须，务从俭约'"。将此视为厚葬遗风可能距事实尚隔一间，实际情况是北周各种制度和规定俱备，对大多数人具有约束力，但针对李贤这样的特殊人物，就会做出调整。田弘和田弘墓也当

　　① 陕西省考古研究所、咸阳市考古研究所：《北周武帝孝陵发掘简报》，《考古与文物》1997年第2期。
　　② 宁夏回族自治区博物馆、宁夏固原博物馆：《宁夏固原北周李贤夫妇墓发掘简报》，《文物》1985年第11期。
　　③ 原州联合考古队：《北周田弘墓》，文物出版社，2009年。

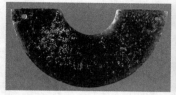

李贤墓出土玉佩

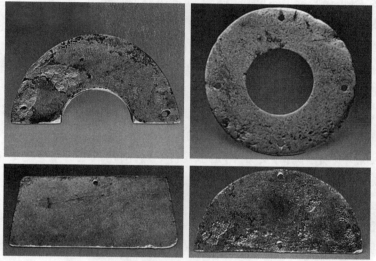

田弘墓出土玉佩

图 2 - 3 - 10　固原北周李贤墓、田弘墓出土玉佩

如此看待。这些威震一方的大人物,虽然官爵未必如长安北周皇室成员,但对北周政权的维系真正具有举足轻重的影响。他们是北周政权必须好好加以笼络的对象,朝服葬在这里不仅是墓葬礼制的一项内容,还具有强烈的政治含义。从这里也可看出,北周墓葬礼制的内容其实甚为复杂,而且不是一成不变的。在具体实行过程中的"厚此薄彼"皆有实在的理由,需要具体问题具体分析。

　　与南朝和东魏北齐相比,北周朝服葬使用方式的特殊性可以看得更清楚一点。南朝墓葬至今没有发现使用朝服葬的例子,但东晋时期例子颇多,似乎南朝有意背东晋而动。北齐朝服葬墓例最多,且不分首都与地方,也不分宗室与大族,如吴桥罗屯 M2、太原北齐娄睿墓、寿阳北齐厍狄回洛墓等。还有一个细节是北齐与北周朝服上的玉佩形式不一样,由于南朝和北魏洛阳时代都没有发现朝服葬墓例,这种不同是如何形成的还有待考察。再一个有趣的情况是,在北周武帝孝陵墓道的小龛中发现朝服上的玉佩,玉佩的形式是东魏北齐样式的,这意味着什么一时也难以明了。

三、墓内设奠无统一之法

　　设奠是墓葬礼制的重要内容,包括墓外和墓内两种方式。墓外设奠由于考古工作细致程度不足,发现不多,现在有一些发现,如南京警犬研究所南朝墓外发现封土之下有祭祀遗迹,为一祭台,"位于封土护墙前端,局部被护墙叠压,下压墓道。祭台平面呈凸字形,由祭台面和台阶两部分组成。祭台面东西长2米、南北宽2.7米,东侧叠压于封土护墙之下,北、西、南三面先由夯土填平,再行砌砖"①。目前的材料数量还不足以开展对墓外设奠的充分讨论。南北朝墓葬虽多被盗,但材料数量较大,墓葬之间可以互补,允许对墓内设奠进行讨论,因此我们接下来的讨论集中在这个方面。相对于南北朝其他地区,西魏北周墓葬材料虽然不多,但墓内设奠情况也呈现出比较复杂的特点。为了更好地理解北周墓内设奠情况,有必要先对其他地区的情况略作陈述。

南朝墓内设奠的形式一直很稳定,表现在始终以墓室前部石榻为中心构成"灵座(灵筵)",在石榻上放置象征墓主生时起居情景的坐具凭几,食器碗盘,酒水茶器的鸡首壶、盘口壶、盏托,照明具灯、烛台,洁具唾壶,文房用具砚等,这些器物多为瓷器,也会用陶明器。这些物品之外,还应有箸、案、笔等有机物,多不存(图2-3-11)。南朝的这种设奠形式和器物状况并不是南朝的发明,而是承袭自早期,南朝最主要的变化是将原来的砖台(象征榻)改为石榻,这无关设奠性质的改变。这种设奠方式普遍见于南方地区,其他地区在此基础上会增加个别物品,如长江下游地区发现较少而长江中游地区多见的长颈垂腹瓶,福建地区多见的多管瓶,都与佛教有关。北魏东魏北齐墓内设奠情况与南朝最大的区别是没有营造起居空间,而只是将设奠用品集中放置而已。当然,北魏东魏北齐的设奠情况本身是有变化的。北魏平城时代的早期阶段,多将漆案、漆耳杯以及鲜卑特色的长颈壶、罐等置于棺前,集中表达供死者饮食之意。平城时代很快发展出方形墓室,并在墓室之中或安排棺床,或安排方形木椁室,但依然没有用随葬的日用品营造出起居空间。北魏

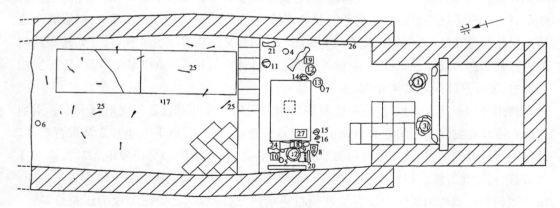

图2-3-11　南京隐龙山三号墓平面图

1-3. 瓷盘口壶　4~6. 瓷盏　7. 陶耳杯　8. 陶灶　9. 陶屋　10. 陶俑　11-13. 陶盘
14. 陶钵　15. 陶果盒　16. 陶凭几　17. 滑石猪　18、19. 石俑　20. 石墓志
21-24. 石祭台足(22、24 压石祭台下)　25. 铁棺钉　26. 墓砖　27. 石祭台

①　南京市博物馆、雨花台区文化广播电视局:《南京市雨花台区警犬研究所六朝墓发掘简报》,《东南文化》2011年第2期。

洛阳时代设奠内容发生了两个方面的变化:一是接纳了南朝的鸡首壶、盘口壶、唾壶、碗、
盏托等物品,与鲜卑陶器共同构成设奠器的新组合;一是出现一套铜瓶、洗、盘、唾壶,有时
还有镳斗(简报中或称铛)、奁、灯等物,这些器物,当与佛教有关,可能属于供奉之具。有
些尺寸很小,近似明器,但做工并不粗糙,如赞皇李仲胤墓所出土者。但我们依然看不出
构建某种空间的意味,这可以举两个难得保存较好的墓例来说明。其一,赞皇北魏李翼墓
"随葬品分布格局清晰,少部分出自棺内,其余均位于墓室北部。墓室北部随葬品大致分
三个区域分布,北部偏西放置陶罐、盘、灶和牛车等,在陶盘内有青瓷碗、碟和陶瓶、唾壶、
盒、灯以及陶俑、马、井等模型器,北部居中放置铜洗、瓶、青瓷唾壶以及釉陶辟雍砚、盘口
壶,北部偏东有陶盘口壶、碗"[1](图2-3-12)。其二,北齐库狄回洛墓"金器和玛瑙器等
装饰品位在棺内人骨架的周围。鎏金铜器大都集中于木椁的东边,即四个石础之间。釉
陶器排列或叠放在椁外南面。陶俑或立或倒,分布于椁室内外"[2]。从迄今为止的材料
看,北魏东魏北齐墓葬中没有像南方那样出现模仿墓主生前起居的灵座空间。一个原因
可能是与北方礼仪的质朴性有关,设奠的核心是饮食,满足于将饮食为主的器具集中陈放
即可。另一个原因可能是以牛车为核心的俑群占据了墓室内部的大部分空间,并成为随
葬品陈列的中心。如果说存在墓主灵魂象征的话,那么牛车的象征性显然要高于饮食器

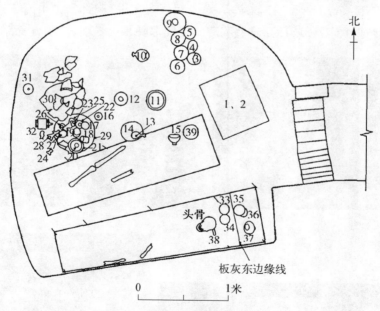

图2-3-12 赞皇北魏李翼墓平面图

1、2. 石墓志 3—8、15. 陶碗 9. 陶盘口壶 10. 釉陶盘口壶 11. 釉陶辟雍砚 12、37. 青瓷唾壶
13. 铜瓶 14. 铜洗 16、17、19. 陶盒 18. 陶井 20、33、36. 青瓷碗 21. 青瓷碟 22. 陶灯
23、28. 陶俑 24. 陶灶 25. 陶马 26. 陶唾壶 27. 陶瓶 29. 陶盘 30. 陶罐 31. 陶球形器
32. 陶牛车 34. 石盘 35、39. 铁镜 38. 银钗

① 中国社会科学院考古研究所河北工作队:《河北赞皇县北魏李翼夫妇墓》,《考古》2015 年第 12 期。
② 王克林:《北齐库狄迴洛墓》,《考古学报》1979 年第 3 期。

具,这从大同北魏宋绍祖墓开始就可以看得较为明显,少量的陶瓷器被掩没在庞大的俑群之中。具有政治意义的俑群压倒了生活性的设奠空间的发展。需要说明的是,北方墓葬被盗严重程度不亚于南方,甚至过南方无不及,上面的分析建立在现有的不完整的材料基础上,有些材料我们还不能做很好的解释,如大型墓葬中多在棺床前有石帐座,其旨在营建一个什么样的空间需要更完整的材料来推进分析。

以上述情况为参照,就可以发现北周墓内设奠无统一之法,但各种设奠方式并非均无道理可言。包括北周武帝陵在内的咸阳机场北周高等级墓葬区内,已发掘的墓葬之中无一出土鸡首壶,年代较早的墓葬中无一出土盘口壶。固原北周李贤墓、田弘墓中也不见。这固然与北周不生产青瓷器,不易从他处得到瓷器有关。但用陶器模仿瓷器并非难事,如怀疑为北魏节闵帝的洛阳衡山路大墓中就出土了陶盏托,洛阳纱厂西路北魏墓 HM555 中有模仿瓷器的陶唾壶、陶盘。因此,不是不能,而是不欲为之。不欲为之的原因则是不接受那些瓷器所代表的礼制与文化内涵。与秀骨清像的陶俑相比,这种瓷器直接来自南方,成为西魏北周力图摈弃而非陶俑那样只是改造的对象。命运介于瓷器和陶俑之间的是牛车,在西魏的吐谷浑公主和茹茹大将军墓中还能见到,这是继承北魏时期的惯性,但后来就不见了。牛车所代表的南方士大夫文化,不为西魏北周所喜也在意料之中。王德衡墓(墓志年代 576 年)、若干云墓、独孤藏墓(墓志年代 578 年)中都出土了一些瓷器,有盘口壶、唾壶、碗、盏灯(图 2－3－13),这些墓葬的年代都属北周晚期,这些青瓷器都是北方产

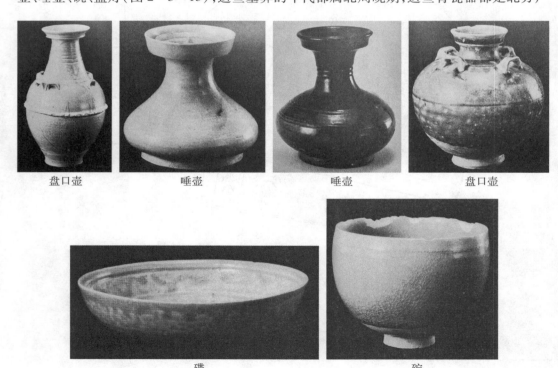

盘口壶　　　　　唾壶　　　　　唾壶　　　　　盘口壶

碟　　　　　　　碗

图 2－3－13　咸阳北周独孤藏墓出土瓷器

品,大概也不再具备南方文化的含义了,所以需要将它们区别出来。相较于南方系统青瓷器所受到的冷遇,可能属于佛教供奉品的青铜器继续受到青睐,在西安西魏吐谷浑公主和茹茹大将军墓中就能见到铜细颈瓶、唾壶、三足盘、镳斗、圈足盘(图2-3-14)。在北周晚期的王德衡墓中有铜细颈瓶、唾壶、五足盘、圈足盆。西魏乙弗氏与隋席氏合葬墓[1]中青铜器组合和形态与西魏吐谷浑公主和茹茹大将军墓中的雷同,估计是乙弗氏下葬时随葬的。这些墓葬虽然被盗,但铜器的相对位置关系尚属明确,都集中于一处,吐谷浑公主和茹茹大将军墓中的铜器还排列成一线,类似的还有王德衡墓,供献的意义比较明确。北周墓葬中陶日用器皿发现不多,且多集中放置,与北魏东魏北齐一样,意在强调饮食的本意,而不构成象征性空间,于大量的陶俑之中,显得甚为无足轻重。

铜镳斗　　　　　　　　　　　　铜唾壶

铜三足盘　　　　　　　　铜圈足盘　　　　　　　铜细颈瓶

图2-3-14　西安西魏吐谷浑公主和茹茹大将军墓出土佛教礼仪用品

①　西安市文物保护考古研究院:《陕西西安西魏乙弗虬及夫人隋代席氏合葬墓发掘简报》,《考古与文物》2020年第1期。

下编 分论

第三章　南朝墓葬礼制研究

在上编综论部分第一章,着重从宏观上对南朝墓葬礼制进行了勾勒,现在尝试讨论南朝墓葬礼制的一些具体问题。

刘宋是南朝的开端,不仅有所创新,而且影响到齐梁陈三朝。可以说,刘宋为南朝陵墓制度"开了个好头"。那么,刘宋何以能创造出新的墓葬礼制内容,换言之,刘宋墓葬制度的知识源泉和心理基础是什么,是值得考虑的问题。由于刘宋墓葬礼制的创新集中体现在帝王陵寝制度方面,所以对刘宋陵寝制度渊源的探讨也就是对南朝陵寝制度的探讨,这是本章试图探讨的第一个问题。齐梁皆为萧姓,齐梁交替又无革命之事,因此,齐梁文化之连续为意料中事。梁代实际就是梁武帝一朝,近五十年的安定为政治经济文化的发展和制度建设都创造了条件,梁武帝也曾在整齐制度方面用力。但是,齐梁墓葬发现并不算多,且集中于高级墓葬,更有甚者,被盗极其严重,使全面仔细的探讨难以为力。这种情况,促使我们转变分析问题的角度,以北朝政权对官员墓葬的强力干预为对照,探索齐梁政权墓葬礼制建设的重心所在,并认为齐梁政权可能更关注于对墓葬礼仪的倡导,墓葬等级制虽然存在,但并非重点所在。以往南朝陈无论在历史研究还是考古研究中都被忽视,但陈代并非南朝史中的小断层,而且仔细爬梳可知,陈代墓葬并不少,且对早期墓葬既有继承,又有发展,还有相互交流和吸收,所以对陈代墓葬的专门讨论必不可少。南京灵山大墓是一座早年发掘的著名墓葬,但墓葬材料至今没有公布,墓葬的年代和性质等问题意见纷纭。对陈代墓葬的专门研讨,为认识灵山大墓创造了条件,因此本章专列一节论述对灵山大墓的看法,并揭示其墓葬礼制方面的意义。

第一节　南朝陵寝制度之渊源

南朝陵墓一向与东吴、东晋陵墓合称为六朝陵墓,这个名词很大程度上模糊了几个时代陵墓之间的差异,现有的考古研究工作表明,东吴、东晋和南朝陵墓之间的差异要大于相似之处,其中东晋、南朝的差异尤为显著,此点关涉中国古代丧葬制度的渊源流变。如众所知,丧葬制度为汉民族文化的重要内容之一。永嘉南渡,汉民族与文化的主体南迁,北方地区因五胡入主而几为异域。东晋南朝丧葬情况可视为汉民族丧葬文化的自然延续。汉民族丧葬制度以帝王陵寝最具代表性,因此帝王陵寝制度的研究尤具意义。中国古代的每个朝代通常都有各具特色的陵寝制度,后代多不因袭前朝。南朝却是个例外。有关南朝陵寝制度的文字记载留存不多,但考古材料却能提供不少证据。经过田野考古发掘的南朝帝王陵墓有十余座,地面至今仍有遗迹可寻的不下数十座。根据这些材料对南朝陵寝制度进行概括和研究的主要论文有蒋赞初的《关于长江下游六朝墓葬的分期和断代问题》、罗宗真的《六朝陵墓埋葬制度综述》、林树中的《南朝陵墓雕刻》、王志高的《南朝帝王陵寝初探》、曾布川宽的《六朝帝陵》①。几位学者的概括和研究或偏重于地下材料,或立足于美术史,尚没有充分综合考虑地下与地表现象,也没有指出南朝陵寝制度的特质所在,当然也谈不上追寻南朝陵寝制度的渊源由来。南朝陵墓与之前的两晋、之后的隋唐相比,有鲜明的特点,而且这些特点不因改朝换代而中断,换言之,南朝四代的帝王陵寝大致存在着一以贯之的制度②。在此之中,刘宋具有开创之功,刘宋皇室扮演了非常重要的角色,因此有必要对刘宋皇室加以研究,以期加深对南朝陵寝制度的认识。

一、南朝陵寝制度之特征

依据现有材料,南朝陵寝制度的特征在每个时代的陵寝总体分布、单座陵墓的地面布局、陵墓的平面形状、墓室装饰等方面反映得比较充分。

每个时代的陵寝总体分布方面的主要特点是,陵墓多呈散点状分布。仅根据文献记载,这个特点已经非常明显。下面略引皇帝陵墓的相关记载,王陵从略。宋武帝"葬丹杨建康县蒋山初宁陵"③,宋文帝"葬长宁陵。陵在今县(指唐建康县,引者注)东北二十里"④,孝武帝"葬景宁陵,在今上元县南四十里严山之阳"⑤,明帝"葬临沂县幕府山高宁陵"⑥。齐梁二代的帝陵在今丹阳境内。齐帝陵,"南齐宣帝休安陵,在县(指唐丹阳县,引者注)北二十八里。高帝父也,追尊为宣皇帝。高帝道成泰安陵,在县口(应为北,引者注,下同此)三十二里。武帝赜景安陵,在县东二十二里。景帝道生永安陵,在县东北二十六里。明帝父也,追尊为景皇帝。明帝鸾兴安陵,在县东北二十四里"⑦。梁帝陵,"梁文帝顺之建陵,在县口(北)二十五里。武帝父也,追尊为文皇帝。武帝衍修陵,在县东三十一里。……简文帝纲庄陵,在县东二十七里"⑧。陈帝陵,武帝"葬于万安陵。在今县(指

---

① 蒋文见《中国考古学会第二次年会论文集》,文物出版社,1982 年。罗文见《中国考古学会第一次年会论文集》,文物出版社,1979 年。林著,人民美术出版社,1984 年。王文见《南方文物》1999 年第 4 期。曾著,原名《南朝帝陵の石兽と砖画》,发表于《东方学报》第六十三册,傅江译本,南京出版社,2004 年。

② 南朝陵墓的制度性特征,并没有引起学术界的足够重视。多数学者习惯于将南朝陵墓放在一起叙述,这个现象本身暗示了南朝陵墓的相似性。但这并不表明这个问题有将要加以考察。如果说齐、陈二代时间太短,只能继承前代,那么梁朝存在五十余年,而且文化相当发达,在礼制方面尤有建树,完全有时间有条件另立制度。在总体上,梁朝代表了南朝文化,但陵寝制度的基本内容是由刘宋创立的,梁朝继承和发展而已。这个现象值得重视。南朝陵寝制度的一致性是南朝时代的一致性在墓葬制度方面的反映,这是一个与历史学关系更大的问题,对此本文不多涉及。

③ 许嵩撰,张忱石点校:《建康实录》卷十,第 389 页,中华书局,1986 年。

④ 许嵩撰,张忱石点校:《建康实录》卷十二,第 450 页,中华书局,1986 年。

⑤ 许嵩撰,张忱石点校:《建康实录》卷十三,第 486 页,中华书局,1986 年。

⑥ 许嵩撰,张忱石点校:《建康实录》卷十四,第 512 页,中华书局,1986 年。

⑦ 李吉甫撰,贺次君点校:《元和郡县图志》卷二十五《江南道·一》,第 592、593 页,中华书局,1983 年。

⑧ 李吉甫撰,贺次君点校:《元和郡县图志》卷二十五《江南道·一》,第 593 页,中华书局,1983 年。

唐上元县,引者注)东南三十里彭城驿侧,周六十步,高二丈"①。文帝"葬永宁陵"。许嵩自注曰:"陵在今县东北四十里,陵山之阳,周四十五步,高一丈九尺。"②"宣帝项显宁陵,在县(指唐上元县,引者注)南四十里牛头山西北"③。

部分南朝陵墓已经发掘,南朝陵墓地面石刻保存尚多,情况与文献记载大致相合,现将能够基本确认的南朝帝陵列表如下(表3):

表3　南朝帝陵表

地　　点	旧　　说	曾　　说
南京麒麟门	宋刘武帝初宁陵	
南京甘家巷南狮子冲	宋文帝长宁陵	陈文帝永宁陵
丹阳狮子湾	齐宣帝永安陵	齐高帝泰安陵
丹阳赵家湾	齐高帝泰安陵	齐宣帝永安陵
丹阳胡桥仙塘湾	齐景帝修安陵	
丹阳前艾庙	齐武帝景安陵	
丹阳金家村	齐东昏侯或和帝恭安陵	齐明帝兴安陵
丹阳经山北麓	齐废帝郁林王墓	
丹阳经山北麓	齐废帝海陵王墓	
丹阳三城巷	齐明帝兴安陵	梁敬帝陵
丹阳三城巷	梁文帝建陵	
丹阳三城巷	梁武帝修陵	
丹阳三城巷	梁简文帝庄陵	
南京栖霞狮子冲	昭明太子陵墓	
江宁石马冲	陈武帝万安陵	齐陵
南京灵山	陈文帝武宁陵	
南京西善桥石马村	陈宣帝显宁陵	

注:旧说指朱偰、朱希祖、罗宗真等学者的说法,曾说指曾布川宽的说法。

宋陈二代的帝陵分布在今南京周围(图3-1-1),齐梁二代的帝陵分布在今江苏丹阳(图3-1-2)。刘宋帝陵在今南京城的东、北、南三面都有分布。陈代帝陵分布在南京城的北、南两面。宋、陈二代的每座皇陵似乎都可自由选择地点。齐、梁二代的帝陵集中

① 许嵩撰,张忱石点校:《建康实录》卷十九,第759页,中华书局,1986年。
② 许嵩撰,张忱石点校:《建康实录》卷十九,第768页,中华书局,1986年。
③ 李吉甫撰,贺次君点校:《元和郡县图志》卷二十五《江南道·一》,第598页,中华书局,1983年。

分布在今丹阳市的胡桥、建山、荆林一带方圆数公里的范围内。在这数公里的范围内，每座帝陵似乎可以自由选择①，至少齐代陵墓如此。这可以说是在一定地域范围内的散点分布。

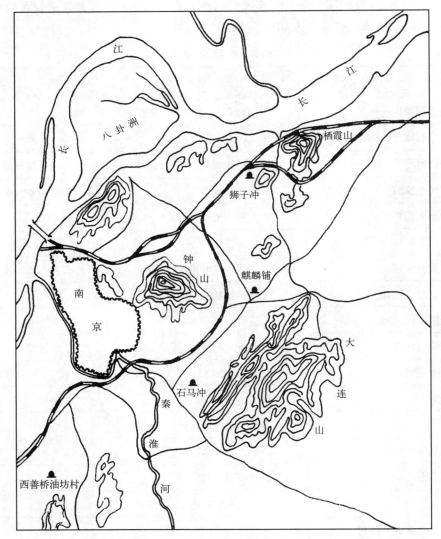

图 3-1-1　南京附近南朝帝陵分布示意图

　　单座陵墓的地面布局特点是，墓葬之前有神道，神道两侧有石刻。墓主身份明确的陵墓石刻只有寥寥数座，大多数神道石刻的墓主出于后人比附，不过这不会引起墓葬等级和时代方面的问题。大致可以确定的刘宋陵墓的地面石刻有 1 处，即南京麒麟门麒麟铺石刻。齐陵墓 8 处，丹阳胡桥公社胡桥大队 2 处、胡桥公社麻场大队 1 处、建山公社春塘大

---

　　① 《南史》卷四《齐本纪上》载，齐武帝“又诏曰：‘……陵墓万世所宅，意常恨休安陵（指武帝王后陵）未称，今可用东三处地最东边以葬我，名为景安陵。’”（第 126 页，中华书局，1975 年。）

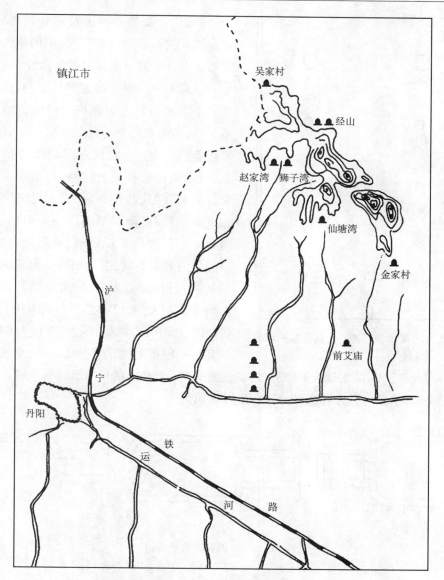

图 3-1-2　丹阳附近南朝帝陵分布示意图

队 1 处、建山公社近水经山村 1 处、建山公社管山大队 1 处、荆林公社三城巷 1 处、郫城公社水经山村 1 处。梁陵墓 16 处,丹阳荆林三城巷 3 处、南京栖霞山附近 11 处、江宁淳化镇留家边 1 处、句容县石狮乡石狮圩 1 处。陈 2 处,南京栖霞山附近 1 处、江宁县上坊镇 1 处。

　　宋、齐、陈三代陵墓之前只发现石兽,宋、陈二代石兽只有麒麟,齐代有麒麟、辟邪。梁代陵墓之前除麒麟等石兽之外,尚发现神道石柱、石碑。现存梁文帝建陵的石刻保存最为完整,由远及近依次为二麒麟、二石础、二神道石柱、二石碑跌(图 3-1-3)。从现存材料来看,南朝陵墓的地面石刻似乎有个既有继承又有发展的过程,麒麟与辟邪的区别可能始

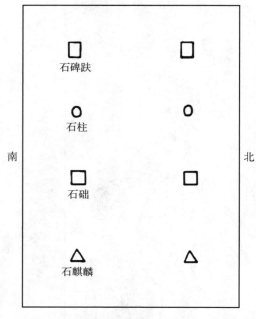

图 3-1-3　梁萧顺之建陵石刻分布示意图

于齐,梁代又添加了神道石柱和石碑。当然,究竟这几类石刻出现于何时,不同朝代之间的关系还有待于考古发掘材料的验证。

陵墓的平面形状的主要特点是,已发掘的墓葬平面多呈长方椭圆形。可推定的刘宋陵墓 1 座,即南京西善桥宫山竹林七贤壁画墓①。齐代陵墓 3 座,它们是丹阳胡桥公社仙塘湾墓、丹阳胡桥公社吴家村墓、丹阳建山公社金家村墓②。梁代陵墓 6 座,它们是南京栖霞山蔡家塘 1 号墓、南京栖霞山白龙山墓、南京栖霞山南京石油化工厂萧融、王慕韶夫妇墓、南京尧化门老米荡墓、南京栖霞山南京炼油厂萧象墓③。陈代陵墓 1 座,即南京西善桥油坊村南朝大墓④(图 3-1-4)。与同时代其他级别较高的墓葬相比,如刘宋元徽二年(474 年)明昙憘墓是一座规整的凸字形墓葬⑤,梁普通二年(521 年)辅国将军墓、陈太建八年(576 年)黄法𣉖墓是后壁弧突的长方形墓⑥(图 3-1-5),南朝帝王陵墓平面呈长方椭圆形的特点显得更加突出。

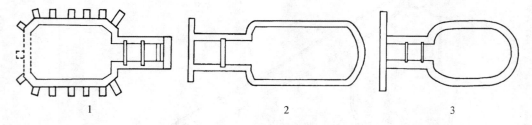

图 3-1-4　南朝陵墓平面图
1. 丹阳胡桥吴家村墓　2. 南京梁萧象墓　3. 南京西善桥油坊村墓

① 南京博物院、南京市文物保管委员会:《南京西善桥南朝墓及其砖刻壁画》,《文物》1960 年第 8、9 期合刊。
② 南京博物院:《江苏丹阳胡桥南朝大墓及砖刻壁画》,《文物》1974 年第 2 期。南京博物院:《江苏丹阳县胡桥、建山两座南朝墓葬》,《文物》1980 年第 2 期。
③ 南京博物院、南京市文物保管委员会:《南京栖霞山甘家巷六朝墓群》,《考古》1976 年第 5 期。南京市博物馆、栖霞区文管会:《江苏南京市白龙山南朝墓》,《考古》1998 年第 12 期。南京市博物馆阮国林:《南京梁桂阳王肖融夫妇合葬墓》,《文物》1981 年第 12 期。南京博物院:《南京尧化门南朝梁墓发掘简报》,《文物》1981 年第 12 期。南京博物院:《梁朝桂阳王萧象墓》,《文物》1990 年第 8 期。
④ 罗宗真:《南京西善桥油坊村南朝大墓的发掘》,《考古》1963 年第 6 期。
⑤ 南京市文物管理委员会:《南京太平门外刘宋明昙憘墓》,《考古》1976 年第 1 期。
⑥ 南京市文物保管委员会:《南京郊区两座南朝墓清理简报》,《文物》1980 年第 2 期。南京市博物馆:《南京西善桥南朝墓》,《文物》1993 年第 11 期。除岭南地区外,双室墓在南朝几乎绝迹,单室墓成为绝对主流。墓主身份的不同在墓葬外在形式上只能通过规模和形状予以表现,以往的研究比较重视规格,对形状似有忽略之嫌。已经发掘的南朝帝王墓葬,与其他墓葬都有所区别,尤其是被疑为帝陵的丹阳三座南齐墓和南京西善桥油坊村墓,形状更是绝无仅有。这个特点,东晋帝陵已是如此。被疑为东晋帝陵的南京大学北园大墓、南京北郊汽轮机厂大墓、南京富贵山 M1 都近方形,而不是常见的长方形。

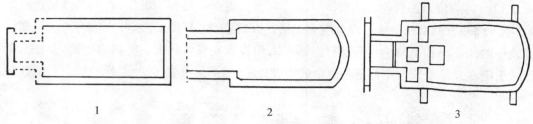

图3-1-5　南京南朝高等级墓葬平面图
1. 刘宋明昙憘墓　2. 梁普通二年墓　3. 陈黄法氍墓

　　墓室装饰方面的主要特点是,多有拼嵌砖刻壁画。已发现大型拼嵌砖画墓5座,它们是南京西善桥宫山墓、丹阳胡桥仙塘湾墓、丹阳胡桥吴家村墓、丹阳建山金家村墓、南京西善桥油坊村罐子山墓。南京西善桥宫山墓中只有竹林七贤壁画。丹阳的3座墓葬中,不仅有竹林七贤壁画,还有日、月、羽人戏龙、羽人戏虎、车马出巡、仪仗等内容(图3-1-6、

图3-1-6　南朝陵墓拼嵌砖画
1. 丹阳金家村墓狮子画像　2. 丹阳金家村墓日月画像　3. 丹阳金家村墓武士画像

图3-1-7）。南京西善桥油坊村罐子山墓只在墓道中发现狮子图像,其他部位是否有壁画,不可确知。南京西善桥宫山墓应为王侯一级的墓葬,其他几座墓葬可能为帝陵。在已经发掘的几座梁代王陵中,都用花纹砖装饰,但没有发现竹林七贤等内容壁画。看来,南朝帝王陵墓只是大致存在着壁画使用的等级规定,但不是一成不变,梁代的规定可能比较

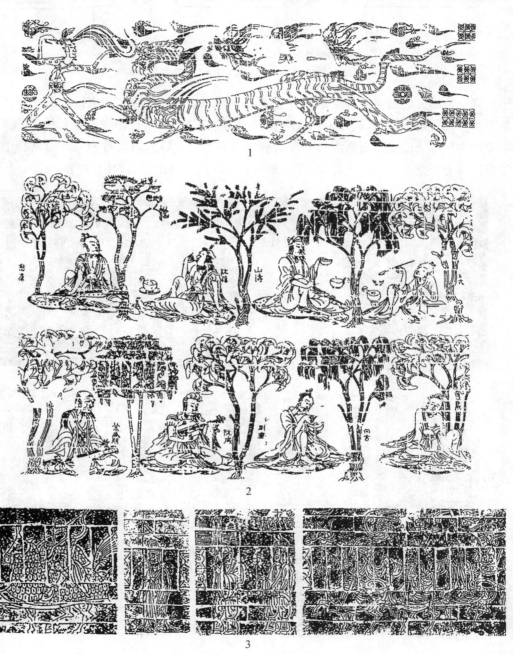

图3-1-7　南朝陵墓拼嵌砖画

1. 丹阳金家村墓白虎画像　2. 南京西善桥宫山墓竹林七贤与荣启期画像　3. 丹阳金家村墓仪卫卤簿画像

严格,帝陵是否使用壁画不可知晓,王侯一级看来是不允许使用。梁代的这个规定可能是与地面石刻的使用规定同时运用的。由于已经发现的 3 座齐代陵墓都被认为可能是帝陵,而齐代的王陵又没有发现,王侯一级不得使用壁画始于齐代也未尝不可能。

　　为了进一步认识南朝帝王陵墓的特点,不妨与东晋帝王陵墓略作比较。在空间分布方面,据文献记载,除穆帝陵在建康城北的幕府山之阳外,其他墓葬分布在建康城的鸡笼山之阳和钟山之阳。由于南京大学北园东晋墓的发掘,和南京富贵山晋恭帝玄宫石碣的发现,可以确定鸡笼山和钟山相当于今南京鼓楼岗、北极阁迤东至富贵山一线,这一线位于建康城北侧,这种布局方式正是对西晋帝陵在洛阳北邙山上一字排开布局方式的继承①(图 3-1-8)。经勘察,西晋帝陵位于洛阳汉魏故城北侧邙山之阳,枕头山文帝崇阳陵居东,鏊子山武帝峻阳陵居西,钻探和发掘结果都说明,两个墓地的墓葬都为凸字长方形,即使处于尊位的最大墓葬也不例外。文献明确记载东晋帝王陵墓不封不树,这也源于西晋,而西晋则直接继承了曹魏。据考古材料,推测为东晋帝王陵墓的有 3 座,它们是南京大学北园大墓、南京北郊汽轮机厂大墓、南京富贵山 M1②(图 3-1-9)。以上墓葬的共同特点是:墓室近方形,墓壁无装饰③。这些特点也应来源于西晋。

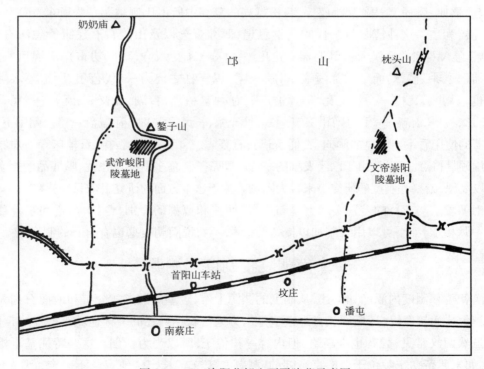

图 3-1-8　洛阳北邙山西晋陵墓示意图

　　①　中国社会科学院考古研究所洛阳汉魏故城工作队:《西晋帝陵勘察记》,《考古》1984 年第 12 期。
　　②　南京大学历史系考古组:《南京大学北园东晋墓》,《文物》1973 年第 4 期。南京市博物馆:《南京北郊东晋墓发掘简报》,《考古》1983 年第 4 期。南京博物院:《南京富贵山东晋墓发掘报告》,《考古》1966 年第 4 期。
　　③　东晋陵墓的有关特点,参见蒋赞初:《南京东晋帝陵考》,《东南文化》1992 年第 3、4 期合刊。

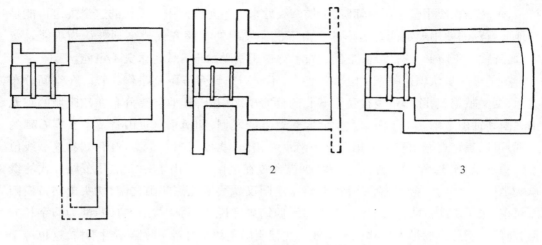

图3-1-9　南京东晋帝陵平面图
1. 南京大学北园墓　2. 南京汽轮机厂墓　3. 南京富贵山M1

　　南朝陵墓的随葬品与东晋陵墓也有很大的不同。东晋陵墓以所谓"瓦器"即陶器为主,陶质器皿、陶俑、陶榻、陶帐座等,身份越高的墓葬中所占比例越大。普通东晋墓葬中,则以瓷器为主。这种情况与东晋的礼学思想、薄葬观念以及山陵暂厝建康等想法有关。《通典》卷八六载贺循议云:"其明器:凭几一,酒壶二(受六升,幂以功布),漆屏风一,三谷三器(粳、黍、稷,灼而干),瓦唾壶一,脯一箧(以三牲之肉为一,代苞俎,所遣莫之俎为藏物也),屦一,瓦樽一,屐一,瓦杯盘杓杖一,瓦烛盘一,箸百副,瓦奁一,瓦灶一,瓦香炉一,釜二,枕一,瓦甎一,手巾赠币玄三纁二,博充幅,长尺,瓦炉一,瓦盥盘一。"南朝则不然,陶瓷器的使用看不出明显的倾向,石俑、石马、石墓志、石门、石案、石榻、石棺床等石质物品的使用颇具特点。不过,由于已经发掘的东晋南朝帝王陵墓多遭严重盗扰,随葬品的原来位置难以复原,给墓葬制度的研究带来很大困难。关于这个方面的研究目前只好从略。

　　南朝陵墓与东晋的差别实际上是与东晋、西晋和曹魏的差别,曹魏、西晋和东晋墓葬制度一脉相承,如果可以用晋制加以概括的话①,不妨说南朝陵墓也有自身的制度。

二、南朝陵寝制度之渊源

　　南朝陵墓制度内涵已如上述,从制度的渊源上看,陵墓的散点式分布和地面石刻无疑可以越魏晋而接两汉,近椭圆长方形墓室是南方地区长期存在的一种地域墓葬样式,墓室壁画虽然两汉常见,魏晋也未断绝,但内容一扫传统,所以当为新创。这些特征基本始于刘宋,如宋武帝初宁陵位于今南京东郊的麒麟门,宋文帝长宁陵地点虽不确定,但决不在麒麟门附近;南京西善桥宫山竹林七贤壁画墓很可能为刘宋时期的墓葬,其平面大致呈椭圆形;陵墓石刻始于刘宋,这是基本的事实。南朝陵寝制度可以说始于刘宋,而与东晋截

　　① 俞伟超:《汉代诸侯王与列侯墓葬形制分析——兼论"周制""汉制"与"晋制"的三阶段性》,《中国考古学会第一次年会论文集》,文物出版社,1980年。

然有别,那么刘宋皇室从何受到启发,颇值关注,以下钩沉文献记载与考古材料缺失,略作疏证。

刘裕自诩汉室苗裔,晋宋禅代,时人多以为再造汉室,刘宋也以此自居,在丧葬一事上,有意与晋割断,而模仿汉朝。元嘉十三年,"零陵王太妃薨。追崇为晋皇后,葬以晋礼"①。元嘉二十三年,何承天上表文帝云:"台伏寻圣朝受终于晋,凡所施行,莫不上稽礼文,兼用晋事。"②这个"礼文",其中当包括汉制。所以沈约说:"自元嘉以来,每岁正月,舆驾必谒初宁陵,复汉仪也。"③《宋书·后妃传》:"孝懿萧皇后讳文寿……景平元年,崩于显阳殿,时年八十一。遗令曰:'孝皇背世五十余年,古不祔葬。且汉世帝后陵皆异处,今可于茔域之内别开一圹。孝皇陵坟本用素门之礼,与王者制度奢俭不同,妇人礼有所从,可一遵往式。'"可见刘宋以绍承汉仪为己任,而且南朝帝王庶民丧礼有等级差异。刘宋没有像齐梁二代一样归葬京口,可能也是学习汉朝。在归葬之风极盛的东晋南朝,刘宋的这个决定是需要勇气的④。刘宋在这个问题上可能有所犹豫,《宋书·后妃传》武敬臧皇后条载:"义熙四年正月甲午,殂于东城,时年四十八,追赠豫章公夫人,还葬丹徒。高祖临崩,遗诏留葬京师。于是备法驾,迎梓宫,祔葬初宁陵。"

刘裕北伐至洛阳、长安,两汉帝王陵墓的壮观景象,对他和他的僚属应不无触动。戴延之等文人还撰写了西征记。到达长安后,刘裕"谒汉长陵,大会文武于未央殿"⑤。刘裕离开长安返回建康之际,"三秦父老泣诉曰:'残生不沾王化,于今百年。始睹衣冠,方仰圣泽。长安十陵,是公家坟墓,咸阳宫殿,是公家屋宅,舍此何之?'"⑥晋宋禅代之际,"太史令骆达陈天文符应曰:'……冀州道人释法称告其弟子曰:"嵩神言,江东有刘将军,汉家苗裔,当受天命,吾以璧三十二、镇金一饼与之,刘氏卜世之数也。"……又光武社于南阳,汉末而其树死,刘备有蜀,乃应之而兴,及晋季年,旧根始萌,至是而盛矣。'"⑦即位以后,发布诏书道:"彭城桑梓,敦本斯隆,宜同丰、沛。其沛郡、下邳各复租布三十年。"⑧东晋数次北伐,皆系权臣欲扩充实力,以外势压迫建康朝廷,刘裕也是如此,从其到达长安不旋踵即东还,可见其既无心攘除奸凶,更无意还于旧都。但时人均知东晋朝运大势已去,刘氏登台势在必然,故舆论自然将刘裕与刘邦、刘秀联系在一起。

椭圆长方形墓室的采用,于文献无征。只能就此类墓葬形制略申一二。三国西晋时

---

① 《宋书》卷五《文帝纪》,第 84 页,中华书局,1974 年。

② 《宋书》卷十五《礼志二》,第 400 页,中华书局,1974 年。

③ 《宋书》卷十五《礼志二》,第 407 页,中华书局,1974 年。

④ 刘宋、陈与齐梁二代,在帝陵地点问题上的不同,可视为不同阶级出身的不同抉择。魏晋南北朝极重归葬,温峤之子不顾帝命载父丧从豫章还建业,孝文帝迁洛后强令官员留葬洛阳附近,一些大臣私自归葬平城,是熟知之事。齐梁虽已经攫取帝位,却不能四海为家,犹恋恋不忘故土旧茔。齐梁帝陵归葬武进(今丹阳),可视为国家社稷向家族私门的让步,是家族观念在陵寝制度上的深刻表现。宋孝懿萧皇后所谓的素门之礼,只是文饰之词,以刘裕的田舍翁和陈霸先的油库吏出身,除去民俗之外,当时根本无礼可言。需要指出的是,齐梁皇帝虽归葬武进,齐梁王侯,尤其是梁代的王侯,却几乎都葬在今南京周围,这可能是梁武帝的意志,梁武帝出于何种心理,颇耐人寻味。

⑤ 《南史》卷一《宋本纪上》,第 20 页,中华书局,1975 年。

⑥ 《南史》卷十三《广陵孝献王传》,第 363 页,中华书局,1975 年。

⑦ 《南史》卷一《宋本纪上》,第 22、23 页,中华书局,1975 年。

⑧ 《南史》卷一《宋本纪上》,第 25 页,中华书局,1975 年。

期,在今湖南长沙、山东诸城、苏南等地都出现了长方形墓室侧壁向外弧突的现象①。这种现象长沙、诸城等地后来基本不见了。苏南的这种墓葬形式后来一直保持下来,还扩及今安徽马鞍山一带②。近椭圆的长方形墓室后来成为苏南地区的一种地域墓葬类型。使用这种墓葬形制的墓主起初是南方人,最著名的是宜兴周氏。东晋时期偶有北来人士使用这种墓葬形制,如马鞍山建湖东路小学发现的太元元年(376年)墓墓主孟府君,原籍平昌郡安丘县,任东晋始兴相散骑常侍③。但是,大部分已知的东晋北来士族,一般不用这种形制,如王、谢、颜、温、李等④。帝王与皇族墓葬从不用这种形制⑤。墓葬是古代文化中最保守的因素之一,而形制是墓葬的重要内容,采用何种形制,不仅仅是个技术问题,肯定还牵涉许多其他方面。刘宋采用这种墓葬形制,明显是对东晋的否定。刘宋似有意与东晋断绝,事事另搞一套,墓葬形制即其一端,南方的这种地域墓葬类型大概成了源头活水。

竹林七贤等墓室壁画的出现可能与刘宋的背景、出身有关。唐长孺先生指出:"他们(指新出门户)虽然按照当时婚宦标准业已符合士族身份,但在门阀贵族面前还是寒人,而他们的最高愿望不是打破这种士庶等级区别,相反的是想挤入士族行列,乞求承认,并且转而以之自傲,甚至同样坚持士庶区别观点。"⑥刘宋皇室出身于"田舍翁",登台伊始颇不适应,为了在与士族周旋时自在一些,不得不附庸风雅,及至后来,反而以士大夫领袖自居而不觉了。《南史》卷十五《刘穆之传》载:"帝举止施为,穆之皆下节度,帝书素拙,穆之曰:'此虽小事,然宣布四远,愿公小复留意。'帝既不能留意,又禀分有在,穆之乃曰:'公但纵笔为大字,一字径尺无嫌。大既足有所包,其势亦美。'帝从之,一纸不过六七字便满。"《南史》卷十九《谢晦传》载:"帝深加爱赏,从征关、洛,内外要任悉委之。帝于彭城大会,命纸笔赋诗,晦恐帝有失,起谏帝……武帝闻咸阳沦没,欲复北伐,晦谏以士马疲怠,乃止。于是登台北望,慨然不悦,乃命群僚诵诗……"刘裕的举止前后反差太大。《南史》卷十八《萧思话传》载:"尝从文帝登钟山北岭,中道有盘石清泉,上使于石上弹琴,因赐以银钟酒,谓曰:'相赏有松石间意。'"《南史》卷十三《刘义庆附鲍照传》载:"上(指文帝)好为文章,自谓人莫能及,照悟其旨,为文章多鄙言累句。咸谓照才尽,实不然也。"《南史》卷二十二《王僧虔传》:"孝武欲擅书名,僧虔不敢显迹,大明世尝用掘笔书,以此见容。"整个

---

① 湖南省博物馆:《长沙两晋南朝隋墓发掘报告》,《考古学报》1959年第3期。诸城县博物馆:《山东省诸城县西晋墓清理简报》,《考古》1985年第12期。常州市博物馆、金坛县文管会:《江苏金坛县方麓东吴墓》,《文物》1989年第8期。南京博物院:《江苏溧阳孙吴凤凰元年墓》,《考古》1962年第8期。罗宗真:《江苏宜兴晋墓发掘报告》,《考古学报》1957年第4期。

② 马鞍山市文物管理所、马鞍山市博物馆:《安徽马鞍山桃冲村三座晋墓清理简报》,《文物》1993年第11期。

③ 安徽省文物工作队:《安徽马鞍山东晋墓清理》,《考古》1980年第6期。

④ 王氏指南京北郊象山的王丹虎、王仙之、王闽之等人的墓葬,谢氏指南京南郊的谢温、谢珫等人的墓葬,颜氏指南京北郊的颜含、颜镇之等人的墓葬,温氏指南京北郊的温峤墓,李氏指南京东郊的李缉、李纂等人墓葬。相关材料极易查找,故不一一注出。

⑤ 一般认为南京幕府山的1、3、4号墓,南京富贵山的2、4-6号墓为东晋皇室墓。参见华东文物工作队:《南京幕府山六朝墓清理简报》,《文物参考资料》1956年第6期。南京市博物馆:《南京北郊东晋墓发掘简报》,《考古》1983年第4期。南京市博物馆:《南京幕府山东晋墓》,《文物》1990年第8期。南京市博物馆、南京市玄武区文化局:《江苏南京市富贵山六朝墓地发掘简报》,《考古》1998年第8期。

⑥ 唐长孺:《南朝寒人的兴起》,载《魏晋南北朝史论丛(外一种)》,河北教育出版社,2000年。

刘宋王朝时期,刘宋皇室始终没能改变庶族平民的角色,与社会舆论和自身也认为是一流高门的齐梁萧氏很是不同,附庸风雅是刘宋王室身前死后的一贯行为①。

三、结　语

以上简单地概括了南朝陵墓的制度化特征,并探讨了这些特征与刘宋皇室之间的特殊关系。南朝陵墓制度的几项主要内容不仅始于刘宋,而且在某种程度上可以说是刘宋皇室的刻意发明。陵墓制度是政治制度的一个方面,皇权经魏晋的衰落,至刘宋时期重新抬头,自然要在陵寝制度方面有所体现。刘裕本人虽没有兴复汉室的打算,但魏晋之不足法却也溢乎言表。刘宋陵墓制度取法于汉,既与刘宋的背景和经历相符,也能够恰当地体现皇权重新崛起这个事实②。刘宋起家于京口,三吴为南朝之根本,尤胜于东晋,可能因此采用了椭圆形墓室。对名士风流的追慕,促使竹林七贤为主的壁画在帝王陵寝之中的出现。从刘宋皇室的阶级出身和文化心理出发,表面看来似乎杂乱无章的南朝陵墓特征,因此而能获得一整体且较为合理的解释。

心理上对东晋的反动,创新能力的不足,迫使刘宋向古代,向周边的环境和社会寻找灵感。复古的、地域的、时代的特色混杂在一起,在墓葬制度方面将南朝与魏晋生生切开。大概是由于南朝四代皇室出身的相似性和姻亲关系,使刘宋首创的制度得以一脉相传。不过,中国历史的重心此时重又移回北方,北方的民族大融合和孝文帝汉化改革,给中国历史肌体注入了新鲜强劲的活力,一个繁荣强大的但不同于两汉的大帝国不久将要出现。南朝陵墓制度如同南朝社会一样,逐渐偏离中国历史的主流,未能对隋唐陵墓制度和政治制度产生重大影响。

第二节　对梁代墓葬礼仪的一种理解

南朝二百七十年历史中,建号称帝者二十多位,几乎十年一帝,皇帝如走马灯式地转换。在这种令人应接不暇的场景中,梁武帝萧衍独得四十八年江山,史称"五十年中,江表无事",是这种变化无常之中的独特风景。近半个世纪的稳定,梁武帝治国理政的思想得以实施,其中也包括墓葬礼制方面的内容。在上篇部分,我们从宏观上对南朝中后期墓葬礼制进行了勾勒。在本节,我们将对梁代墓葬进行集中分析。虽然考古发现了一些梁代纪年墓葬,但集中于梁代中期,梁代早、晚期纪年墓匮乏,所以这里的梁代墓葬主要是以纪年墓葬为基础,根据面貌的相似性推论出来的,通常在考古学上能够获得认可的梁代墓葬,个别墓葬的绝对纪年也许会进入南齐晚期或者陈代早期,但因在考古学面貌上具有比较显著的梁代特点,我们暂且作为梁代墓葬看待,这是需要说明的一点。

---

① 兰陵萧氏已经不需要附庸风雅,而风雅自来相附。进入齐梁的东晋时期高门对齐梁皇室的态度颇能说明问题。
② 大约与此同时的北朝墓葬中,出现了具有汉代特点的高坟大冢、石刻、墓碑、墓志、壁画,也不是偶然的。

　　需要说明的第二点是,梁墓礼制的探讨有其特别之处。墓葬等级制度一直是历史时期墓葬研究的核心内容,其前提是墓葬的规模和部分随葬品与墓主的政治身份,主要是官职高低存在直接的联系。这个思路从总体上来说无不当之处,但具体到哪些随葬品具有等级意义颇难断言,特别是在没有文献记载可以互证的唐之前时期。根据唐代的有关文献记载,结合中国历史的特性,再加上有关考古材料的反复出现,将仪仗俑、甲士俑与等级制度联系起来是可信的。然而,南朝墓葬缺少这类陶俑,这使墓葬等级的判断失去了相对最可靠的材料。但是,这是否也在提示我们,墓葬等级制在梁代礼制中的重要性可能并非最为紧要,梁代墓葬可能并不着意强调墓主身份的等级差异,这与北朝社会有很大的差异。北朝在生前死后都处处宣示等级的存在,正好应和了北朝官僚制度的建立和完善过程,也说明了北朝政权对社会和官员的人身控制实际上要高于南方社会。南方社会继承了秦汉以来的职官制度,还加以改进完善,并且南方门阀等级制度与职官制度的配合早就炉火纯青,南方贵族文化中崇简的一面又在现实生活中有很大影响,是不是因此而影响到了墓葬方面? 如果上面这些现象的描述和归纳没有太大问题的话,我们是不是可以考虑梁代墓葬礼制建设并不着重于等级制度,而是着力于规范墓葬礼制,使墓葬有章可循、有法可依,这也是与梁武帝整齐各种制度的行为相应的。可能像梁武帝整齐各种制度,但并不是推倒重来一样,梁代对墓葬礼制的整理可能也重在给出大致的规范,只有部分规范内容属于新创,多数还是对早已存在的内容的认可和继承,但可能赋予了明确的使用规则。当然,虽然等级制不被突出和不被细化强调,但高级贵族和普通人物墓葬的差异依然是十分明确的。还有,南朝陈为时短暂,墓葬礼制虽有部分新意,但在大体上只能继承梁代,因此陈代可以作为讨论梁代墓葬礼制的参考材料①。下面我们就按照这个思路对梁代墓葬礼制进行解读式说明。

一、陶俑与梁代墓葬礼仪

　　梁代墓葬之中最具有时代标志意义的是陶俑,特别是那种半扇形覆额装饰的女俑,其中宽袖者最常见,窄袖者很少见,如南京石子岗砂石山墓葬、南京石子岗 M5② 出土者。在年代早于梁的墓葬中,这种陶俑偶有出土,如南京隐龙山南朝墓,详下(图 3-2-1)。但大量发现的是梁代纪年墓,以及具有明确梁代特征的墓葬,所以我们认为这种女陶俑的流行时间是梁代,且可能与梁代的特定背景有关。以往多将出土这种女俑而没有纪年的墓葬作南朝中后期墓葬处理,这是合理的,但这种陶俑墓葬的年代哪些属于梁,哪些属于陈是基本可以区分的。还要说明的是,梁代女俑并非只有这种样式,在卒于中大通四年(532

---

　　① 如墓前特许立碑,《陈书》卷十六《蔡景历传》祯明二年(588 年):"舆驾亲幸其宅,重赠景历侍中、中抚将军,谥曰忠敬,给鼓吹一部,并于墓所立碑。"

　　② 南京石子岗砂石山墓陶俑见王志敏等:《南京六朝陶俑》,第 7 页,中国古典艺术出版社,1958 年。石子岗砂石山墓葬年代当时定为东晋,实际应为南朝。南京石子岗 M5 见南京市博物馆、南京市雨花台区文化局:《南京雨花台石子岗南朝砖印壁画墓(M5)发掘简报》,《文物》2014 年第 5 期。两件窄袖女俑都出土于石子岗附近,而且神态非常相似,或许与同一来源有关。

图 3 - 2 - 1　半扇形覆额装饰的女俑

1. 南京四板村墓出土宽袖俑　2. 南京石子岗砂石山墓出土窄袖俑　3. 南京隐龙山 M3 出土石俑

年)的萧伟墓[1],年代晚于普通四年(523 年)的南京灵山 2 号墓[2](有学者推定墓主人为卒于大通三年即 529 年的萧子恪[3],可备一说)中都有两鬓为椭圆形发髻、面部丰腴的女俑[4],形貌非常相似,鬓发展开的女俑梁代之前常见,或许萧伟、萧子恪墓的这种俑接近早期样式。与萧伟和萧子恪卒年接近的有萧象(卒于 536 年),萧象墓[5]出土的就是半扇形覆额的女俑,而且萧象墓与萧伟墓距离不远(图 3 - 2 - 2)。萧伟和萧子恪都不是寻常人物,陶俑形式与常见者有别,可见当时梁代对陶俑的选择并没有强制性规定,这应该体现了梁代墓葬礼制的某种特色。这种半扇形覆额的女俑在各种人物的墓葬中都有发现,上起萧梁宗王如萧象等人,下至墓主身份不明但规模一般的墓葬,说明这种俑不具有身份等级含义。但因为这种俑在很多高级人物墓葬之中存在,说明这种俑是为官方所熟悉和认可的,且这种俑的最初出现可能与官方有关。这种女俑的形式很统一,并且只在南京地区发现。南京地区建康范围甚大,这种女俑不可能都是从一处得到,更可能是将其作为样式颁发下来而在多处制作和得到,也就是说梁代墓葬礼制的整齐化行动的推行范围仅限于

　　①　南京博物院:《南京尧化门南朝梁墓发掘简报》,《文物》1981 年第 12 期。
　　②　南京市博物馆:《南京市灵山南朝墓发掘简报》,《考古》2012 年第 11 期。
　　③　邵磊:《南京灵山梁代萧子恪墓的发现与研究》,《南京晓庄学院学报》2012 年第 9 期。
　　④　同样形态的女俑早年在南京张家库也有发现,见王志敏等:《南京六朝陶俑》,第 31 页,中国古典艺术出版社,1958 年。
　　⑤　南京博物院:《梁朝桂阳王萧象墓》,《文物》1990 年第 8 期。

建康而不及其他地区。这种俑覆额特别宽大,双袖宽阔,不适宜劳作,特别是表情甚为严肃乃至呆板,很不同于之前的女俑。在南京、丹阳、常州、余杭等地墓葬画像砖上都没有见到这种女性人物形象,让人疑为特殊场合下的陶俑。再根据出土情况,推测这种女俑可能表现的是参加仪式时的状态。这一点可以通过对南京卫校晓庄校区 M1 和南京童家山南朝墓这两座保存基本完好的墓葬进行细致分析而得知。

图 3-2-2　南京灵山 2 号墓、萧象墓出土陶俑

1. 灵山 2 号墓陶俑　2. 萧象墓陶俑

　　南京卫校晓庄校区 M1 为凸字形单室墓,墓葬保存完好,随葬品除鸡首壶漂至别处外,其他随葬品位置基本没有变化。棺床前有砖砌祭台,发掘简报说:"祭台上整齐摆列陶果盒和陶盘 3 件;陶俑 2 件,均为女性,相向分列于祭台两侧,这与分列于甬道两侧的情形又有所不同。"①(图 3-2-3)上述引文中最后一句我们另作讨论。这里想指出的是,这个祭台②的设置状况可以看作是当时祭祀活动的再现,两位女子相向列于祭台两侧,她们相当于助祭人员,其服饰、表情自然不同于其他人员。祭台上器物的配置和位置也值得注意,碗、勺、耳杯靠近棺床,也就是靠墓主更近;果盒、盘,其实还有一件陶魁,都在碗、勺、耳

───────────

①　南京市博物馆:《南京卫校晓庄校区三座六朝墓发掘简报》,载南京博物馆编《南京文物考古新发现》第三辑,文物出版社,2014 年。

②　为行文的统一,这里采用简报使用的"祭台"一名。实际上,"祭台"一名不太合适,因为祭祀通常指多次、反复的活动,墓葬中的这个"祭台"不具备这个性质。对照文献,这个设施相当于灵座、床座,但又比较古僻,所以还是暂且使用今天更熟悉的"祭台"一词。

杯的前面,离墓主要远。这说明这个祭台是以墓主为中心设置的,两位女俑侍奉的对象实际上是墓主。也就是说,这种祭祀场景是二元性的,模拟了现实的祭祀场景,而使其服务于墓主本人。

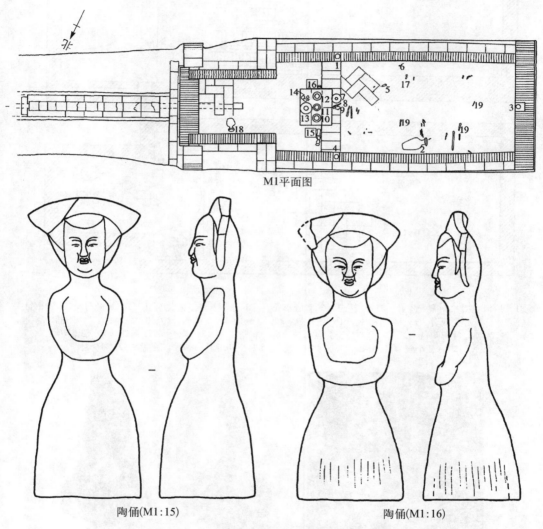

图 3－2－3　南京卫校晓庄校区 M1 形制和陶俑

南京童家山南朝墓保存也较好,这座墓的甬道和墓室前半部随葬品的放置几乎呈一种对称状态:在甬道的中轴线上由近及远放置陶犀牛状镇墓兽、石质墓志;墓室前部左右对称各有一辆牛车,并有驭手俑;棺床前部是凭几、碗、盘、盘口壶、陶俑,形成一个祭祀区域;这个祭祀区域还应扩展到墓室前部的两侧壁,因为贴壁有二陶俑(图 3－2－4,图中编号 22、24)①。棺床前部祭祀中心区域的陶俑与墓室前部贴壁陶俑相同,而与驭手俑不同。

————————

① 南京博物院:《南京童家山南朝墓清理简报》,《考古》1985 年第 1 期。

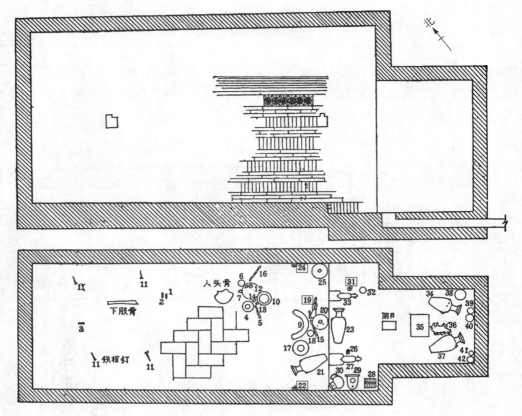

平面图

1－3. 滑石猪　4. 青瓷唾壶　5、16. 铁刀　6. 青瓷小碗　7、8. 小铜耳环　9. 陶凭几　10. 青瓷灯　11. 铁棺钉
12. 青瓷砚台　13、14. 小铜铃　15. 凭几腿　17. 陶盘　18、39. 陶碗　19、20、22、24、26、31. 陶俑
29、25. 柱形陶盘　21、23、34、37. 青瓷盘口壶　27、33. 陶牛车　28. 陶仓　29. 陶灶　30. 带流陶罐
32. 青瓷小碗　35. 墓志　36. 陶犀牛　38. 陶盆　40. 陶井　41. 陶水盂　42. 陶奁盒

女俑(上图中22)　　　男俑(上图中19)　　　驾驭俑(上图中31)

图 3－2－4　南京童家山南朝墓形制和陶俑

虽然简报提供的信息不甚完整,随葬品位置也略有变化,但我们还是可以推测墓室前部的两辆牛车象征的是外出场景,这个部分所代表的当是室外情况;棺床前部象征的是室内空间场景,中心是凭几所在部分,贴壁二陶俑较为强烈地暗示出一个完整的室内空间。整个场景从墓主角度来说是一个家居景象,从布置者角度来说是一个祭祀场景,这两个场景本来就是相通的,只是在不同情形下被赋予了不同的性质而已。

《陈书》卷十六《刘师知传》关于"灵座侠御人衣服吉凶之制"的一段记载或许与上述考古现象相关,文字稍长,但值得转引如下:

> 及高祖崩,六日成服,朝臣共议大行皇帝灵座侠御人所服衣服吉凶之制,博士沈文阿议,宜服吉服。

刘师知、蔡景历、江德藻、谢岐四人意见一致,认为当服凶服。

> 师知议云:"既称成服,本备丧礼,灵筵服物,皆悉缟素。今虽无大行侠御官事,按梁昭明太子薨,成服侠侍之官,悉著缞斩,唯著铠不异,此即可拟。愚谓六日成服,侠灵座须服缞绖。"中书舍人蔡景历亦云:"虽不悉准,按山陵有凶吉羽仪,成服唯凶无吉,文武侠御,不容独鸣玉珥貂,情礼二三,理宜缞斩。"中书舍人江德藻、谢岐等并同师知议。

沈文阿进行了反驳。

> 文阿重议云:"检晋、宋《山陵仪》:'灵舆梓宫降殿,各侍中奏。'又《成服仪》称:'灵舆梓宫容侠御官及香橙。'又检《灵舆梓宫进止仪》称:'直灵侠御吉服,在吉卤簿中。'又云:'梓宫侠御衰服,在凶卤簿中。'是则在殿吉凶两侠御也。"

此事交由官职更高的徐陵裁决,徐陵支持沈文阿的意见。

> 陵云:"梓宫祔山陵,灵筵祔宗庙,有此分判,便验吉凶。按《山陵卤簿》吉部伍中,公卿以下导引者,爰及武贲、鼓吹、执盖、奉车,并是吉服,岂容侠御独为缞绖邪?断可知矣。若言公卿胥吏并服缞苴,此与梓宫部伍有何差别?若言文物并吉,司事者凶,岂容祚绖而奉华盖,缞衣而升玉辂邪?同博士议。"

刘师知进一步发表了自己的看法。

> 师知又议曰:"左丞引梓宫祔山陵,灵筵祔宗庙,必有吉凶二部,成服不容上凶,博士犹执前断,终是山陵之礼。若龙驾启殡,銮舆兼设,吉凶之仪,由来本备,准之成服,愚有未安。夫丧礼之制,自天子达。按王文宪《丧服明记》云:'官品第三,侍灵人二十。官品第四,下达士礼,侍灵之数,并有十人。皆白布袴褶,著白绢帽。内丧女侍数如外,而著齐缞。……'皇朝之典,犹自不然,以此而推,是知服斩。彼有侍灵,则犹侠御,既著白帽,理无彤服。且梁昭明《仪注》,今则见存,二文显证,差为成准。且礼出

人情,可得消息。凡人有丧,既陈筵机,缥帷灵屏,变其常仪,芦箔草庐,即其凶礼。堂室之内,亲宾具来,齐斩麻绖,差池哭次,玄冠不吊,莫非素服。岂见门生故吏,绡縠间趋,左姬右姜,红紫相糅? 况四海遏密,率土之情是同,三军缟素,为服之制斯壹。遂使千门旦启,非涂塈于彤闱,百僚戾止,变服粗于朱袯,而耀金在列,鸣玉节行,求之怀抱,固为未惬,准以礼经,弥无前事。岂可成服之仪,譬以山陵之礼? 葬既始终已毕,故有吉凶之仪,所谓成服,本成丧礼,百司外内,皆变吉容,侠御独不,何谓成服? 若灵无侠御则已,有则必应缞服。”

谢岐、蔡景历、江德藻对刘师知的意见进行了补充。

　　谢岐议曰:“灵筵祔宗庙,梓宫祔山陵,实如左丞议。但山陵卤簿,备有吉凶,从灵舆者仪服无变,从梓宫者皆服苴缞。爰至士礼,悉同此制,此自是山陵之仪,非关成服。今谓梓宫灵宸,共在西阶,称为成服,亦无卤簿,直是爰自胥吏,上至王公,四海之内,必备缞经,案梁昭明太子薨,略是成例,岂容凡百士庶,悉皆服重,而侍中至于武卫,最是近官,反鸣玉纡青,与平吉不异? 左丞既推以山陵事,愚意或谓与成服有殊。若尔日侠御,文武不异,维侍灵之人,主书、宣传、齐干、应敕,悉应不改。”蔡景历又议云:“侠御之官,本出五百,尔日备服居庐,仍于本省,引上登殿,岂应变服貂玉? 若别摄馀官,以充簪珥,则尔日便有不成服者。山陵自有吉凶二议,成服凶而不吉,犹依前议,同刘舍人。”德藻又议云:“愚谓祖葬之辰,始终永毕,达官有追赠,须表恩荣,有吉卤簿,恐由此义,私家放斅,因以成俗。上服本变吉为凶,理不应犹袭纨绮。刘舍人引王卫军《丧仪》及检梁昭明故事,此明据已审,博士、左丞乃各尽事衷,既未取证,须更询详,宜谘八座、詹事、太常、中丞及中庶诸通袁枢、张种、周弘正、弘让、沈炯、孔奂。”

这件事情果然送到八座面前,最终徐陵和沈文阿的意见没有得到皇帝的支持。

　　时八座以下,并请:“案群议,斟酌旧仪,梁昭明太子《丧成服仪注》,明文见存,足为准的。成服日,侍官理不容犹从吉礼。其葬礼分吉,自是山陵之时,非关成服之日。愚谓刘舍人议,于事为允。”……文阿犹执所见,众议不能决,乃具录二议奏闻,从师知议。

上述文字较长,所讨论之事也超出本文所讨论的祭台两旁陶俑可能相当于“灵座侠御人”话题的范畴,但上述文字对理解南朝墓葬礼制的意义很大。上文主要讨论的是丧服问题,分歧在于成服仪完成后,灵座侠御人当服吉服还是凶服。徐陵、沈文阿根据晋宋《山陵仪》中卤簿属于吉部伍中,认为灵座侠御人当服吉服。但刘师知等人认为成服仪属于丧礼,与《山陵仪》没有关系,灵座侠御人当服丧服。我们无法肯定,也无法否定墓葬中祭台两旁陶俑是否就是“灵座侠御人”,但南朝墓葬,特别是从梁代开始,墓葬中出土陶俑就是上文所列举的男、女两种陶俑,且面容不再像晋宋陶俑那样表情丰富,甚至有喜悦欢笑之容,这不能不让人将梁代男女陶俑推定为仪式之俑,而非通常认为的普通侍从之俑。上文还清晰地展现了晋宋梁陈丧礼的延续和变化,萧齐有意无意之中被忽略了,但梁昭明太子《丧成服仪注》几乎作为准则而引用,可见梁代在南朝墓葬礼制中的影响之大。丧服之制是丧礼的核心,但梁代之前墓葬不足以将陶俑与丧服加以联系,这不仅与本文推测梁代着重加强丧葬礼仪而非等级制有关,也可能与南朝贵族愈益将丧礼作为标榜身份的手段有关,后者与北朝用仪仗俑等等级制标志来标榜身份异曲同工。此外,上文中有"按梁昭明太子薨,成服侠侍之官,悉著缞斩,唯著铠不异,此即可拟",可知"侠侍之官"有著铠甲的武官。这种"侠侍"武官则是对现实的模仿,如韦翙"迁骁骑将军,领朱衣直阁。骁骑之职,旧领营兵,兼统宿卫。自梁代已来,其任逾重,出则羽仪清道,入则与二卫通直,临轩则升殿侠侍。翙素有名望,每大事恒令侠侍左右,时人荣之,号曰'侠御将军'"①。那么,陈代墓葬中的一些甲士俑,是不是就属此类,而非受到北方影响的产物。再者,上述引文中的"凡人有丧,既陈筵机,總帷灵屏"也有助于判定墓葬出土物品。

南朝墓葬盗扰过甚,随葬品保留原位者罕见②,南京卫校晓庄校区 M1 和童家山南朝墓是随葬品位置基本没有变动的两例。虽然例子不多,但鉴于上述对陶俑和有关文献的分析,我们推测梁代对实际丧葬活动过程中的具体礼仪进行规定不是完全虚妄之事。南京卫校晓庄校区 M1 的这个祭祀场景来自对实际丧葬礼仪活动的模仿,而不只是随葬器物和陶俑的随意放置,是非常珍贵的资料,显示了考古资料的重要价值。墓中没有发现墓志以及其他相对高级的物品,看来墓主人的身份并不高,发掘简报将墓葬归为中小型墓,这是可信的。这个情况说明,梁代墓葬礼制上的改动,不只是针对官员,而是带有规范整个社会墓葬礼仪的性质。

二、梁代墓葬礼仪的源流

那么,在梁代至为流行的这种墓葬礼仪,是否完全是梁代的新规定? 应该不是。上文引用的文献资料已显示了东晋南朝墓例的因循变化,下面着重用考古资料来进行说明。南京隐龙山南朝墓通常被认为是刘宋时期的墓葬,被盗过的 3 座墓葬依次排列,在 1 号、3号墓中出土石俑,不排除 2 号墓原来也随葬石俑的可能。3 号墓扰乱不甚,石祭台位于墓室前部,棺床之前。石祭台上的物品都散落在附近,离原位应均不远。石祭台两侧各有一个石俑,应该就是石俑原位。这种布局方式与南京卫校晓庄校区 M1 极其相似。类似的大约相当于南齐时代的墓葬可以江宁东善桥墓为例③(图 3 - 2 - 5)。发掘简报推测此墓早年被扰动过,但从简报提供的线图和遗物情况看,墓葬基本格局没有大变化。砖砌祭台同样位于墓室前部、棺床之前。祭台上有陶凭几和各种生活器皿,在相当于祭台后部、墓室前后部交界处紧贴墓壁各有一陶俑,系一男俑一女俑。女俑的发型比较奇特,头顶上部

---

①　《陈书》卷十八《韦载附韦翙传》,第 250 页,中华书局,1972 年。

②　南京石子岗 M5 的 8 件陶俑位置似乎也扰动不大,一件在祭台附近,其余以左 4 右 3 的形式位于前室的东南角和西南角,见南京市博物馆、南京市雨花台区文化局:《南京雨花台石子岗南朝砖印壁画墓(M5)发掘简报》,《文物》2014 年第 5 期。

③　吴学文:《江苏江宁东善桥南朝墓》,《考古》1978 年第 2 期。

呈尖形,两鬓展开,类似的陶俑见于丹阳胡桥吴家村墓,这是我们推测江宁东善桥墓也属于南齐时期的主要依据。从这两座墓葬来看,宋齐时期已经开始仿造实际祭祀场景,在祭台两侧或较远处摆放人物俑,梁代对此加以继承并推广,将之上升到官方墓葬礼制层面。

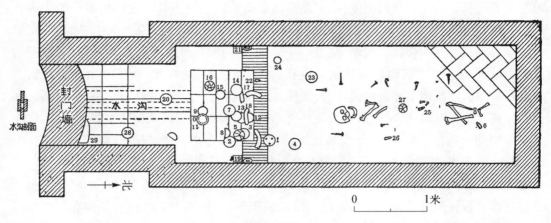

平面图

1. 陶盆　2-4、7、8、12-14. 青瓷盘　5、16. 青瓷托盘　6、25、26. 滑石猪
9-11、28、30. 陶盘　15. 青瓷砚　19. 男陶俑　20. 陶碗　21. 女陶俑　22. 滑石饰件
23. 铁镜　24. 铜圈　27. 青瓷碗　29. 青瓷壶(图中未编号的钉形器均为铁棺钉)①

女俑　　　　　　　　男俑

图 3-2-5　江宁东善桥南朝墓形制和陶俑

---

①　原简报平面图中未标明 17、18。从形状看,17、18 当为陶凭几。

不仅祭台的位置和布局方式,即使半扇形覆额的女俑在梁代之前也有迹可循。南京隐龙山 M3 石祭台旁二石俑中,一件可粗辨为半扇形覆额俑。如果隐龙山 M3 年代判断无大误的话,有可能在刘宋中后期已经出现了梁代流行的祭台布局方式和半扇形覆额的陶俑,但这种陶俑或石俑至少在当时还是新鲜事物,因为当时常见的是带有东晋特点的陶俑。在可以推定为南齐时期的墓葬中,考古发掘中还没有见到这种陶俑,表明这种祭台布局方式和助祭性俑类仍然没有普遍流行。笔者原来将这种半扇形覆额陶俑的出现时间推定在梁代中后期①,有学者根据南京郭家山 M13 被推定为东晋后期到刘宋早期②,而认为这种女俑在东晋后期到刘宋早期可能已经出现③。南京郭家山 M13 的年代被推断为东晋晚期到刘宋初期,其中出土了与梁代特征很相近的一男一女两件陶俑。这个问题比较复杂,与考古类型学分析只能作大致推测,而无法确定具体年代有关。在已经发掘的刘宋墓葬中,既没有发现朝服葬,也没有发现半扇形覆额陶俑。由于东晋时期的朝服墓甚多,这使人们倾向于将郭家山 M13 的年代往前推。但是,南朝宋齐梁陈的墓葬发现均不多,与文献记载情况很不相称,刘宋时期是否还存在朝服葬不好断言。用两端相凑的办法,将南京郭家山 M13 推定为刘宋中后期始建墓葬,梁代中期前后实施了合葬,这也不是不可能,这也不能推翻原来将半扇形覆额女俑推定为梁代中后期流行的假设。至少说,从现有的材料看,半扇形覆额女俑多见于梁代中后期的情况仍然没有改变,而且有利于将此推测为与梁代墓葬礼制改革相关。与南京郭家山 M13 类似的墓葬还有南京中央门外新宁砖瓦厂墓、南京中央门外小洪山墓④,两墓都出土了具有东晋特征的小冠拱手男俑和梁代特征的半扇形覆额女俑(图 3-2-6)。或者可以这样表述,在官方的影响下,宋齐时期已经存在的祭祀布局形式和俑类在梁代流行了起来。这是南朝墓葬礼制既有继承又有变化的表现,与南朝历史的基本特征相符,也符合事物发展的一般规律。

如果我们再向前略作追述,就更能看出以梁代为代表的墓葬礼仪的特别之处。东晋墓葬之中随葬陶俑的不多,少数随葬陶俑墓葬也看不出与祭台之间的密切关系。没有随葬陶俑而未受扰乱的墓葬如南京虎踞关东晋墓、曹后村东晋墓,保存较好,墓葬之中无陶俑随葬。有陶俑随葬且墓葬没有受到严重扰乱的如南京景家村 M10,"其中有摆放整齐的陶俑及陶牛、马等",陶俑的具体出土位置是甬道,虽然简报附图没有具体器物号,但从附图和具体文字描述来看,男女陶俑分别是鞍马牛车的随侍人员⑤(图 3-2-7)。再如郎家

---

① 本人原来将这种半扇形覆额的陶俑的出现时间推定在梁中后期,见拙著《六朝墓葬的考古学研究》,北京大学出版社,2011 年。

② 南京市博物馆:《南京市郭家山东晋温氏家族墓》,《考古》2008 年第 6 期。这座墓葬中出土的组玉佩和金饰件,都是朝服和命妇之服上的装饰,出土这类装饰的墓葬属于东晋者多有,已经发掘的刘宋墓中未见,但陶俑又是梁代常见的形式,遂按照通常的处理方式,将这座墓葬的年代估计在东晋与梁代之间,即刘宋中后期,但实际情况可能要更复杂。

③ 孙影梅:《南京出土六朝人物俑研究》,第 28 页,南京师范大学硕士学位论文,2013 年。

④ 南京中央门外新宁砖瓦厂墓材料见李蔚然:《南京六朝墓葬》,《文物》1959 年第 4 期。南京中央门外小洪山墓见王志敏等:《南京六朝陶俑》,中国古典艺术出版社,1958 年。两墓材料很可能是同一座,但年代久远,已无从查证。

⑤ 南京博物馆、江宁区博物馆:《南京南郊景家村六朝墓葬》,载南京市博物馆编《南京考古资料汇编(叁)》,凤凰出版社,2013 年。

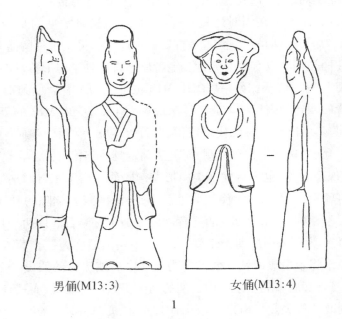

男俑(M13:3)　　　　　　　女俑(M13:4)

1

2

图 3 - 2 - 6　南京郭家山 M13、中央门外小洪山墓出土陶俑

1. 南京郭家山 M13 出土　2. 南京中央门外小洪山墓出土

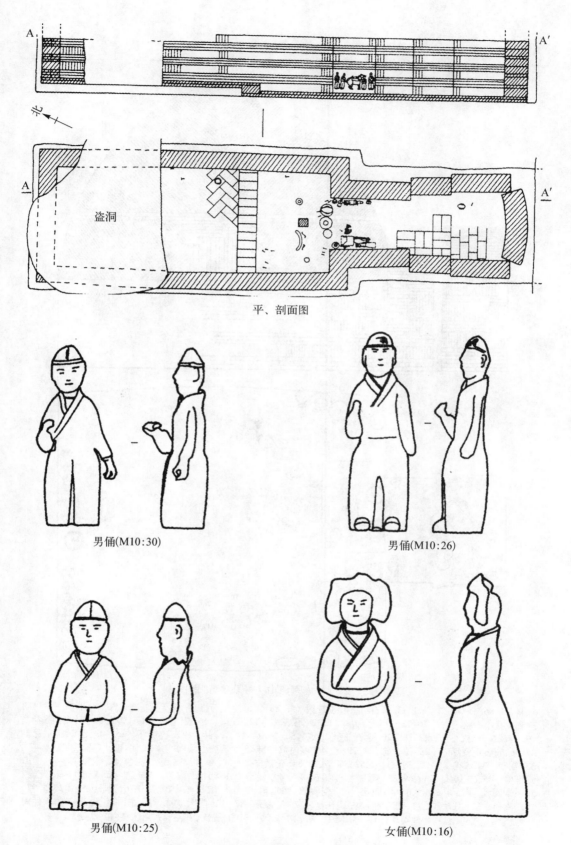

平、剖面图

男俑(M10:30)

男俑(M10:26)

男俑(M10:25)

女俑(M10:16)

图 3-2-7　南京景家村 M10 形制和陶俑

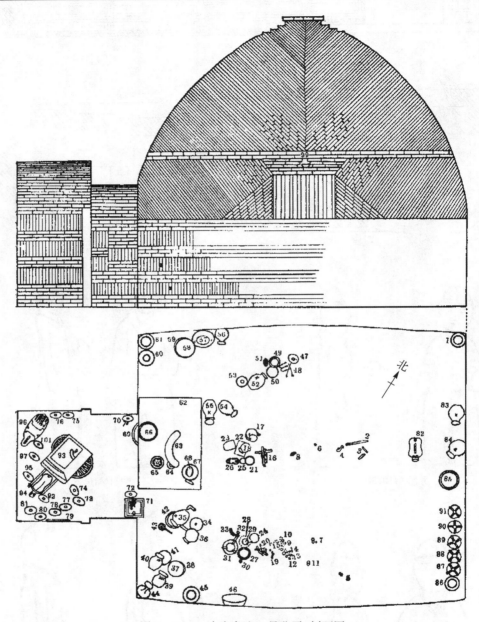

图 3-2-8　南京象山 7 号墓平、剖面图

1、44、61、86. 瓷灯　2. 铜刀　3. 滑石猪　4. 玉带钩　5. 金环　6. 金钢石指环　7. 玛瑙、琥珀珠　8. 玉蝉　9. 玛瑙珠和大量小绿松石珠　10、13-15. 金铃　11、32. 玛瑙珠　12. 石珠　16. 铜弩机　17. 鸡头壶　18. 铜唾壶　19. 玛瑙珠、绿松石珠、水晶珠　20. 金簪、钗　21、24、50. 铜镜　22. 青石板　23. 玻璃杯　25、40. 瓷碗　26. 瓷羊　27、36、56、64. 瓷唾壶　28. 漆奁饰件　29. 瓷碗（碗内放一蚌壳）　30. 小釉陶壶　31. 铜镰斗（下压玻璃杯）　33. 铜钱　34. 瓷盖碗　35、39、41、47、52、54、57、83、84. 瓷盘口壶　37. 瓷盘　38、59. 瓷盆　42. 铜熨斗　43. 博山式铜熏　45、60. 陶灯　46、69、85. 瓷洗　48. 银钗、簪　49. 瓷罐　51. 陶拍　53. 盘口壶盖　55. 瓷盘口壶（带盖）　58、67. 陶盘　62. 陶案几　63. 陶凭几　65. 瓷香熏　66. 陶砚　68. 陶耳杯　70、72-76、78、80、81、92、95、97、101. 陶俑　71. 铜方熏　77. 陶跪俑　79. 陶托盘　82. 瓷虎子　87-91. 陶囷　93. 陶牛车（内凭几，车下有 1 件陶盘和 2 件陶耳杯）　94. 陶牛　96. 陶马　98-100. 瓷碗（在左、右、后壁龛内）

山第 4 号墓为近长方形单室墓,墓葬似乎也没有受到扰乱,棺床前部有砖砌祭台,上有陶凭几为中心的一组陶瓷器皿而无陶俑,2 件陶俑与陶马、陶牛位于墓室右前角。南京郭家山 M13 虽然盗扰较为严重,但随葬品似乎基本都残留在墓室之中,没有陶马和陶牛车,而有陶祭台和 4 件陶俑,尚有 2 件陶俑距祭台甚近,因此不排除 4 件陶俑都与祭台关系密切。祭台为陶质,是时代较早的标志,这与此墓出土很多东晋墓葬特色的玉石、金质装饰品是一致的。时代更早的南京象山 7 号墓①中出土陶俑 14 件,绝大多数服侍在牛车旁边,2 件位于甬道与墓室相交处,可能相当于墓室的护卫(图 3 - 2 - 8)。总之,东晋与南朝时期都有祭台是一致的,但两个时代的主要差别是祭台旁是否有陶俑或石俑。没有陶俑或石俑,灵座观念显得突出而单纯,墓主家居情景似乎是表现的重点。增加了陶俑或石俑,可能是对室内祭祀场景的模拟,更加强调祭祀的性质了。这似乎与南朝时期加强了对墓葬的祭祀有关,如南京警犬研究所发现的祭祀遗迹。东晋与南朝的这个差别是考古材料所见两个时代墓葬礼制的最大差别。

关于这种礼仪的松弛情况,也有材料可资说明,这就牵涉到一些可能属于陈代的墓葬,如南京油坊桥 M1 出土 2 件女俑,比较粗陋,半扇形覆额犹在,但已改为窄袖,且高度变低,为 24.5 厘米(图 3 - 2 - 9)。这座墓葬墓室长达 6.45 米,规模不小,可能代表了梁代墓葬礼制没落时期的状况②。从宽袖改为窄袖,仿佛又回到梁代之前陶俑的样子上去了,再加上神情松垮,祭祀仪式感近无。怀疑南京油坊桥 M1 是梁亡国之后的墓葬。类似的还有南京东善桥砖瓦一厂南朝墓,墓室前部有短墙,与黄法氍墓相似,可能也是南朝陈墓葬。出土 2 件陶女俑,形态已经很不严谨,但推测高度为 32.8 厘米,似乎还保持了梁代陶俑的高度③。江宁胡村墓也表现了礼仪松弛的迹象,这座墓葬相当于祭台附近的是石俑而不再是陶俑,男女石俑的高度也相差较大,而且在墓葬前部的左右角还出现了武士俑,这就改变了南朝墓葬一直体现的家居气氛。

图 3 - 2 - 9　南京油坊桥 M1
出土女俑

三、梁代墓葬礼仪的两个细节

其一,南京卫校晓庄校区 M1 两俑都是女俑的情况并不习见。M1 中只有一具棺木,因人骨无存而性别莫明,只在棺床上发现两排铁棺钉;因两俑均为女性俑,怀疑墓主人也是女性。都是女俑的情况不常见,通常所见多为男女相配,如南京仙鹤门南朝墓、

① 南京市博物馆:《南京象山 5 号、6 号、7 号墓清理简报》,《文物》1972 年第 11 期。
② 顾苏宁:《南京雨花台区三座六朝墓葬》,《东南文化》1991 年第 6 期。
③ 南京市博物馆:《江宁东善桥砖瓦一厂南朝墓发掘简报》,《东南文化》1987 年第 6 期。

南京白龙山南朝墓、南京四板村南朝墓都只出土一男一女两件陶俑；如南京小洪山南朝墓保存也较好，可惜资料发表得不够系统明晰，但南京童家山南朝墓祭祀空间中的男女两种陶俑在小洪山南朝墓中紧靠在一起出土；又如南京雨花台石子岗墓有 4 件男俑、4 件女俑，墓中发现两具骨架，陶俑有可能分两次葬入，一次葬入男女陶俑各 2 件。女俑被分为两型，A 型脸庞微胖，B 型脸庞微瘦，可能反映了时代差异。出土 8 件陶俑的还有华为南京基地 36 号墓①。由于这些墓葬多为合葬墓，可知男女俑相配乃是当时的通例。当然，南京卫校晓庄校区 M1 的发现还是很有价值的，可能代表了女性去世时的祭祀安排情况，或反映了女性家居时的情况。其二，陶俑数量的多少似乎反映了等级特点，出土 8 件陶俑的南京雨花台石子岗墓是出土竹林七贤画像砖的大墓，萧象墓严重被盗，但还是出土了一完整一残破的两件女俑，原来应该有 4 件陶俑。南京童家山南朝墓共出土 4 件陶俑，与南京雨花台石子岗墓和萧象墓陶俑数量相近。如前所述，此墓保存较好，有助于我们推想当时的实际情形。左侧（以墓葬朝向为准）木棺前有青瓷小碗、灯、砚台、铜耳杯等物，很可能左侧墓主先亡，当时进行了祭祀并留下相关物品。墓室前部的场景是右侧墓主死后合葬时布置的，虽然简报中没有充分交代男女俑的具体位置，但 2 男俑 2 女俑是明确的。如果将贴壁二俑纳入祭祀活动之中，那么实际祭祀活动就有 4 名助祭人员，规格自然高于 2 名者。如果贴壁二俑不纳入，那么这个墓葬中与祭祀密切相关的陶俑就是两件，与南京仙鹤门南朝墓等相同，这可能反映的是当时祭祀仪式的通例，贴壁二俑仍然是高规格的象征。不知南京雨花台石子岗墓和萧象墓陶俑如童家山南朝墓这种布置方式，还是二男二女俑直接紧靠祭台，如果是这样的话，那仪式上的隆重感要更强。

再值得注意的是，上述墓葬中出土陶俑的尺寸非常接近，萧象墓两件女俑中的完整者高 29.8 厘米，南京卫校晓庄校区 M1 的两俑高度分别为 29.6、27.8 厘米，南京仙鹤门南朝墓一男一女两件陶俑似乎都是 29.4 厘米高，南京白龙山南朝墓女俑高 29.8 厘米，男俑残，南京四板村南朝墓男俑高 29.3、女俑高 30.15 厘米②，南京雨花台石子岗墓四男四女俑中，三件男俑高度分别为 28.4、30、30 厘米，另一件不详，女俑每型各 2 件，脸庞略胖的 A 型高 32.4 厘米，脸庞微瘦的 B 型高 31.6 厘米。上述墓葬的身份差异无疑是存在的，但陶俑的形态和尺寸几乎没什么差别，这有利于上文推测梁代墓葬礼制的重点不在强调等级，而在规范礼仪。上述陶俑不仅反映了梁代墓葬礼制和现实祭祀礼仪，而且还蕴含了礼仪的等级性，具体而言就是不易察觉的助祭陶俑数量可能反映了实际助祭人员的多少。

---

① 南京市考古研究所：《南京雨花台华为南京基地 36 号南朝墓发掘简报》，载南京市博物馆总馆、南京市考古研究所编《南京文物考古新发现》第四辑，文物出版社，2016 年。
② 李蔚然：《南京四板村南朝墓清理》，《考古》1959 年第 3 期。

第三节　灵山大墓及其礼制

一、灵山大墓的年代和主人

　　1972 年发掘的南京灵山大墓是一座非常有名的南朝墓葬,出土文物中最有名的是两件青瓷莲花尊,一残一完整,完整者高 85 厘米(图 3－3－1),迄今仍无出其右者。遗憾的是,已经近半个世纪过去了,这座墓葬的资料还没有发表,连灵山大墓的具体位置至今都未正式公布,这无疑使研究工作的充分开展受到限制。

图 3－3－1　南京灵山大墓出土青瓷莲花尊

　　灵山大墓的年代问题有梁、陈两说,不同年代判断的意义是不相同的。如李梅将墓葬年代直接认定为梁代,在此基础上撰写了《论南北朝制瓷工艺的发展水平——以南京灵山梁代大墓出土的青瓷莲花尊为例》[①]一文。但梁代只是一种说法而已。梁代说的主要依据是灵山大墓距离南京栖霞的梁宗王陵区非常近,那里已经发现 9 座梁代王陵,离灵山大墓最近的是梁临川王萧宏墓,从 2008 年南京市博物馆发掘位于灵山大墓东北约 1 000 米的灵山 2 号墓[②]简报提供的文字资料判断,灵山大墓与萧宏墓神道距离约数百米(图 3－3－2)。因此,从地域上来讲,将灵山大墓推定为梁代墓葬是合理的思维方式。但是,感觉和理论上的可能性不等于事实,南方丘陵地区转个弯便有不同的风景,所以,还是应该从材料本身去考虑问题。具体到灵山大墓的时代,本文认为罗宗真的看法更具有合理性。

　　关于灵山大墓相关的文献,有以下数条,罗宗真已作胪列:

　　　　《陈书》卷三《世祖纪》:"天康元年夏四月癸酉卒,六月丙寅葬永宁陵。"

　　　　《建康实录》卷十九:"(永宁)陵在今县东北四十里陵山之阳,周四十五步,高一丈九尺。"

　　　　《元和郡县图志》卷二五:"文帝(陈)蒨永宁陵在县东北四十里蒋山东北。"

　　　　《六朝事迹编类》卷十三:"文帝(陈)蒨永宁陵在县东北四十里蒋山东北。"

　　《建康实录》记建康史地可靠性高,为学界公认。《元和郡县图志》为官方地理志书,

---

① 　见《艺术科技》2016 年第 9 期。
② 　南京市博物馆:《南京市灵山南朝墓发掘简报》,《考古》2012 年第 11 期。

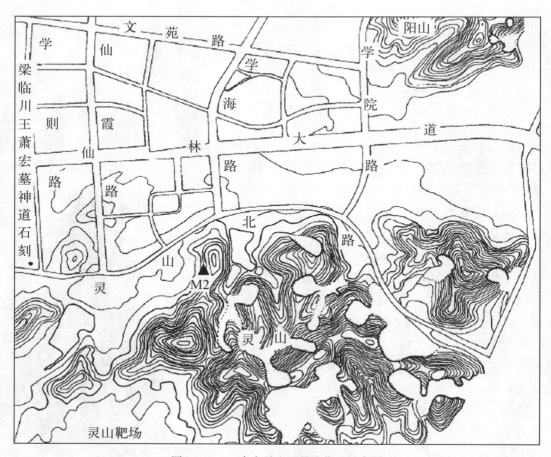

图 3 - 3 - 2　南京灵山 2 号墓位置示意图

所说皆有据可依,《建康实录》可能也是依据之一。《六朝事迹编类》系宋人抄录之作,明显来源于《元和郡县图志》,但加强了记载的可信度。

　　罗宗真说:"1973 年(应为 1972 年)在灵山发掘之大墓,距南京市约四十里,其地望颇合上述各书所载,灵山可能即为陵山。该墓的规模形制和出土文物(罗注:我曾在发掘期间去参观过),均具南朝晚期特征,尤以一件青瓷莲花大尊,为南京市附近六朝文物之罕见者,此种莲花尊在我国其他地区,亦均见于南朝晚期或隋代墓中,墓的规模又和南京博物院在丹阳发掘的齐诸陵相似,特别和南京西善桥油坊桥(应为村)所发掘的大墓(罗注:可能是陈宣帝陵)更为相似,而较南京之梁代王侯墓为宏大。"罗宗真因此认为:"参阅读文献,这一带只有陈文帝陵位置较为合适,……灵山大墓很有可能即陈文帝陈蒨的永宁陵。"①罗宗真同时对灵山大墓可能为宋文帝长宁陵的观点进行了反驳,此不具引。

　　①　罗宗真:《六朝考古》,第 75 页,南京大学出版社,1994 年。

　　我们认为罗宗真观点具有合理性,主要依据是南京市博物馆 2004 年出版的《六朝风采》一书中公布的若干灵山大墓的出土文物,包括陶俑 4 件、石俑 3 件、石镇墓兽 1 件(图 3 - 3 - 3)。4 件陶俑为一男三女,除了一件女俑为双丫下垂髻外,都是笼冠俑。这 3件笼冠俑是我们推断灵山大墓为帝陵的主要依据。这不是说笼冠俑身份很高,因而墓主可能是皇帝,而是说笼冠俑极其罕见,而且灵山大墓规模很大,其他随葬品也异常精美,所以墓主身份很特殊。南朝墓葬中出土笼冠俑者①,仅灵山大墓与丹阳吴家村南齐墓,后者被推测为南齐帝陵。笼冠与皇帝之间没有必然联系,但南朝墓葬中,即使萧象、萧融等梁代宗王陵墓,以及身份可能与宗王相近的南京石子岗 5 号墓中也未见出土。南京大浦塘墓资料已见诸新闻报道,其中残存的墓志中称墓主"辅弼"云云,其子女名讳皆为"宝"字辈,与东昏侯萧宝卷、和帝萧宝融同辈,墓主则与齐明帝同辈,身份和地位极高,但墓中也没有出土笼冠俑②。包括陵墓在内的南朝陵墓具有系统性和连续性,虽然很多墓葬被盗扰而发掘资料不完整,但墓葬的总体特征和等级差异是基本明确的,至今发掘的考古材料并没有颠覆现有的基本认识。能否使用笼冠俑不仅是一个身份问题,还牵涉到陶俑的制作问题。不管是梁还是陈,已经发掘出土的其他陶俑的形式很固定,女俑几乎都是半扇形

陶男俑

陶笼冠女俑

陶女俑

陶女俑

---

　　① 江苏丹阳南齐大墓中有戴笼冠的砖印拼嵌壁画,那也是墓主身份标志,但与灵山大墓笼冠陶俑在讨论墓主问题上的意义不同。

　　② 李翔:《南京市栖霞区灵山大浦塘村南朝贵族墓考古发掘》,2015 年 9 月 1 日,http://www.njmuseumadmin.com/en/Article/show_kg/id/79。

石男俑　　　　　　石男俑　　　　　　石女俑

石镇墓兽

图 3-3-3　《六朝风采》所载灵山大墓出土器物

覆额的装饰,灵山大墓出土的笼冠俑,如果是私人制作,是否可以制作以及销售状况都是问题;如果是官府制造,那么必须得到允许,并且得有明确的使用去向。灵山大墓笼冠俑为南朝后期仅见者,墓主身份之高为学界公认,笼冠俑为专门制作,这必然与官府具有直接的关系,其中皇家作坊的可能性最大,墓主身份自然具有为皇帝的可能性。

　　与笼冠俑性质类似的是石俑和莲花尊。石俑的独特性在于体量,公布的两件石男俑分别高 46 和 64 厘米。46 厘米高石男俑可能模仿了屈膝姿势,64 厘米应该是正常石男俑的高度。这个高度的俑不及常人身高之一半,本身并不高大,但如果与南朝齐梁墓葬出土石俑相比,那就非常高大了。齐梁墓葬出土石俑基本与当时的陶俑高度相近,一般 30 多

厘米。之所以维持在这个高度,可能
与当时陶俑和石俑可以相互替代而没
有等级差异有关。明了此点,就可知
灵山大墓石男俑之相当高大,也像笼
冠陶俑一样,必须专门制造才行。灵
山大墓石女俑高 54 厘米,也是灵山大
墓年代较晚的一个时代标志。石女俑
梳双丫髻,与南京花神庙 M2 女俑发型
接近(图 3-3-4,1)。与花神庙 M2 紧
邻的是 M1,发掘简报云两墓构造和规
模完全相同,M1 中有头戴盔甲的石武
士俑,这也见于疑为南朝陈时代的江
宁胡村墓中,这种北方地区流行的铠
甲俑在可以肯定的梁代及之前墓葬中
都没有见到,似乎暗示墓葬的时代较
晚。南朝陈代南北方之间的互动和交
流前所未有地密切起来①,或许这种俑
出现在南方是受到北方影响的结果,
但其性质则可能属于丧礼中的"侠侍"
之类②。两件大莲花尊的情况与石俑

1　　　　　　2

图 3-3-4　南京花神庙 M2 出土女俑、
M1 出土牵马俑

1. 石女俑　2. 陶牵马俑

相似,也是南方地区绝无仅有之物。北京大学考古文博学院权奎山先生认为,尽管南方也
能生产较大型的瓷器,但这种特大型瓷器应该是在北方马蹄形窑中才能烧制而成的。南
朝陈时期,北方文化因素输入到南方的不少,莲花尊是不是也在这个情况下输入了。这样
特大而又精美的瓷器,使拥有者与南朝皇帝的关联性又产生了。灵山大墓中的石镇墓兽
与其他南朝墓葬出土者相比也要大一些,对推测墓主身份的特殊性也有帮助。

　　总之,灵山大墓已经公布的文物都具有特殊性,表明墓主身份与已经发掘的其他南朝
墓葬的主人都不一样,唯一相同的可能为南齐帝王的丹阳吴家村墓主,再加上有关文献记
载和罗宗真的分析,我们认为灵山大墓为南朝陈文帝陈蒨永宁陵的可能性大于其他说法。

二、灵山大墓的墓葬礼制意义

　　灵山大墓的墓葬礼制意义体现在两个方面:一是陶俑,代表了皇帝的特殊地位;一是
石俑,可能代表出行组合。

---

　　①　《陈书》卷二十六《徐陵传》载徐陵致书于北齐仆射杨遵彦曰:"鄴中上客,云聚魏都,邺下名卿,风驰江浦。"
(第 327 页,中华书局,1972 年。)

　　②　详见本章第二节"对梁代墓葬礼仪的一种理解"。

　　关于陶俑,上文已指出这些俑都是笼冠,虽然笼冠不限于皇帝,但由于灵山大墓的特殊性,以及这些陶俑在南朝墓葬中只见于丹阳吴家村南齐墓,所以以笼冠俑作为帝陵的标志。这里再提陶俑是想着重指出这些陶俑虽然身份高,但体量并无特别之处。已公布的4件陶俑中,男笼冠俑高 17.8 厘米,两件女笼冠俑高度为 31、33.5 厘米,一件丫髻下垂女俑高 33.2 厘米。这些俑的高度与其他墓葬中出土者相近,并没有因为用于帝陵之中而有所特殊。即便是丹阳吴家村墓中陶俑,虽然高 36 厘米,但因为陶俑是尖凸的发型,所以高出几厘米很正常,实际高度与灵山大墓和其他普通墓葬的陶俑差不多,并没有因墓主身份的特殊而增高。在制作工艺上,这些俑不仅没有特别精致,反而还显得比较呆板粗糙,不及一些其他墓葬中的出土品,如南京砂石山墓出土者。由于这些俑是特别制造的,而且应由陈朝宫廷作坊制造,本来应该代表当时的最高水平,但事实上并非如此,这与本章始终强调的南朝墓葬礼制不过度强调等级差异是相吻合的。那件高 17.8 厘米的男笼冠俑也值得注意,这件俑的面相呈成年人状,但身体很短,有可能是一个侏儒俑。刘宋明昙憘墓中曾出土侏儒俑。文献和考古材料中,都可以看到南朝从皇帝到官员,都有蓄养仪仗伎乐生口的风气,如《陈书》卷九《欧阳頠传》:"时頠弟盛为交州刺史,次弟邃为衡州刺史,合门显贵,名振南土。又多致铜鼓、生口,献奉珍异,前后委积,颇有助于军国焉。"[①]《陈书》卷二十《华皎传》:"又征伐川洞,多致铜鼓、生口,并送于京师。"[②]或许侏儒俑大体上也属于这一类。唐代蓄伎豢养昆仑奴侏儒之风甚浓,不知是否与南朝影响有关。无论如何,南朝陈皇室的品位可能与官员们一样,没有什么高明的地方。南朝皇帝虽贵为天子,但这个天子在时人,特别是高级门阀士族眼中还是不那么"贵",他们的墓葬从规模到随葬品都与南朝宗王相似,而不像其他朝代帝陵高高在上,不能与他人墓葬合在一起作等级划分。这一点对于理解南朝墓葬材料和南朝历史都是有意义的。

　　关于石俑,由于完整材料没有公布,只能加以推测,这里认为可能与出行有关,即两件石男俑与鞍马有关,石女俑与牛车有关。石俑比较高大,两件男俑分别高 46、64 厘米,相当于陶俑的 1.5 倍和 2 倍高;女俑高 54 厘米,应该是与那件高男俑相适配的高度。这些石俑不仅体量上无法与陶俑配合使用,而且石俑的身份也不如陶俑高。64 厘米高石俑完全是一副自然站立状态。丹阳吴家村墓和金家村墓共出土石俑 11 件,其中大石俑残高 50 厘米,如果加上头部的话,尺寸估计与灵山大墓这件高 64 厘米的石俑差不多。这样的话,就陶俑和石俑而言,灵山大墓与吴家村大墓都是相近的,这很可能是从齐到陈随葬品尺度在礼制上的规定,当然这也表明了南朝的延续性。那件 46 厘米高的男俑可能是一件牵马俑,此俑腿部长度明显不合比例,膝盖部分不同于直立石俑,似在模拟牵马屈膝的形态,而不同于那个侏儒陶俑。这件石俑的身体右侧明显高于左侧,在左半脸和左膝盖上表现得特别明显,可能是模仿用力和走动起来的样子吧。陶牵马俑在其他墓也有发现,如南京花

　　① 《陈书》卷九《欧阳頠传》,第 159 页,中华书局,1972 年。
　　② 《陈书》卷二十《华皎传》,第 271 页,中华书局,1972 年。

神庙 M1 牵马俑①高 23.2 厘米,膝盖以下尽无(图 3-3-4,2),似乎刻意处理成较矮的形象,正常陶俑的高度应该在 30 厘米出头,以此比例推算灵山大墓 46 厘米高的石俑,其正常高度应该基本同于那件 64 厘米的石俑。根据这个例子,我们还可以推测南京铁心桥马家店村南朝墓编号为 M1∶23 的陶俑,虽然是牵牛车俑,但牵马俑应该类似。牵牛车俑高 22 厘米,其他正常高度的陶俑为 33 厘米左右②。还可以举出南京栖霞十月村南朝墓所出牵牛车俑,俑高 20 厘米,下身也明显短于正常长度③。丹阳吴家村墓石马残长 48、残高 34 厘米。燕子矶普通二年墓石马基本完整,带座长 42、高 35 厘米。西善桥"辅国将军"墓石马也基本完整,带座长 40、高 32 厘米。吴家村墓虽残,但仍然比普通二年墓和"辅国将军"墓石马要大(参见图 1-2-8)。遗憾的是,"辅国将军"石俑既未附照片,线图中没有比例,文字中也没有高度数据,使我们难以推算石马和石俑的高度比例,只能利用本来就残缺的吴家村墓石马来推测灵山大墓牵马俑可能的高度。吴家村墓石马虽腿部尽失,但形态比普通二年墓和"辅国将军"墓石马矫健挺拔,根据简报所示残马线图,以马腿高占马高之不足一半计,原石马高度应在 55-60 厘米之间。这个马的高度与疑为牵马石俑的 46 厘米高度也算相合,这增加了 46 厘米高石俑为牵马俑的可能性。事实上,灵山大墓中可能确实随葬了石马。罗宗真在反驳其他学者对灵山大墓的不同意见时提到一个小石兽,"……持异议者认为墓前仅存的一个小石辟邪,似与其身份不合。我在当年参观该墓发掘的现场时,并见此石兽(即 1957 年新发现者④)已风化甚剧,迄今六朝帝陵前所存的石刻,确无此类小型石兽。但它是否为陵前之神道石柱上小石兽,或原有的石兽已亡佚,尚难肯定。该墓亦被盗掘破坏,我曾见墓内随葬石俑,高 1 米左右,与此石兽大小相似,因此是否可能原在墓内为随葬物的小石兽被移至墓外呢? 如推测不误,则灵山大墓为陈文帝永宁陵之可能性就更大了"⑤。因为是目测与回忆,罗宗真的叙述不甚准确是能理解的,但他也不至于将此小石兽与辟邪相混淆,则此体量与石俑相近的小石兽为石马的可能性确实存在。也就是说,虽然不知灵山大墓是否出土了石马,或者说是否本有而已不存,但这件石俑作为石马的牵马俑是可能的。灵山大墓那件 64 厘米高的石俑可能也是鞍马行列中的一部分,有可能是一位年长之人跟在行列的后面吧。这种出行方式见于南京景家村 M10,此墓虽然被盗,但"其中有摆放整齐的陶俑和陶牛、马",在甬道左壁后部贴壁有一马四俑,其中 M10∶30"出土时立于陶马的前面,应该是马夫。高 27.6 厘米,宽 9.6 厘米,厚 6.6 厘米。M10∶26 造型同 M10∶30,只是手举起较高,似手握武器,出土时立于陶马的后面,应是武士俑。另有两件男侍俑,造型相同。M10∶25,头戴帽,身着交领窄袖长

---

① 简报作牵牛车俑。南京市博物馆、南京市雨花台区文管会:《江苏南京市花神庙南朝墓发掘简报》,《考古》1998 年第 8 期。
② 南京市博物馆、雨花台区文化局:《南京铁心桥镇马家店村南朝墓清理简报》,载南京市博物馆编《南京文物考古新发现》,江苏人民出版社,2006 年。
③ 南京市博物馆:《六朝风采》,第 311 页,文物出版社,2004 年。
④ 不知罗宗真此处是否指朱偰《修复南京六朝陵墓古迹中重要的发现》(《文物》1957 年第 3 期)中说的石辟邪,但此辟邪的认定并无异议,且地点似与罗宗真所说也不同。
⑤ 罗宗真:《六朝考古》,第 75 页,南京大学出版社,1994 年。

袍,双手拢在袖中,身体的下部分肥大,高 25 厘米,宽 10.8 厘米,厚 8 厘米"①。这段文字中陶俑的尺寸数据与墓室剖面图和陶俑图都不符合,可能有误,应从图,对于理解灵山大墓一大一小二石男俑很有帮助(参见图 3-2-7)。双丫髻石女俑可能是侍候在牛车旁的仆从,类似的形象可见于常州田舍村南朝画像砖墓②。不过,迄今为止只见陶牛车而未见石牛车,石女俑是否与牛车配合使用期待更多材料的检验。上文指出,推定属于南朝陈的墓葬中,石制品明显增多,虽然多风化而不能辨明其中有多少牵马俑,但石马、石俑的增多是很可能的,在墓葬礼制上所具有的意义也是可以推知的,作为出自帝陵之中的灵山大墓石俑可能起到了引领、刺激风俗的作用。

三、灵山大墓镇墓兽与葬俗

灵山大墓的镇墓兽尽管不是南朝陈代石镇墓兽的首次发现,但这不仅是南朝陈代,也是整个南朝时期国内现存唯一一件面目清楚的石镇墓兽。然而,这件镇墓兽并没有显示出来自帝陵的特别之处。从体量上来说,灵山大墓所出者长 38.6、高 22.8 厘米,并没有比其他墓葬所出者大多少,如南京花神庙 M1 所出被称为石猪者残长 28.2、高 13.6 厘米(图 3-3-5,1),再如南京仙鹤门南朝墓出土者长 25、高 16 厘米,后两个都有所残破,原物的尺寸还要大一些,那就与灵山大墓的差别不大了。如果与韩国武宁王陵出土的石镇墓兽相比,灵山大墓镇墓兽不仅尺寸,即便是雕刻复杂程度也有所不如了。韩国武宁王陵出土者长 47.3、高 30 厘米,满身雕刻火焰状花纹(图 3-3-5,2),灵山大墓所出者则为素面。武宁王陵出土者或因系在百济雕造而比较特殊,但这不正也说明尺寸大小并不特别具有等级意义吗? 就形态而言,武宁王陵出土者不说,其他石镇墓兽虽然风化严重、面目难辨,但从保留的形态看,与灵山大墓石镇墓兽相当接近。就是说,在形态上,灵山大墓石镇墓兽也没有显示出特别之处,这与地表之上严格用麒麟和辟邪来区别帝陵和王侯陵墓不太一样。虽然贵为皇帝,但除了镇墓兽体量较大外,与其他人物墓葬中的镇墓兽并没有本质的不同,这是南朝帝陵对地下部分不甚讲究,与其他官员墓葬差距不是很大的又一例证。

镇墓兽并非南朝新出现的事物,但镇墓兽在东晋时期发生了中断,在目前可以确认的刘宋墓葬中也没有发现镇墓兽。就此而言,镇墓兽在南朝的重新出现是一个值得注意的现象。目前所知南朝最早的镇墓兽出土于丹阳吴家村南齐大墓③中,这是一件陶制品,长 38、残高 14 厘米(图 3-3-5,3),长度与灵山大墓镇墓兽相近而肥壮不如。这个大约 38 厘米的长度与前述两墓的陶俑和石俑尺寸一样,都表现出很强的一致性,只是形态上发生了一些变化而已,从之前比较写实的犀牛变得更加像个怪兽。不过,虽然南朝最早的镇墓

① 南京市博物馆、江宁区博物馆:《南京南郊景家村六朝墓葬》,载南京博物馆编《南京考古资料汇编(叁)》,凤凰出版社,2013 年。
② 常州市博物馆、武进县博物馆:《江苏常州南郊画像、花纹砖墓》,《考古》1994 年第 12 期。
③ 南京博物院:《江苏丹阳县胡桥、建山两座南朝墓葬》,《文物》1980 年第 2 期。

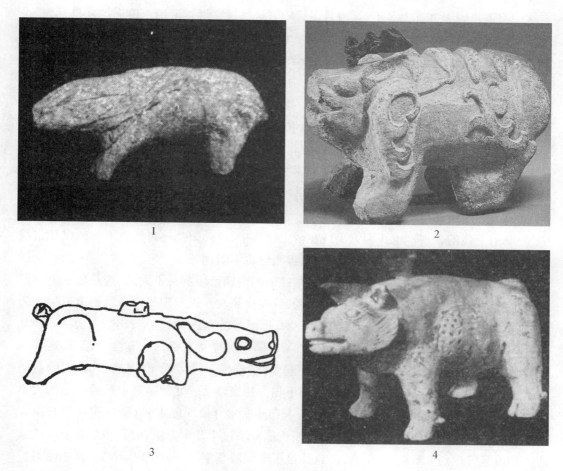

图 3 - 3 - 5　几件镇墓兽

1. 南京花神庙 M1 出土镇墓兽　2. 韩国武宁王陵出土镇墓兽
3. 丹阳吴家村南齐墓出土镇墓兽　4. 江宁铜井公社墓出土水牛形镇墓兽

兽发现于吴家村墓这座被疑为南齐帝陵的墓葬中,但镇墓兽本身并非特别高大上,而是主要属于葬俗性的随葬品。之所以认为这主要是葬俗性随葬品,基于以下两方面的考虑。第一,南朝的这种水牛形镇墓兽具有南方传统。以笔者所知,这种镇墓兽最早出现在西晋时期,即南京板桥石闸湖永宁二年(320 年)墓①所见者,为一头写实性相当强的水牛,背上还有一只小鸟,但身上长着翅膀。南京石闸湖墓及江宁铜井公社墓②出土的水牛形镇墓兽的额头还长着一个角(图 3 - 3 - 5,4)。这个角透露了跟中原地区的关系。在长江下游的东汉墓葬中迄今没有发现额头长角的镇墓兽,但曹魏西晋墓葬中镇墓兽发现甚多,并且都是那种额头带尖刺的走兽形镇墓兽。孙吴墓葬中突然出现额头带尖刺的镇墓兽,当

---

① 南京市文物保管委员会:《南京板桥镇石闸湖晋墓清理简报》,《文物》1965 年第 6 期。
② 吴文信:《江苏江宁出土一批西晋青瓷》,《文物》1975 年第 2 期。

与这种习俗传到南方有关。不过,西晋以后南方地区没有继续沿用走兽形镇墓兽,而是采用了当地人民更加喜闻乐见的水牛,可能是看中了水牛勇猛好斗的特点。镇墓兽传到南方并被加以改造,而且这时的南方已经纳入统一国家的格局下,不存在另搞一套制度的可能,所以应是在葬俗层面上被接受。第二,中原地区镇墓兽的产生本身就是葬俗而与制度关系不大。镇墓兽、镇墓瓶、买地券以及一些其他镇墓神物,都是在东汉中期前后开始流行起来的,这与合葬墓流行之后带来传染病的流行,引起人们的深深恐惧,从而对镇墓产生了需要有关。南方地区虽然发展速度较北方慢,但合葬的习俗也传来了,这就自然会对镇墓产生需要。相对而言,北方地区王侯墓葬既造得大,尸体包裹盛殓得又很严密,在墓葬礼仪制度上规定也很严格,镇墓兽这种事物从王侯大墓中开始出现,并流行民间的可能性不大。因此,镇墓兽出现在南朝墓葬中,而且一下子就出现在吴家村这样帝王级的陵墓中,是葬俗上侵的表现。也正因为出现在帝王陵墓中,这种镇墓兽自然也不能纯以葬俗视之。既然牵涉帝王,凡事必然有制度,镇墓兽当然也不能例外。

就墓葬的整体规模来说,包括灵山大墓在内的南朝帝陵都是不大的,这是公认的。但就单个墓室而言,南朝帝陵是一点也不小的,且高度超常。以丹阳胡桥齐景帝萧道生墓为例,墓室长 9.4、宽 4.9 米,复原高度为 4.35 米;再以萧统墓为例,墓室长 8.32、宽 4.88 米。接近 5 米的宽度,普通墓壁已经无法承受,所以墓壁加厚势在必然。宽度大,又决定了墓室非常之高。在 40 到 50 平方米的高大空间里,镇墓兽不过接近 40 厘米长,最大的石俑也不过 64 厘米高,大空间与小物件之间的不相称相当显著。北朝陵墓中普通陶俑的大小与南方接近,但有些俑很大,如湾漳大墓的大门吏俑高 142.5 厘米,这种气魄就不是南方可比拟的。唐代中原地区也流行单室墓,面积通常不过十几平方米,但有些墓葬中的镇墓武士和镇墓兽达到 1 米高,甚至更高,这凸显了南朝陵墓空间"使用率"不高。其中除习惯因素外,观念因素的作用必然很大。南朝陵墓地面上不缺少大型石刻,但没有想到将它们按照同等体量搬入墓室之中。所以如此,还是与南朝皇帝对墓葬礼制关心不足,在这个问题上也没有足够的自大自尊心理有关。

第四节　陈代墓葬的认定

南朝陈代不是一个被忽视,就是一个被藐视的朝代。几乎在各门学科中,陈代都很少为人正面谈及,在考古学科中同样如此。相比于宋齐梁,已认定的陈代考古发现少,常被附属于梁代之后,或仅在"南朝晚期"中提及。在南朝晚期墓葬中,最受重视的是画像砖墓,姚义斌对画像砖的研究年代虽早,但仍然代表了这个方面研究的综合水平。不过,姚义斌还是没有跳出窠臼,仍然将梁陈划为一期,认为这个时期南方画像砖衰落,背景是士族的没落和江陵陷落、建康遭侯景之乱。并认为画像砖在宋齐处于鼎盛时期,与皇室力量强大,盛行排葬,有实力使用画像砖墓有关。皇权受到打击之后,就没有力量再使用画像砖了①。姚义斌撰写论文时，一部分新材料还没有出土，但旧有材料仍有不少可以通过排比确定为梁代，所以姚义斌对南朝陈画像砖墓情况的描述不尽符合考古发现。姚义斌将梁代也归入皇权和皇室力量衰落的时期，这是不恰当的，这个暂且不论。皇权和皇室力量与画像砖之间是否存在直接关联本身就是需要证明的问题。笔者早年集中研究长江中下游六朝墓葬，后来对六朝墓葬进行考古学综合研究②，再之后对魏晋南北朝图像与历史背景之间的关系进行探讨③，涉及了汉水中游与长江下游地区画像砖墓葬之间的关系，虽然掌握的材料比姚义斌时多了不少，但同样疏于对陈代墓葬的认识，这是需要深刻检讨的。实际上，陈代存在的时间有 32 年，超过南齐。陈代在北周统一黄河流域之后还能存在 12 年，自有其不可小觑的实力。南朝虽因陈而终，但南方文化也因陈而全面入北，就此而言，陈代文化也必然不尽是"玉树后庭花"之类，对陈代文化的研究实有其必要，从考古学角度探讨陈代文化也是一个有意义的取向。近年来，长江中下游地区，特别是南京、襄阳、余杭、扬州等地考古新发现不断，其中不少墓葬可以推定为陈代，特别是不少为画像砖墓，具有比较高的考古、历史、文化价值，值得专门加以讨论。

对陈代墓葬进行认定的前提，是必须有确凿无疑的陈代墓葬，符合这个条件的墓葬在南京地区有两座④。一座是陈黄法氍墓⑤，通长 8.75 米，当营造于公元 576 年，墓早年被毁。一座是南京迈皋桥红星砖瓦厂墓⑥，出土有墓志，首字为"陈"，其余信息不存，因此墓葬的具体年代不详。黄法氍墓年代已在南朝陈末年，的确表现出不同于之前墓葬的一些特点。墓葬形制方面，在墓室前部加砌了一道砖墙，构成了一个相对独立的扁长空间，造成事实上的前后室；后室依然分为祭台所在的前部、棺床所在的后部，后部比前部高出 20 厘米。随葬品方面，形体较扁、腹部略有曲折的大口青瓷碗有好几件，与之前流行的形体较高的青瓷碗不同，具有陈代特点（图 3－4－1）。迈皋桥红星砖瓦厂墓形制全毁，出土器物中有特色的是石制品，共有 10 件，完整者除墓志外，尚有石马、石俑、石碗，"其余残石器，除一件圆形可能为磨盘或盏托一类器物外，估计都是凭几或车的附件"。这两座墓葬中，最重要的特征有三个：前后室的墓葬形制、曲腹盏、较多的石制品⑦（图 3－4－2）。

---

①　姚义斌：《六朝画像砖研究》，第 104－197 页，南京艺术学院博士学位论文，2004 年。

②　拙著：《六朝墓葬的考古学研究》，北京大学出版社，2011 年。在拙著《魏晋南北朝考古》（北京大学出版社，2013 年）中对南北交界地区的墓葬有专门探讨，可参考。

③　拙著：《将毋同——魏晋南北朝图像与历史》，上海古籍出版社，2019 年。

④　还有一座墓葬可能也是南朝陈或更晚点的，即出土十二生肖的南京迈皋桥墓，因此墓报道的材料非常简略，所以不作讨论。见南京市博物馆：《南京迈皋桥南朝墓出土十二生肖画像砖》，载南京市博物馆编《南京考古资料汇编（叁）》，凤凰出版社，2013 年。

⑤　南京市博物馆：《南京西善桥南朝墓》，《文物》1993 年第 11 期。黄法氍墓内原有壁画，"墓室内壁有一层厚约 5 毫米的石灰层，少（数）地方隐约可见红、黄、绿色彩，可知此墓原应绘有彩色壁画，可惜没能保存下来"。这可以解释黄法氍墓为什么不使用画像砖来砌造。

⑥　南京市博物馆阮国林：《南京发现一座陈墓》，《文物资料丛刊（8）》，文物出版社，1983 年。

⑦　三项指标中，曲腹盏的特征不太容易准确把握。

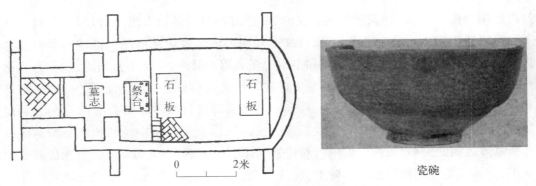

瓷碗

图 3 - 4 - 1　南京陈黄法氍墓形制和随葬品

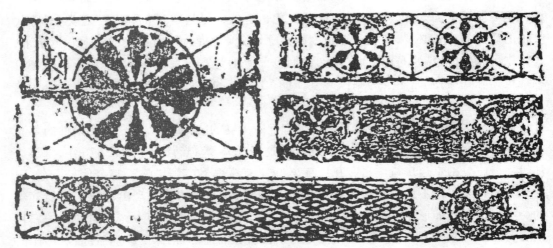

墓砖花纹拓片

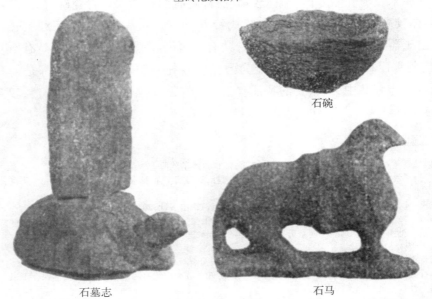

石碗

石墓志　　　　　　　　石马

图 3 - 4 - 2　南京迈皋桥红星砖瓦厂墓随葬品

一、南京地区其他陈代墓葬的认定

南京地区已发掘的墓葬中有好几座墓葬具备上述特点,可以考虑为南朝陈墓葬的可能性。有几座墓的规模比较大,需要一一说明。

一座是南京东善桥砖瓦一厂墓①,墓葬的形制和规模都与黄法氍墓十分相似,但石墓门上的人字拱为阴刻,不同于齐梁常见的浅浮雕样式;出土物粗劣,多为明器,其中青瓷碗也多是大口扁体式的,只是腹部不曲折;两件女俑高度估计接近33厘米,形体比较粗陋,发型为半圆形,当是从半扇形覆额退化而来(图3-4-3)。

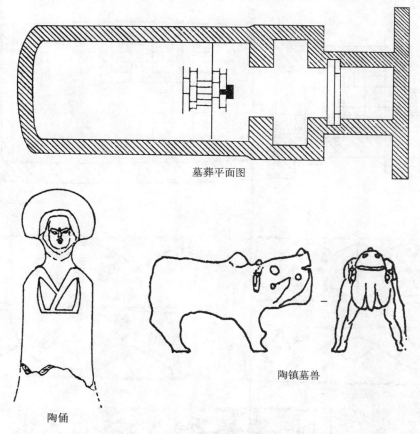

墓葬平面图

陶俑

陶镇墓兽

图3-4-3　南京东善桥砖瓦一厂墓形制和随葬品

一座是江宁胜太路墓②,通长达8.14米,接近黄法氍墓和东善桥砖瓦一厂墓,但没有隔为前后室,不过,随葬品中的青瓷碗与黄法氍墓十分相似。此外出土12件石制品,其中俑5件,形体变矮,比例不甚协调,头后部也没有完全将多余部分凿去;出土的石灶是前所未见之物,还有半圆形帐座、凭几、镇墓兽。棺床用画像砖铺就,画像砖为长方形,四边为卷

---

① 南京市博物馆:《江宁东善桥砖瓦一厂南朝墓发掘简报》,《东南文化》1987年第3期。
② 南京市博物馆、南京市江宁区博物馆:《南京江宁胜太路南朝墓》,《文物》2012年第3期。

草、斜平行线纹,内部用卷草间隔为三区,中区是回首凤凰,两边是瓶花(图 3-4-4)。这种
画像砖在长江下游地区罕见,与汉水中游地区南朝墓画像砖特别相似,用作墓葬铺地砖的
方式也与之相同。因此,这座墓葬很可能与汉水中游直接相关。

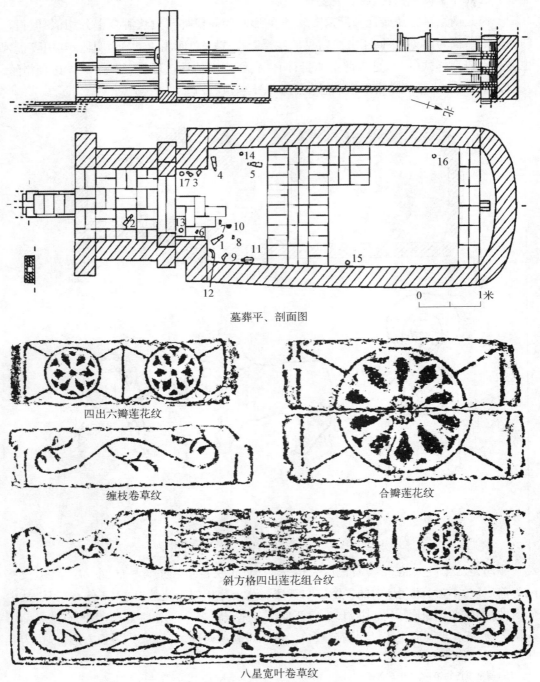

墓葬平、剖面图

四出六瓣莲花纹

缠枝卷草纹

合瓣莲花纹

斜方格四出莲花组合纹

八星宽叶卷草纹

建康地区特点画像砖

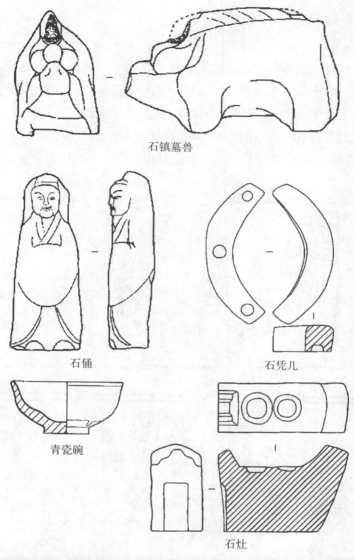

石镇墓兽

石俑 石凭几

青瓷碗

石灶

汉水中游特点画像砖

图 3-4-4 江宁胜太路南朝墓形制和随葬品

　　还有两座墓葬出土的画像砖也具有长江中游风格。一座是编号为 M84 的雨花台区华为南京软件基地墓葬①，全长 8.02 米，画像砖中有宝瓶莲花画像砖、贵族人物出行画像砖，还有女子立于树下的长方形砖（两块合起来，在中间加工出桃形龛）、兽面纹砖（图 3－4－5）。发掘简报说："制作精美的画像砖无疑是本次发掘最重要的收获。在这批画像砖中，类似的壁龛砖于 2005 年在南京江宁县山水华门工地南朝墓中已有出土。1987

　　① 南京市博物馆、雨花台区文化广播电视局：《南京市雨花台区南朝画像砖墓》，《考古》2008 年第 6 期。

图 3 - 4 - 5 雨花台区华为南京软件基地 M84 出土画像砖
1、2. 贵族男子出行图 3. 贵族女子出行图 4、6. 楔形画像砖 5、7. 壁龛画像砖

年在南京西善桥镇油坊村一座南朝墓中也发现过宝瓶莲花图案的画像砖,不过其画像在砖的侧面,造型与 M84 出土的宝瓶莲花图案也有不同。其余图案的画像砖在南京地区皆属首次发现。在南京以外的地区,类似的南朝画像砖以往曾屡有发现,比如在湖北襄阳贾家冲南朝墓中出土的神兽图案画像砖,即与 M84 出土的神兽纹砖有共通之处。"再一座是江宁胡村墓①,墓葬形制为长方形,通长 8.32 米,随葬品中的青瓷碗都是那种大口扁体的。画像砖也很丰富,其中,由两朵不同大莲花为主体图案的长方形砖和中间为莲花(或飞天、或神兽纹)、四角为折枝花的长方形砖在襄阳地区南朝墓葬中都有几乎相同者。在这个墓中还有陶武士俑,头戴盔甲,颈部似有顿项,上身服饰不清楚,下身简报认为着分裆护腿甲裙,高度为 46 厘米。两件陶武士俑分别位于两室前部两角。这种武士俑的形态和位置都不见于其他南朝墓。武士俑在北方很流行,怀疑这是受到北方影响的产物。胡村墓中最有名的是墓室后壁的佛塔,与邓县画像砖墓后壁非常相似(图 3 - 4 - 6)。胡村墓、雨花台区 M84 以及江宁胜太路墓在随葬品和画像砖上表现的相似性,应该是由共同的历史背景造成的,这个背景当与梁陈易代有关。

---

① 南京市博物馆:《南京市江宁区胡村南朝墓》,《考古》2008 年第 6 期。

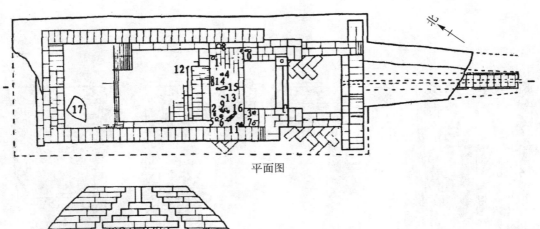

平面图

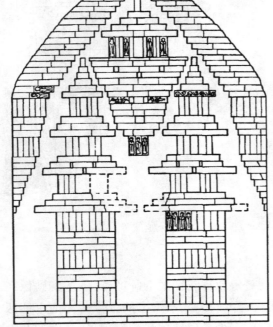

墓室后壁正视图

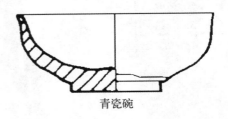

青瓷碗

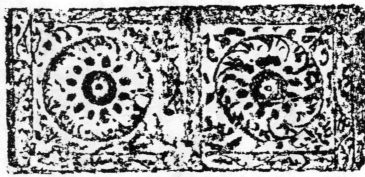

十二瓣莲花纹

椭圆形花瓣的八瓣莲花纹

菱形花瓣的八瓣莲花纹

缠枝花纹

花纹砖拓本

侍男像　　　　　　　　　　钱纹　　　　　　　　　　侍女像

M1 出土画像砖、花纹砖拓本

图 3-4-6　江宁胡村墓形制、青瓷碗和画像砖

　　可以推定为陈代墓葬的还有南京新宁砖瓦厂墓 M1①、南京铁心镇王家洼村墓②、南京中央门外万寿村墓③、南京幕府山五塘村墓④等,这些墓葬出土的画像砖具有汉水中游画像砖特点(图 3-4-7)。

1

　　①　南京市文物保管委员会:《南京六朝墓清理简报》,《考古》1959 年第 5 期。

　　②　该墓资料未见完整公布,林树中、马鸿增编《六朝艺术》一书中有图版,见第 50、51 页,江苏美术出版社,1996 年。

　　③　南京市文物保管委员会:《南京六朝墓清理简报》,《考古》1959 年第 5 期。彩色图版见南京市博物馆:《六朝风采》,第 358 页,南京出版社,2004 年。

　　④　彩色图版见南京市博物馆:《六朝风采》,第 360 页,南京出版社,2004 年。

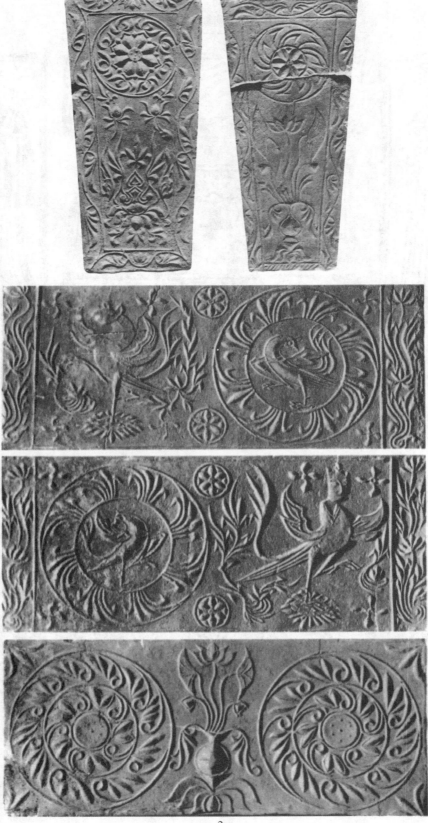

3

4

图3-4-7　南京新宁砖瓦厂墓M1等出土画像砖

1.南京新宁砖瓦厂墓M1出土画像砖　2.南京铁心镇王家洼村墓出土画像砖
3.南京中央门外万寿村墓出土画像砖　4.南京幕府山五塘村墓出土画像砖

　　建康地区画像砖并非新鲜之物,但不是那种多幅砖拼嵌而成的竹林七贤壁画,就是人物位于墓砖端面的小幅画像砖。建康也有花纹砖,方格纹、莲花纹都很常见,但浮雕效果不强,莲花的幅面也不大。以襄阳为中心的汉水中游地区画像砖、花纹砖跟建康地区风格明显有别,大幅面的画像砖常由多个人物、器物等构成,出行、孝行、历史故事、神话故事等很常见;单个羽人或非世俗人物的画像砖很多;大幅的动物画像砖也很多,常为龙、凤、麒麟、天马等祥瑞动物;动物和大朵莲花组合成的画像砖,大朵莲花或其他花卉构成的花纹砖很常见;砖面中间为莲花等,四角为折枝花,以及瓶花也是襄阳地区南朝画像砖常见题材。这些画像砖图像和图案的立体感强,艺术水平非常高,包括建康在内的南朝其他地区无法比拟。因此,建康地区南朝墓葬中的画像砖花纹砖,哪些属于建康本土、哪些外来是大致可以辨别出来的。在此基础上,我们认为早年将南京西善桥油坊村罐子山大墓①认定为南朝陈宣帝陵是有道理的。这座墓葬中的花纹砖可以分为两类:一类砖端面图案由斜方格纹和钱纹组合而成,或者由两块砖的端面构成一幅完整的莲花,这是建康地区的传统,在丹阳南齐陵墓、建康梁宗王陵墓中常见;另一类是长方形砖的正面为两朵不同品种的大花,其中一种经常是莲花,这种花纹砖在汉水中游地区很常见,而不见于建康地区齐梁墓葬之中(图3-4-8)。胡村南朝墓画像砖花纹砖兼具建康和汉水中游两种特色,汉

建康本地风格

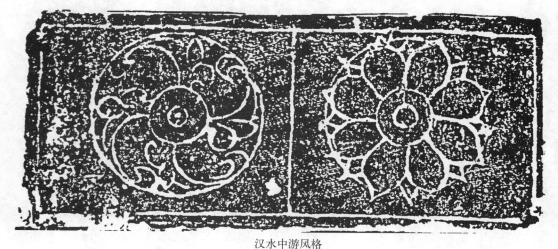

汉水中游风格

图3-4-8　南京西善桥油坊村罐子山墓出土花纹砖

———————

① 罗宗真:《南京西善桥油坊村南朝大墓的发掘》,《考古》1963年第6期。

水中游特色的画像砖花纹砖已如上举,建康特色的是女性人物位于墓砖端面的画像砖。这种女性人物形象在南京油坊桥等南朝墓可以见到,可能是建康本地发展起来的,当然,也可能仍然受到了汉水中游地区的影响。不论如何,两种地域特色的画像砖花纹砖在相当于南朝陈的时候同时出现了,这是将罐子山大墓推定为陈宣帝陵的一个重要时代证据。劫后的青瓷碗是大口扁体的,也有助于推测时代。再加上墓室全长10米,宽、高均为6.7米的规模,以及甬道两壁还有大幅拼嵌而成的狮子图,丝毫不比南齐帝陵逊色,将罐子山墓推定为陈宣帝陵是合理的。进而言之,我们用罐子山大墓来想象一下灵山大墓,似乎也没有非常不合适的地方。当然,灵山大墓的规模可能略小。罐子山墓不但墓葬规模大,还出土一件残破的陶女俑,似乎为笼冠俑(复原为双环髻,可能不合适),复原高度约40厘米,比灵山大墓的要大。这种变化可以看作南朝陈在总体上继承齐梁,又有所变化的表现。

二、其他地区陈代墓葬的认定

南京以外地区发现南朝画像砖墓的地点在长江以南地区有常州戚家村①、田舍村②,余杭小横山③、庙山④,闽侯南屿⑤,长江以北地区有六合樊集⑥、邗江高小⑦、扬州张巷⑧、淮南梁郢都村⑨。这些墓葬的时代在发掘简报中都被定为南朝晚期,一般认为不早于梁代。如果作较细致的分析,能够发现上述墓葬中不少可以进一步推定为南朝陈墓。再以这些墓葬为基础,就可以基本将上述墓葬都推定为南朝陈时期或略晚,而难以早于陈。下面试作分析。分析将集中于长江以南地区,长江以南地区集中于常州戚家村墓和余杭小横山墓,这两处画像砖墓时代能够明了的话,其他画像砖墓自明。

首先值得检讨的是常州戚家村墓。这座墓葬的年代曾经让很多人大为困惑,发掘简报说:"这座墓葬从墓室的形制、结构到画像砖的风格,研究者大都认为具有南朝末期至隋、初唐的特征。可是从出土的瓷器分析,大多数具有明显的唐代中晚期风格。如何解释这个矛盾现象,也就是墓葬的年代如何断定,目前有以下几种意见:(一)墓葬时代属于南朝末期至初唐。……(二)另一种意见认为是唐墓。……(三)还有一种意见认为,墓室是南朝至初

① 常州市博物馆:《常州市南郊戚家村画像砖墓》,《文物》1979年第3期。
② 常州市博物馆、武进县博物馆:《江苏常州南郊画像、花纹砖墓》,《考古》1994年第12期。
③ 杭州市文物考古研究所、余杭博物馆:《余杭小横山东晋南朝墓》,文物出版社,2013年。
④ 杭州市文物考古所:《浙江省余杭南朝画像砖墓清理简报》,《东南文化》1992年第3、4期合刊。
⑤ 福建省博物馆:《福建闽侯南屿南朝墓》,《考古》1980年第1期。
⑥ 南京市博物馆、六合县文物保管所:《江苏六合南朝画像砖墓》,《文物》1998年第5期。
⑦ 扬州博物馆:《江苏邗江发现两座南朝画像砖墓》,《考古》1984年第3期。
⑧ 扬州市文物考古研究所:《扬州张巷南朝画像砖墓考古工作汇报》,2015年11月,未正式发表资料。这座墓葬的形制与南京油坊桥南朝画像砖墓相似,都是墓壁带砖柱的长方形墓,后壁还砌出塔形砖柱,在整个墓室形态上更与河南邓县学庄画像砖墓相似。墓门用石头砌成,半圆形门楣上浮雕出人字形叉手,又是南京地区南朝大型墓葬的特点。墓中出土了石俑、石镇墓兽(汇报材料中误为石猪)、石马(汇报材料中误为镇墓兽)、扇形覆额陶俑等南朝晚期特征鲜明的遗物。画像砖内容相当丰富,有鞍马、牛车、笼冠男性人物、戴宽大插花发饰的女性人物、树下相对合什的人物、兽面、瓶花、莲花等,汉水中游、建康地区和本地特色均有。笼冠男性人物、戴宽大插花发饰的女性人物的存在可能说明墓主的身份很高,这类女性人物形象不见于梁代墓葬,暗示此墓年代进入南朝陈代。比较有意思的是,这种发饰与司马金龙墓屏风漆画上的女性人物发饰相当接近,向上则可与东晋时期的十字形发髻女俑相接。
⑨ 淮南市博物馆:《安徽淮南发现南朝墓》,《考古》1994年第3期。

唐时代的,瓷器是中、晚唐的。由于某种原因的巧合,使这批中晚唐的瓷器移入南朝末的墓中。"这个情况使简报撰写人有点不知所从,"从上面的不同意见来看,应该认为都有一定的理由"。在发掘和判断水平都有所进步的今天看来,这座墓葬是南朝末至唐初的,其中的中晚唐瓷器是盗扰进去的,这在简报文字中已有交代,"墓葬的封土中未见混杂其他遗物。墓室顶部早已坍塌,墓底仅有很薄的一层淤土,在棺台四周的淤土中发现很多瓷器碎片。这说明此墓埋葬后不久就被破坏以至坍塌"。发掘者可能由于发掘经验方面的限制,没有准确认出盗洞并对盗洞中的瓷器与未经盗扰部分的遗物区别对待,但对墓葬遭到盗扰的判断是可靠的,当年的南方地市一级文博单位有这样的认识已属难能可贵。不过,发掘者对于墓葬的复杂性还是估计不足,"墓中封门墙完整,没有拆动痕迹。除瓷器外也未见后代的遗物,这就排除了二次葬的可能性"。不是没有二次葬的可能性,恰恰是二次葬的可能性导致了这座墓葬随葬品兼具南朝末期到唐初的特点。就目前讨论的话题来说,这座墓葬的主要贡献就在于随葬品具有南朝末期至唐初的特点,而这只有二次葬才能形成。南方地区虽然不如北方地区社会变化剧烈,但南方地区已经发掘的墓葬材料同样表明,南朝末与唐朝早期文化面貌差别也甚为明显,隋炀帝夫妇墓随葬品对此有较充分反映[①]。戚家村墓随葬品既然有唐初特点,这应该是后死者的陪葬品,具有南朝末期特点的随葬品当是先死者的陪葬物。先死者埋藏的年代再早,由于跨越陈隋近七十年间隔,也难以进入梁代,而只能属于陈代。因此,常州戚家村这座墓葬可以作为比较典型的南朝陈墓来看待,特别是其墓葬形制,这是在先死者埋藏时就必须修好的,因此其中的画像砖也应是南朝陈的(图3-4-9)。并且,这些画像砖可以成为我们估量其他墓葬是否与南朝陈相关的重要参考。

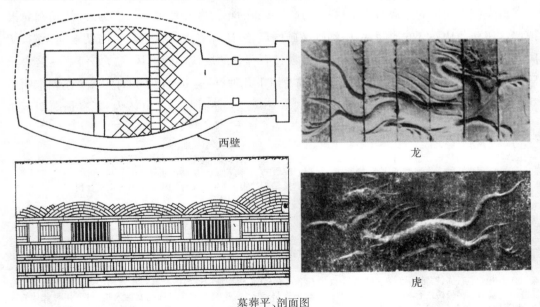

西壁

龙

墓葬平、剖面图

虎

①　南京博物院、扬州市文物考古研究所、苏州市考古研究所:《江苏扬州市曹庄隋炀帝墓》,《考古》2014年第7期。并见扬州市博物馆2014年4-9月"流星王朝的余晖"展览。

侍女　　　　　　　　侍女　　　　　　　凰

凤

飞仙　　　　　　　　　　托举怪兽

万岁　　　　　　　　　　　狮子

图 3-4-9　常州戚家村墓形制和画像砖

　　根据戚家村墓葬,我们首先可以推定常州田舍村墓属于南朝陈时期。田舍村与戚家村墓距离不远,二墓形制也非常相似,都是所谓的"卧瓶"形,即平面近椭圆形,这是南朝晚期流行的样式,在梁代墓葬中未见到壁面如此弧曲者。两座墓葬中的狮子、凤、飞仙虽有单块砖和拼嵌而成的不同,但形态非常相似。两墓画像砖上的侍女形象都有双丫髻,髻端呈圆包状,是一种年轻而身份很低的女子形象(图3-4-10)。

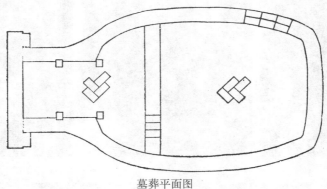

墓葬平面图

牛车出行

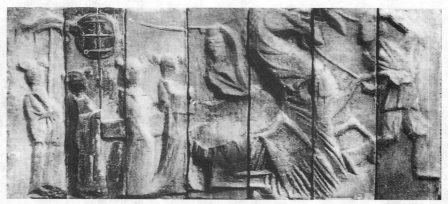

骑马出行

仙人骑鹿　　　　　　　　　　　　狮子

凤　　　　　　　　　　　　　　飞仙

飞仙

图 3 - 4 - 10　常州田舍村墓形制和画像砖

　　接着我们可以讨论余杭小横山南朝墓群。这个墓群规模很大,有 20 座墓出土画像砖或花纹砖。画像砖内容出乎人们意料,其中部分墓葬有与南京和丹阳南朝竹林七贤壁画墓中类似的大龙、大虎;墓葬的地点也出乎人们的意料,为何余杭出现大群画像砖或花纹砖墓至今仍然无法解释。这里拟集中讨论的是这批墓葬的年代问题。常州戚家村南朝墓的顶部砌法很特别,即"弧形墓壁顶部用素面砖平砌成三个完整的小拱和两个半拱桥",这是一种非常特殊的砌法,但在小横山墓群中有若干例,如 M13、M14、M24、M79、M88、M112,这些墓葬的平面基本也都是近椭圆形(图 3 - 4 - 11)。还有一些近椭圆形平面的墓葬,顶部未能保留下来,但出土物相似。常州与余杭相距不远,同样平面、同样砌法,而且是非常特殊的砌法,这样的墓葬必然大致同时。上文已经认定了常州戚家村墓葬建造于南朝末期的可能性,并进一步认为当属于南朝陈。小横山南朝墓群的特殊砌法墓葬中,M79 的盘口壶仍然瘦高,但腹部近椭圆形,即器物最大腹径接近中部。这种形态的盘口壶通常认为是隋代甚至唐早期的特点,典型器如浙江嵊县城关镇岭角岭隋大业二年(606年)墓出土青瓷盘口壶①,以及被推定为南朝晚期但很可能已经进入隋代的南京理工大学墓②(图 3 - 4 - 12)。这再次说明将盘口壶最大径在肩部的 M88、M112 等墓葬年代推定为与常州戚家村墓同时是可以接受的。

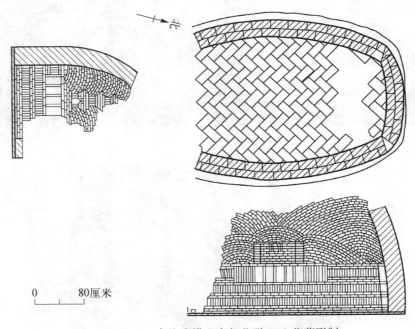

0　　　80厘米

图 3 - 4 - 11　余杭小横山南朝墓群 M13 墓葬形制

　　① 浙江省博物馆:《浙江纪年瓷》,图版 158,文物出版社,2000 年。
　　② 南京市博物馆:《南京理工大学南朝墓发掘简报》,载南京市博物馆编《南京考古资料汇编(叁)》,凤凰出版社,2013 年。

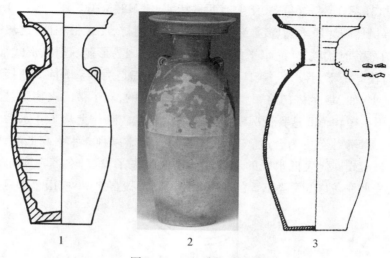

图 3 - 4 - 12 青瓷盘口壶
1. 小横山南朝墓群 M79 出土　2. 嵊县城关镇岭角岭隋大业二年墓出土
3. 南京理工大学墓出土

　　小横山 M88、M112 等墓葬如果出土画像砖的话,事情就要变得简单得多。遗憾的是,小横山 M88、M112 这类墓葬中都没有出土画像砖,我们只能通过出土器物来考虑这类墓葬与出土画像砖墓葬的关系。考察结果显示,这两类墓葬中出土器物的相似度非常高,出土画像砖墓葬中基本都出土有瘦高型的盘口壶,诸如小横山 M1、M2、M3 等皆是如此。是否出土画像砖,看来主要不是时间差距,而是墓葬的规模决定的,出土画像砖墓葬普遍较大,而特殊砌法墓葬规模普遍较小。这么说,不是认为两类墓葬的年代一定同时,只是认为两类墓葬之间存在共时的可能性。又由于某种器物都有一定的流行时段,即使非常相似的事物,存在的时间也可能存在一定差距。那么,小横山墓群的画像砖墓是否可能与特殊砌法的 M88、M112 等相差一个南朝陈的跨度呢? 不太可能。虽然小横山 M88、M112 等没有出土画像砖,但上文已反复论证小横山 M88、M112 等与常州戚家村墓可视为同时,那么,常州戚家村墓画像砖就可以作为与小横山类似墓葬的对比材料。我们发现,两类墓葬画像砖中有不少相似成分,如狮子、凤、飞仙、女性人物等,特别是女性人物,也都有那种鬟端呈圆包状的双丫鬟,小横山墓群中可以 M8、M18、M52、M113 为例。小横山墓画像砖上这些人物形象多由线条构成,造型比例不够准确,艺术水平远不如常州戚家村墓,通常情况下,这意味着小横山这些墓葬的年代要相对晚于戚家村墓。

　　小横山南朝墓群发掘报告对墓地进行了分期,所依据的主要是瓷器,这个分期结果与从画像角度进行的分期不一样。从画像进行分期的可靠性自然要大于从瓷器进行分期,这是因为画像所显示的相似或差异更直观明显,比从瓷器角度的主观性要低。从画像角度,我们可以将小横山墓葬分为三组:一组工艺水平略高,人物和动物造型相对准确,都用线条表示,如 M1、M2、M7、M9、M93、M103、M109、M119(图 3 - 4 - 13);一组工艺水平低,表现在人物和动物造型不准,部分人物或动物用浅浮雕表现,如 M10、M12、M18、M27、

M52、M65、M113(图 3 - 4 - 14);一组兼有两种特征,如 M8、M100(图 3 - 4 - 15)。小横山这批画像砖墓虽然破坏严重,但多数墓葬的画像砖的题材、形式很相似,这从逻辑上支持工艺水平高的墓葬时代较早,而水平低的较晚。当然,因为形制、题材、形式都很相似,这些画像砖墓时代差距不会很大。兼具两种特征的墓葬正是两类墓葬前后衔接甚至交叉式前后相继的证据,如 M8 的守门将军属于工艺水平较高的,双丫髻的人物则是工艺水平低的,通常高低不相掺和,M8 这种情况解释为小横山画像砖整体上从工艺水平较高转为较低,而不是两类墓葬并存更为合适。其实,不少墓葬是难以判断水平高低的,因为保留下来的只是一部分,或许代表低水平的那一部分已经缺失了,这种墓葬在实际上存在的越多,则表明工艺水平高与低两类墓葬的时间差距越小。概言之,小横山墓葬延续了一个时

1

2

图 3 - 4 - 13　小横山南朝墓群第一组画像
1. M1 龙、虎、羽人残迹　2. M103 飞仙与千秋

图 3 - 4 - 14　小横山南朝墓群第二组画像
1. M12 仪卫与侍女　2. M10 将军头部与飞仙

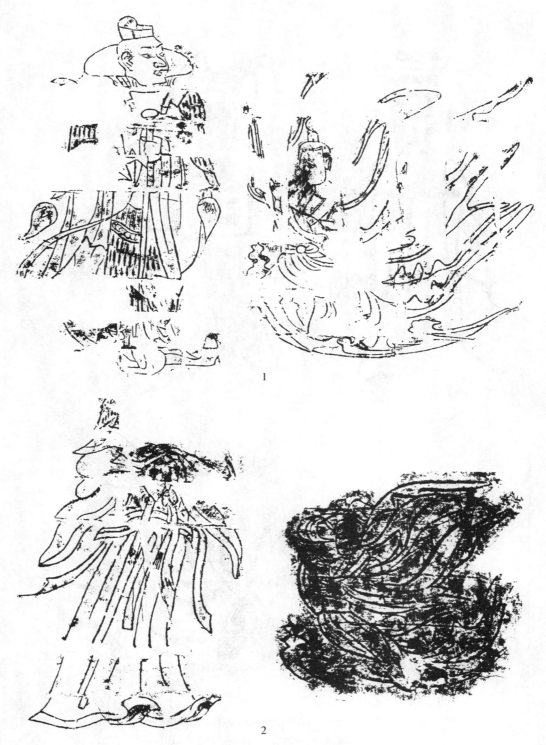

图 3 - 4 - 15　小横山南朝墓群第三组画像
1. M8 将军与飞仙　2. M100 将军与飞仙

间段,并且呈现出前后的差异,但这个时间段不会很长,前后段之间的题材相似度很高,不允许有很长的时间跨度。具体到历史年代上,由于小横山墓群中工艺水平较低的画像砖墓的年代与常州戚家村墓同时甚至略晚,那么,小横山墓群中工艺水平较高的画像砖墓的时代大概也难以早于南朝陈。

　　小横山南朝墓群发掘报告认定画像砖墓出现的时间"大致是东晋晚期至南朝早期",所举墓例包括无画像砖墓在内的 M7、M18、M23、M37、M40、M54、M90、M93、M103、M108、M118、M119,并说"有的(墓葬)封门或墓壁上镶嵌有小幅画像砖,但墓室壁面一般很少装饰画像砖"①,但报告所列举的 M103、M119 中画像砖颇为不少,况且还有不少墓室保存很差,不好推测原来画像砖的保存情况。发掘报告所认定的下一期墓葬包括无画像砖墓在内的主要有 M1、M2、M3、M6、M8、M9、M10、M27、M65、M100、M107、M109,所定时间为南朝中晚期,从文字表述看,相当于齐梁时期。发掘报告的这个时代判断如果放在现有南朝画像砖资料的背景下来看,存在一些难以解释之处。其一,南朝画像砖墓目前发现时代最早的仍然是丹阳南齐帝陵,虽然南京宫山竹林七贤壁画墓的年代可能更早,但小横山画像砖墓要像宫山墓一样早是不太可能的。小横山南朝画像砖墓与南京、丹阳竹林七贤壁画墓的相似性有目共睹,但其规模、工艺水平均远不及南京和丹阳。而且,建康是当时的首都,余杭连郡治都不是,那么,小横山只能是南京和丹阳画像砖墓传播的结果,时间上自然要晚。晚到什么时候,这是需要讨论的另一个问题。其二,小横山南朝画像砖墓为齐梁时期的可能性也微乎其微。单就小横山南朝画像砖与南京、丹阳画像砖的相似性来说,齐梁确可考虑。但是,梁代墓葬发现甚多,不乏萧融、萧象这样的宗王,也不乏怀疑为萧子恪的侍中、中书令、吴郡太守这样的大官,但我们只在昭明太子墓中发现了竹林七贤壁画,这说明大幅拼砌的画像砖墓在梁代还很可能是皇帝、太子的特享,这与南齐是一样的。在这种情况下,小横山所在的余杭地区如何能够得到画像砖的粉本,并大张旗鼓地制造与埋藏? 其三,更为重要的是,发掘报告的认知与画像砖在南朝后期的整体时空变化状况不合。我们在上文已经考辨出南京地区画像砖墓的兴起是在南朝陈,小横山南朝墓画像砖的很多因素固然与南京、丹阳相似,也有一些当地发明的因素如莲花化生,但很多因素明显与汉水中游地区有关,如千秋、万岁、宝珠莲花、宝瓶莲花以及题名为"直阁将军"的武士形象,这些内容在南朝陈之前只见于汉水中游地区,在南京地区相当于南朝陈的铁心镇王家洼南朝墓画像砖上还保持着比较纯粹的汉水中游特色②(参见图 3-4-7),在小横山南朝墓群中已经发生显著的蜕变,工艺水平大不如南京和汉水中游地区了,这只能让人推导出汉水中游传播到南京地区、南京地区再传播到余杭一带的线路,这既是交通线路,也是时间线路,这决定了小横山南朝画像砖墓出现的时间早不过在南京地区的普遍出现,即早不过南朝陈。

　　以上数点,再加上小横山南朝墓群规模大,画像砖形式雷同,并暗示了存续时间短暂,

①　杭州市文物考古研究所、余杭博物馆:《余杭小横山东晋南朝墓》,第 329、330 页,文物出版社,2013 年。
②　林树中、马鸿增:《六朝艺术》,第 50、51 页,文物出版社,1981 年。

都说明小横山南朝墓群是在某种情况下突然勃兴的。由于在常州发现了既与小横山有相似之处，又有明显不同，但水平更高的画像砖；还在长江以北的扬州、六合、淮南等地发现了与小横山既有联系又有区别的画像砖，而且这些画像砖也都能建立与南京和汉水中游的关系，我们因此推测这些大约同时产生、具有相近面貌的画像砖墓的出现拥有共同的历史背景，那就是梁陈易代，造成汉水中游的画像砖技术人口因失去故土而迁徙到建康为主的地区①。还有一个背景是画像砖已不再是皇家的特享，这从可信为陈宣帝的南京罐子山大墓只在墓道中发现拼嵌狮子而不见竹林七贤壁画可以窥知。最后一点也是小横山南朝墓能够出现大龙大虎的背景，也是其时代难以早于南朝陈的背景所在。

三、陈代画像砖墓流行的背景

文献资料中，没有关于陈代画像砖流行背景的直接记载，但综合有关文献可知，梁末侯景之乱、梁宗王连兵长江中游、萧绎在江陵称帝、西魏监立萧詧后梁政权、陈霸先在建康建立南朝陈政权等一连串事件，不仅造成长江中下游人口的向外播迁②，还造成长江中下游之间人口，特别是士人的频繁往来。西魏灭梁元帝政权，竭尽荼毒之事，史有明载，江陵一带人士必然大量逃亡，最终造成江陵、襄阳为中心地区的全面衰落，汉水中游画像砖因此传播到长江下游地区。

文献中江陵一带人士向外逃亡多见于个人传记，实际上肯定有大量人口的外逃而不为史书所载，这既可由个人传记而推知，也可从其他材料推知，如梁末北齐趁机侵占梁土，遭到了南朝方面的反击，"齐主使告王僧辩、陈霸先曰：'请释广陵之围，必归广陵、历阳两城。'霸先引兵还京口，江北之民从霸先济江者万余口"③。不愿意生活在敌国统治区是古今人之常情。当时人口流动多宗族形式，如"宜丰侯（萧）循之降魏也，丞相泰许其南还，久而未遣，……乃谓循曰：'王欲之荆，为之益？'循请还江陵，泰厚礼遣之。循以文武千家自随，湘东王疑之，遣使觇察，相望于道；始至之夕，命劫窃其财，及旦，循启输马仗，王乃安之，引入，对泣，以循为侍中、骠骑将军、开府仪同三司"④。西魏放还萧循的人马至少千家，那么从江陵逃离的人士就更不计其数了。

因为湘东王萧绎在江陵主持讨伐侯景事宜，从建康投奔江陵的人物很多，如陈霸先之子衡阳献王昌、陈宣帝陈顼、王通、王劢、沈众、孔奂、沈君理、徐陵、樊毅、殷不害、颜晃等人。萧绎败亡后，这些人多辗转回到建康。如徐陵、徐俭父子，"侯景乱，（徐）陵使魏未

① 南峤南朝墓画像砖上有僧人形象，福建地区的青瓷灯、多管插座、博山炉等多被认为与佛教相关。文献记载也表明南朝时期僧人在福建一带的活动颇具影响，如"沙门慧摽涉猎有才思，及宝应起兵，作五言诗以送之，曰：'送马犹临水，离旗稍引风。好看今夜月，当入紫微宫。'宝应得之甚悦"（《陈书》卷十九《虞寄传》，第 262 页，中华书局，1972 年）。
② 《陈书》卷三十《傅縡传》："梁太清末，携母南奔避难，俄丁母忧，在兵乱之中，居丧尽礼，哀毁骨立，士友以此称之。"（《陈书》卷三十《傅縡传》，第 400 页，中华书局，1972 年。）《陈书》卷三十二《谢贞传》："太清之乱，亲属散亡，贞于江陵陷没，（贞族兄）暠逃难番禺，贞母出家于宣明寺。"（《陈书》卷三十二《谢贞传》，第 427 页，中华书局，1972 年。）
③ 《资治通鉴》卷第一百六十四《梁纪二十》"世祖孝元皇帝承圣元年"，第 5092 页，中华书局，1956 年。
④ 《资治通鉴》卷第一百六十四《梁纪二十》"世祖孝元皇帝承圣元年"，第 5092 页，中华书局，1956 年。

反,(徐)俭时年二十一,携老幼避于江陵,梁元帝闻其名,召为尚书金部郎中。……江陵陷,复还于京师"①。又如袁敬从建康投江陵、江陵陷魏后又流寓岭南、岭南归陈后又返回建康,《陈书·袁敬传》:"袁敬,字子恭,陈郡阳夏人也。……释褐秘书郎,累迁太子舍人、洗马、中舍人。江陵沦覆,流寓岭表。高祖受禅,敬在广州,依欧阳頠。及頠卒,其子纥据州,将有异志,敬累谏纥,为陈逆顺之理,言甚切至,纥终不从。高宗即位,遣章昭达率众讨纥,纥将败之时,恨不纳敬言。朝廷义之,其年征为太子中庶子、通直散骑常侍。俄转司徒左长史。"②又如王通,"侯景之乱,奔于江陵,元帝以为散骑常侍,迁守太常卿。自侯景乱后,台内宫室,并皆焚烬,以通兼起部尚书,归于京师,专掌缮造"③。

沈君理父子事迹颇能说明江陵与建康之间丧葬文化上可能存在互动,《陈书·沈君理传》:"沈君理,字仲伦,吴兴人也。……父巡,素与高祖相善,梁太清中为东阳太守。侯景平后,元帝征为少府卿。荆州陷,萧詧署金紫光禄大夫。……天康元年,以父忧去职。君理因自请往荆州迎丧枢,朝议以在位重臣,难令出境,乃遣令长兄君严往焉。及还,将葬,诏赠巡侍中、领军将军,谥曰敬子。"④沈君理之父沈巡在江陵迁延十余年,直至老死,这十余年间,沈氏家族在建康与江陵之间的联系必不得少,最终丧葬文化上的影响恐在所难免。

殷不害家族的事迹比沈君理父子事迹更为曲折,《陈书·殷不害传》:"梁元帝立,以不害为中书郎,兼廷尉卿,因将家属西上。江陵之陷也,不害先于别所督战,失母所在。于时甚寒,冰雪交下,老弱冻死者填满沟堑。不害行哭道路,远近寻求,无所不至,遇见死人沟水中,即投身而下,扶捧阅视,举体冻湿,水浆不入口,号泣不辍声,如是者七日,始得母尸。不害凭尸而哭,每举音辄气绝,行路无不为之流涕。即于江陵权殡,与王褒、庾信俱入长安,自是蔬食布衣,枯槁骨立,见者莫不哀之。"《陈书·殷不佞传》:"不佞字季卿,不害弟也。少立名节,居父丧以至孝称。……会江陵陷,而母卒,道路隔绝,久不得奔赴,四载之中,昼夜号泣,居处饮食,常为居丧之礼。高祖受禅,起为戎昭将军,除娄令。至是,第四兄不齐始之江陵,迎母丧枢归葬。不佞居处之节,如始闻问,若此者又三年。身自负土,手植松柏,每岁时伏腊,必三日不食。"⑤

还有一些记载也颇能说明人口流动情况和建康的吸引力。如《陈书·淳于量传》:"天嘉五年,征为中抚大将军,常侍、仪同、鼓吹并如故。量所部将帅,多恋本土,并欲逃入山谷,不愿入朝。"⑥淳于量初仕梁元帝,后来保据桂州一带,他的人马由荆州、桂州一带人组成。像淳于量这样率领所部流动的情况在当时很正常。梁末战乱造成的人员流动极其频繁,文化的流动随之必然加快。又如,《陈书·宣帝纪》太建二年(570 年):"秋八月甲

① 《陈书》卷二十三《徐俭传》,第 335 页,中华书局,1972 年。
② 《陈书》卷十七《袁敬传》,第 239 页,中华书局,1972 年。
③ 《陈书》卷十七《王通传》,第 237 页,中华书局,1972 年。
④ 《陈书》卷二十三《沈君理传》,第 299、300 页,中华书局,1972 年。
⑤ 《陈书》卷三十二《殷不害传》《殷不佞传》,第 424、425 页,中华书局,1972 年。
⑥ 《陈书》卷十一《淳于量传》,第 180 页,中华书局,1972 年。

申,诏曰:'怀远以德,抑惟恒典,去戎即华,民之本志。顷年江介襁负相随,崎岖归化,亭候不绝,宜加恤养,答其诚心。维是荒境自技,有在都邑及诸州镇,不问远近,并蠲课役。若克平旧土,反我侵地,皆许还乡,一无拘限。州郡县长明加甄别,良田废村,随便安处。若辄有课订,即以扰民论。'"①再如《陈书·后主纪》祯明元年(587 年)九月:"庚寅,萧琮所署尚书令、太傅安平王萧岩,中军将军、荆州刺史义兴王萧瓛,遣其都官尚书沈君公,诣荆州刺史陈纪请降。辛卯,岩等率文武男女十万余口济江。甲午,大赦天下。"这虽然是陈代末期的事情,但从后梁归顺陈政权的人物必不在少,首选目的地必然是首都建康所在。

梁元帝时发生的迁都争议,更能反映建康精英曾齐聚江陵。《资治通鉴·梁纪二十一》"世祖孝元皇帝承圣二年"载:"庚子,下诏将还建康,领军将军胡僧祐、太府卿黄罗汉、吏部尚书宗懔、御史中丞刘瑴谏曰:'建业王气已尽,与虏正隔一江,若有不虞,悔无及也!且古老相承云:"荆州洲数满百,当出天子。"今枝江生洲,百数已满,陛下龙飞,是其应也。'上令朝臣议之。黄门侍郎周弘正、尚书右仆射王褒曰:'今百姓未见舆驾入建康,谓是列国诸王;愿陛下从四海之望。'时群臣多荆州人,皆曰:'弘正等东人也,志愿东下,恐非良计。'弘正面折之曰:'东人劝东,谓非良计;君等西人欲西,岂成长策?'上笑。又议于后堂,会者五百人,上问之曰:'吾欲还建康,诸卿以为如何?'众莫敢先对。上曰:'劝吾去者左袒。'左袒者过半。武昌太守朱买臣言于上曰:'建康旧都,山陵所在;荆镇边疆,非王者之宅。愿陛下勿疑,以致后悔。臣家在荆州,岂不愿陛下居此,但恐是臣富贵,非陛下富贵耳!'上使术士杜景豪卜之,不吉,对上曰:'未去。'退而言曰:'此兆为鬼贼所留也。'上以建康凋残,江陵全盛,意亦安之,卒从僧祐等议。"②萧绎败亡后,随西魏入关和留寓萧詧后梁政权人士外,原建康精英不用说,其他江陵士人必然多投奔陈霸先建康政权。

四、结　语

南朝陈墓葬的认定是一件来晚了的事情。之所以来得晚,固然与考古资料有一个积累过程有关,但考古材料的解读不能脱离对历史背景的把握也是原因之一。遗憾的是,对历史背景的把握长期遭到忽视,与陈代历史不受重视,甚至受到轻视有直接关系。其中还有一个潜意识在发挥作用,那就是认为文化的发达与否与政治上的兴衰存在关联,这对墓葬文化来说是不能完全成立的。墓葬文化除了其中制度性的因素外,大多数还是民俗性的,自有其发展演化的逻辑和顺序,况且陈代除后主懦弱无为外,其他也都算有为君主,南朝陈的实力和历史地位绝不是想当然的那样不足轻重。

关于南朝陈的实力,还可以多说一二言。为了说明陈之衰弱,学者常引如下文字:"侯景之乱,州郡太半入魏,自巴陵以下至建康,以长江为限,荆州界北尽武宁,西拒硖口,岭南复为萧勃所据,诏令所行,千里而近,民户著籍,不盈三万而已。"③此固然是事实,但建康

① 《陈书》卷五《宣帝纪》,第 78 页,中华书局,1972 年。
② 《资治通鉴》卷一百六十四《梁纪二十》"世祖孝元皇帝承圣元年",第 5094 页,中华书局,1956 年。
③ 《资治通鉴》卷一百六十五《梁纪二十一》"世祖孝元皇帝承圣二年",第 5103 页,中华书局,1956 年。

政权立国的主要经济来源在三吴地区是公认的看法。包括岭南在内的南方山地在陈代的重要性上升到一个新的高度,经过六朝数百年的开发,南朝晚期的南方地区已经发展到一个新的高度,陈霸先主要在南方溪洞蛮主的支持下建立政权就是这些地区经济地位上升的政治标志。萧勃割据岭南不过一时而已,不代表南朝陈的常态。在江西、湖南、福建、广东、广西发现的南朝晚期墓葬数量和质量都高于之前,而且墓葬分布的地点沿着河谷向山里延伸得更远,这既是各地汉化程度加深的标志,也是各地经济发展的结果。因此,长江中上游地区非为陈有的损失并不大,而且这些地区过去就多是自保而已,对建康而言军事上的意义大于经济意义。因此,对于南朝陈的社会经济发展状况的估计无需过于悲观,南朝陈的国力不至于衰落到建造不出灵山、罐子山这样的南朝陵墓,本节重点论述的画像砖墓则更不在话下。

　　具体到墓葬,南朝历史发展到陈时,政治制度、社会结构早已定型,南朝陈统治集团也与宋齐梁一脉相承,因此,包括墓葬制度在内的南朝陈各种规定和措施不可能发生太大的变动,这是南朝陈墓在很多方面与宋齐梁相似的原因所在。当然,江山从萧姓的齐梁转移到陈姓手中,多少发生一些变化也是意料之中的。齐梁政权的权贵阶层因梁亡而遭到严重破坏,甚至某些组织结构也必然遭到冲击,南朝陈建立后的重组也势必不能完全等同于之前,这也会导致陈与齐梁之有所不同。东晋以来的南方大族在侯景之乱中遭受了沉重打击,很多老牌贵族因此没落甚至消亡,伴随南朝陈政权出现的一批新贵,以及在侯景之乱的废墟上靠勤勉而发家的新豪族,他们比旧贵族更有活力,所受到的社会阻力更小,对墓葬文化的要求也更容易得到满足,这大概就是南方的常州、余杭、福州,北方的扬州、六合、淮南多地发现画像砖的原因之一。在这个意义上,梁元帝政权的灭亡导致汉水中游画像砖的外流,只是提供了一个艺术形式。陈代社会经济不坠乃至进一步发展,才是这种艺术形式能够得到保留乃至进步的基础。当然,汉水中游画像砖对高级贵族墓葬乃至帝陵都产生了影响,还是让人颇为惊诧的;促使我们试图对陈代墓葬进行认定,更非始料所及。

第四章　北朝墓葬礼制研究

　　在上编综论部分第二章,着重从宏观上对北朝墓葬礼制进行了勾勒,现在尝试讨论北朝墓葬礼制的一些具体问题。

　　单棺合葬是可与族坟墓相提并论的拓跋鲜卑墓葬现象,但以往没有受到重视。这个墓葬现象是我们认知拓跋鲜卑这一民族和平城时代北魏社会的重要资料。作为第一个在华夏地区建立庞大政权的内亚民族,拓跋鲜卑平民葬俗的特点及其稳固程度不仅忠实体现了北魏社会的实际发展状况,也体现出与中原地区农业社会的重大差异。类似单棺合葬的墓葬文化现象可能还有,需要我们仔细排查。这类墓葬现象的产生、延续和消亡,是北魏历史进程的独特观察点。至今没有在洛阳地区发现单棺合葬的墓例,而且洛阳地区北魏平民墓葬的发现只有朱仓一处。究竟是平民墓地没有充分发现,还是平民及平民墓葬已经退化为很少的一部分因而难以发现,我们还不清楚。北魏洛阳时代与平城时代很大的不同是发现了大量墓主身份明确的墓葬,这些墓葬构成自然的等差序列,在墓葬规模、随葬品种类、陶俑数量、墓志尺寸等方面都有所体现,并且墓室布局具有充分的礼制基础。其中皇族成员和高级异姓人物根据与北魏皇帝关系的远近而以皇陵为中心埋葬,皇陵则彻底放弃了拓跋鲜卑密葬金陵的传统,兴建起布局谨严的陵园。与北魏致力于建立官僚墓葬等级制度相应,获得新生的汉人大族试图以墓葬礼制显示文化上的不同之处,这在考古上有比较充分的发现。以上内容构成北魏洛阳时代墓葬礼制建设的基本内容,而成为本章的第二节。第三节是第二节的延伸,将北朝第一流大族崔氏墓单独提取出来进行讨论,核心问题是其象征性,这一点传统考古类型学是无能为力的,因而我们试图在考古资料和文献记载之间找到一种平衡,给予一种矛盾较少的推测,而不是企图得到唯一正确的结论。第四节是对镇墓神物的专门讨论。镇墓神物横跨汉唐,但最关键的发展阶段在北朝,在北朝时期讨论镇墓神物的来龙去脉和变化机制实乃义不容辞。相关的讨论难免涉及汉代和唐代的考古材料,也只有进行上下贯通式的讨论,才不至于被镇墓神物形态各异的外表所迷惑,不至于在"中国制造"还是"西方传来"之间犹豫徘徊,也才能知晓镇墓神物的文化构成和变化机制既不神秘也不复杂。

第一节　北魏平城时代的单棺合葬

被认定为拓跋鲜卑的墓葬中有一批单棺合葬墓①,即在一副棺木中有两具骨架,通常是男女二人(图4-1-1)。根据骨骼鉴定结果,男女二人多为成年人,彼此当为夫妇关系。从未被盗扰的墓葬看,只有一例可能是捡骨摆放的二次迁葬②,其他骨架都呈自然状态,看不出迁葬迹象,这解释为夫妇二人死亡时间接近,大约同时被纳入同一棺木之中才比较合理。实际生活中,夫妇二人同时正常死亡的情况很少见。古代夫妇合葬墓很多,但单棺合葬很少见,在华夏民族的文献记载中作为非常不仁道的行为被记载,如《礼记·檀弓下》:"陈乾昔寝疾,属其兄弟而命其子尊己,曰:'如我死,则必大为我棺,使吾二婢子(郑注:婢子,妾也)夹我。'陈乾昔死,其子曰:'以殉葬,非礼也,况有同棺乎。'弗果杀。"已经发掘的中国古代合葬墓不计其数,但单棺合葬非常罕见,唯有拓跋鲜卑墓葬中甚多。因此,这是一种值得注意的特殊现象。

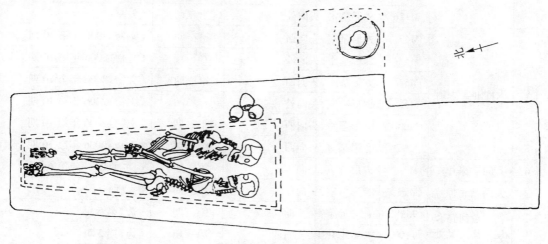

图4-1-1　单棺合葬墓:大同南郊北魏墓M67

一、单棺合葬的考古发现

为便于叙述,现将拓跋鲜卑的单棺合葬墓简单列表如下(表4)。

①　目前尚没有拓跋鲜卑的体质人类学认定标准,现在还是从文化面貌出发判定某些墓葬是否属于拓跋鲜卑墓,这个认识标准可能会将接受拓跋鲜卑葬俗的其他民族或种族也划入拓跋鲜卑。就单棺合葬而言,这是一种具有社会学意义的葬俗,与体质人类学特征的关系其实并不大。本文认为,不论其本来的种属如何,只要接受并使用了包括葬俗在内的拓跋鲜卑的文化,就可以将其视为拓跋鲜卑而不必作强硬区分。又,其他时代的单棺也偶尔有单棺合葬墓,如陕西陇县店子村唐墓M246,其中出土典型的唐代陶俑和陶灯,时代无误。简报说男子骨架有移位现象,当为二次葬,与拓跋鲜卑的单棺合葬有别(见《考古与文物》1999年第4期)。

②　朝阳工程机械厂北魏墓M7,简报云男性仰身直肢,女性系捡骨摆放,但从所附平面图看不出迁葬的样子。见辽宁省文物考古研究所:《辽宁朝阳北朝及唐代墓葬》,《文物》1998年第3期。

表 4　单棺双人合葬情况

序号	合葬方式＼地点	单棺双人			
		墓号	墓葬形制、棺木位置和头向	时代	出　处
1	察右旗三道湾	M123	竖穴土坑墓	第一期	《内》
2	商都县东大井	SDM1	竖穴土坑墓	第一期	《内》
		SDM4	竖穴土坑墓	第一期	《内》
		SDM7	竖穴土坑墓	第一期	《内》
		SDM8	竖穴土坑墓	第一期	《内》
3	右玉善家堡	M5	竖穴土坑墓（应为单棺）	第一期	《文物季刊》1992 年第 4 期
4	大同南郊	M50	梯形墓室，头向外	第二期	《大南》
		M67	梯形墓室，头向外	第二期	《大南》
		M81	梯形墓室，头向外	第二期	《大南》
		M83	梯形墓室，头向外	第三期	《大南》
		M102	梯形墓室，头向外	第三期	《大南》
		M126	梯形墓室，头向外	第三期？	《大南》
5	大同迎宾大道	M47	方形墓室，头向西	第三期？	《文物》2006 年第 10 期
		M53	梯形墓室，头向外	？	《文物》2006 年第 10 期
		M54	方形墓室，头向西	第三期？	《文物》2006 年第 10 期
		M55	梯形墓室，头向外	？	《文物》2006 年第 10 期
		M60	方形墓室，头向西	第三期？	《文物》2006 年第 10 期
		M64	方形墓室，头向西	第三期？	《文物》2006 年第 10 期
6	大同下深井	M1	方形墓室，头向不详	第二期	《文物》2004 年第 6 期
7	大同雁北师院	M7	梯形偏室，头向外	第三期	《大雁》
8	朝阳黄河路和辽河街交叉处	96M2	长方形墓室，头向外	第三期	《边》第 5 辑
		95M5	墓室不规则，头向西	第三期	《边》第 5 辑
9	朝阳工程机械厂	M5	近方形带侧室，合葬棺在侧室中，头向外	第三期	《文物》1998 年第 3 期
		M7	方坑梯形墓室，头向外	第二期？	《文物》1998 年第 3 期
10	伊克昭盟巴图湾水库	M2	方形土洞墓，北壁下，头向西	第二期？	《内文考》1981 年第 2 期
		M12	方形墓室，西壁下，头向南	第三期	《内文考》1981 年第 2 期
		M13	梯形墓，头向外	第二期	《内文考》1981 年第 2 期

说明：

1. 据简报，大同迎宾大道墓群中有 7 座单棺合葬墓，除表中所列 6 座外，另 1 座墓号不详。

2. 据《山西大同七里村北魏墓群发掘简报》（《文物》2006 年第 10 期），发掘墓葬 34 座，其中有 2 座以上的单棺合葬墓。

3. 文献出处为缩写（后表亦同），《内》——《内蒙古地区鲜卑墓葬的发现与研究》，《大南》——《大同南郊北魏墓群》，《大雁》——《大同雁北师院北魏墓群》，《边》——《边疆考古研究》，《内文考》——《内蒙古文物考古》。

上表中,期别的划分系据拙文《大同南郊北魏墓群研究》①而略有变动。第一期为公元2世纪中期至5世纪30年代;第二期始于公元5世纪30年代,延续至60年代前后;第三期为公元5世纪70年代以后至北魏灭亡。平城既作为北魏首都百余年,又是单棺合葬墓发现最多的地区。不过,由第一期墓葬可知,这一葬俗并不是始于平城时代。《大同南郊北魏墓群》已经指出:"内蒙古地区三道湾、东大井等墓地的鲜卑墓也有同棺合葬的。"②(图4-1-2)这些墓葬的年代距平城时代一二百年以上。一般认为时代可能更早一些的,同样也属于拓跋鲜卑的扎赉诺尔31座墓葬中,大概有2座为成年男女单棺合葬墓。因此,单棺合葬墓地域上以平城为中心,可以经由内蒙古中部追溯到内蒙古北部,时代上可以追溯到檀石槐联盟时代之前。单棺合葬是拓跋鲜卑渊源有自且长期保留的一种葬俗,伴随着拓跋鲜

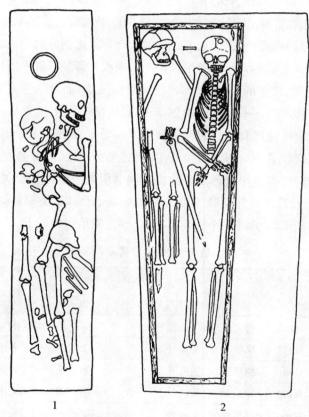

图4-1-2　察右旗三道湾 M123、商都县东大井 SDM8 平面图

1. 察右旗三道湾 M123 平面图　2. 商都县东大井 SDM8 平面图

---

① 拙文《大同南郊北魏墓群研究》,《考古》2011年第6期。其中第一期年代为公元4世纪末到5世纪30年代,本文包括了大同地区之外的早期鲜卑墓葬,所以将上限延长到公元2世纪中期的檀石槐时代。第二期、第三期的年代没有变化。

② 山西大学历史文化学院、山西省考古研究所、大同市博物馆:《大同南郊北魏墓群》,第486页,科学出版社,2006年。

卑的南迁和社会的演化,多人合葬等更原始的葬俗逐渐被淘汰,单棺合葬则被保留下来。由于缺乏纪年墓,单棺合葬墓在平城地区存在的年代下限不得而知。洛阳地区的北魏墓葬都是迁洛以后的,虽然多被盗扰,但没有材料能够证明单棺合葬存在于洛阳地区。比较大的可能性是,单棺合葬这一葬俗可能随着北魏政权的迁洛至少在洛阳地区被终止,这个现象对于理解这一葬俗的性质或许有所帮助。

　　单棺合葬墓在各自墓群中所占比例差异较大。三道湾墓地发掘墓葬 50 座,1 座为单棺合葬,占 2%。商都县东大井发掘墓葬 18 座,除表中所列 SDM1 等 4 墓,SDM9 可能也是一座单棺墓,其中有一男二女 3 个个体,这样,单棺合葬墓的数量应为 5 座,占 28%。大同南郊北魏墓群共 167 座,单棺合葬墓 6 座,约占 3.6%。大同迎宾大道墓群共 75 座,单棺合葬墓 7 座(据简报得知墓号的有 6 座),约占 9.3%。大同雁北师院墓群共 11 座,单棺合葬墓 1 座,不到1%。其中大同南郊北魏墓群是一处基本完全揭露的以平民墓为主的墓群,迎宾大道墓群也应是一处平民墓群,墓地揭露比较充分,但二者单棺合葬墓比例分别是 3.6% 与 9.3%,也许反映了这一葬俗在不同人群间的差异。单棺合葬在大同雁北师院墓群中的比例不到 1%,可能与时代和墓主身份有关,这里的 11 座墓葬都应属于第三期,而且墓主系高级贵族。上述情况也许表明,单棺合葬习俗在平民阶层中更常见、保留的时间更长久些。朝阳黄河路和辽河街交叉处、朝阳工程机械厂和伊克昭盟巴图湾水库分别发现 2、3、3 座单棺合葬墓,但墓地总体情况不清楚,无法作进一步讨论。从以上情况看,单棺合葬墓在不同时代、不同墓群中的比例有较大差别,但这个丧葬现象在当时能够引起一定的社会关注。

　　单棺合葬墓是合葬墓的一种类型,较容易判断的其他合葬墓类型是同穴双棺或多棺墓,为便于比较,现将拓跋鲜卑的双棺(个别为多棺)合葬墓简单列表如下(表 5;图 4-1-3)。

表 5　双棺合葬情况

序号	合葬方式 地点	双棺(个别为三棺)			
		墓号	墓葬形制、棺木位置和头向	时　代	出　　处
1	察右旗三道湾	M110	竖穴土坑墓(有棺)	第一期	《内》
2	大同南郊北魏墓群	M214	梯形墓室,头向外	第三期	《大南》
		M68	梯形偏室,头向外	第三期	《大南》
		M132	梯形偏室,头向外	第三期	《大南》
		M150	梯形偏室,头向外	第三期	《大南》
		M153	梯形偏室,头向外	第三期	《大南》
3	大同迎宾大道	M10	梯形墓室,头向外	第二期	《文物》2006 年第 10 期
4	大同雁北师院	M9	梯形偏室,头向外	第三期	《大雁》
		M1	方形墓室,正壁下,头向西	第三期	《大雁》
		M52	方形墓室,正壁下,头向西	第三期	《大雁》
		M2	方形墓室,正壁下,头向西	第三期	《大雁》

续表

序号	合葬方式 / 地点	双棺（个别为三棺）			
		墓号	墓葬形制、棺木位置和头向	时代	出处
5	大同东郊	元淑墓	方形墓室，西壁下，头向南	第三期（508 年）	《文物》1989 年第 8 期
6	朝阳黄河路和辽河街交叉处	95M2	方形墓室，正壁下，头向西	第二期	《边》第 5 辑
7	朝阳工程机械厂	M9	近方形墓室，正壁下，头向西	第三期	《文物》1998 年第 3 期
8	朝阳西大营子		方形墓室，正壁下，头向西（墓门向西北）	第三期	《辽宁文物》1983 年第 4 期

说明：据简报，迎宾大道墓群双棺合葬墓为 4 座，但简报中没有说明墓号，故无法列入表中。

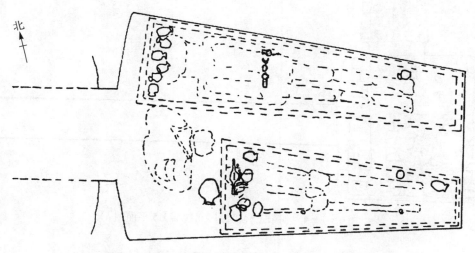

图 4-1-3　双棺合葬墓：大同南郊北魏墓 M214

　　在总体上看，平城北魏时代单棺合葬墓的数量应该不少于甚至高于双棺合葬墓的数量，但具体情况则有所差别。大同南郊北魏墓群的双棺合葬墓为 5 座，比单棺合葬墓少 1 座。迎宾大道墓群双棺合葬墓为 4 座，比单棺合葬墓少 3 座。雁北师院墓群双棺合葬墓为 4 座，比单棺合葬墓多 3 座，而且两类合葬墓都属于第三期，益发可见单棺合葬墓在较晚阶段较高等级墓葬中不占重要地位。

　　值得注意的是，朝阳地区在北魏灭北燕后受到严重摧残，经过相当长一段时间后才有所恢复，朝阳黄河路和辽河街交叉处、朝阳工程机械厂发现的四座墓葬的葬式和随葬品都具有明确的平城地区特征，如墓室或为梯形，或为带耳室的凸字形，随葬品为大同北魏墓中常见的长颈瓶等物。以朝阳工程机械厂北魏墓 M5 为例，墓葬主室近方形，带梯形侧室。主室西北部有棺床,上有一男性骨架,侧室之中有男女合葬的单棺一具(图4-1-4)。这种带侧室的墓葬在大同七里井墓群发现若干座,其中有的墓葬如 M14,主墓室和耳室中共有 3 具石棺床,墓葬出土人骨性别为一男四女,他们当为同一家族成员①。朝阳地区原是三燕统治中心,这里出现与大同地区面貌相似的北魏墓葬应是平城文化乃至其人口直接输入朝阳地区的结果,这些情况反过来说明单棺合葬墓是北魏平城时代一种重要的葬俗。大同七里井墓群 M14 这类多人合葬的墓葬在平城时代的早期阶段没有出现,它与朝阳工程机械厂北魏墓 M5 的年代都较晚,它们都是家族观念强化之后,为集中埋葬多名家族成员而产生的。单棺合葬墓的墓主并不因葬俗的特殊而被孤立,在地下世界仍与他人被视为同一家族的成员,这是对单棺合葬墓墓主身份的直接说明。

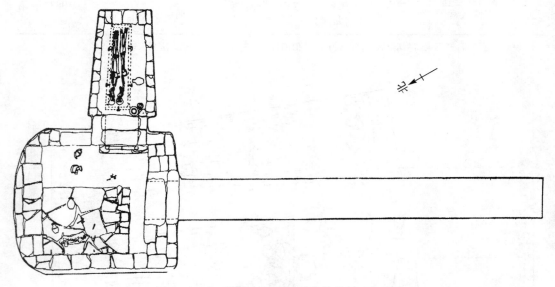

图 4-1-4　朝阳工程机械厂北魏墓 M5 平面图

二、单棺合葬性质的推测

文献中关于合葬的记载不少,但由于文字的模糊性,能够确定为单棺合葬的几付阙如。因此关于单棺合葬的性质只能略作推测。冥婚是一种可能性。文献中早有冥婚的记载,《周礼·地官司徒第二》云:"媒氏掌万民之判。……令男三十而娶,女二十而嫁。……禁迁葬者与嫁殇者。凡男女之阴讼,听之于胜国之社。"所谓"嫁殇"所指应即冥婚。曹操为曹冲操办冥婚是较为有名的事例。《三国志》卷二十《魏书·邓哀王冲传》载:曹冲"年十三,建安十三年疾病,太祖亲为请命。及亡,哀甚。……太祖……为聘甄氏亡女与合葬,赠骑都尉印绶,命宛侯据子琮奉冲后"。可见冥婚的历史久远且经常发生,但无法根据这些文字记载推定当时是否采取了单棺合葬的形式。不过,已经公布的材料中,似乎

---

① 大同市考古研究所:《山西大同七里村北魏墓群发掘简报》,《文物》2006 年第 10 期。

只有大同雁北师院 M7 存在冥婚的可能性,其中两具人骨均为未成年个体,女性 13 - 14 岁,另一具为 6 - 8 岁的儿童,性别不明。如果儿童的性别是男性的话,冥婚的可能性甚大。但更多是不利于冥婚推测的材料,大同南郊北魏墓群 M50 和 M83 墓主年龄无法鉴定,其他几墓情况是:M67 中男性 45 - 50 岁,女性 30 - 35 岁;M81 中男性 55 - 60 岁,女性 30 - 35 岁;M102 中男女年龄均 25 - 30 岁;M126 中男性 56 岁以上,女性 35 - 40 岁。M67 等四墓墓主年龄均超过当时的法定结婚年龄,其中 M81 和 M126 男性年龄高达 55 - 60 岁,这个年龄在当时已经可算高寿,两位男性墓主很可能是正常的老病而死。M67 中的男性年龄为 45 - 50 岁,也可能是正常老病而死。以上墓例都不太可能是因冥婚而形成的单棺合葬墓。

看来,冥婚的可能性是存在的,但发生的概率不高,在更多的情况下,不得不考虑传统的"殉葬"之说。《大同南郊北魏墓群》引用了《魏书》中的有关记载,其中《魏书》卷二十九《叔孙建传》载叔孙建子"俊既卒,太宗命其妻桓氏曰:'夫生既共荣,没(殁)宜同穴,能殉葬者可任意。'桓氏乃缢而死。遂合葬焉"。又,《魏书》卷三十四《王洛儿传》载:"乃鸩其妻周氏,与洛儿合葬。"《大同南郊北魏墓群》分析道:"从史料看,此类死亡就有可能同棺合葬,且多是妇从夫葬。但史书所载的均是有社会身份的人,合葬乃皇帝所赐。……本墓地的合葬墓从其随葬品等来看,多是平民身份的人,合葬的原因还有待于研究。"①《大同南郊北魏墓群》所持的谨慎态度是值得赞许的。不过,平民从来就不是史书记载的主要对象,殉葬也未必只是正史列传人物的专利,而且平民的地位可不那么划一,平民中实行殉葬的可能性同样存在。

大同南郊墓地如前述是一处平民墓地,其中经过年龄鉴定的 4 例墓葬中,3 例男性墓主的年龄比女性要大 20 - 30 岁,这说明女性墓主非正常死亡,从夫而葬的可能性较大。但是,6 例单棺合葬中,"葬式有多种:两人侧身直肢相向(M67、M81);或侧身直肢相背(M126);或一仰身直肢,一侧身屈肢(M50、M83);或一俯身直肢,一侧身直肢(M102)。从其葬式看不出尊卑关系"。② M50、M83 一屈肢、一直肢,可能存在尊卑关系,可惜骨骼腐朽,无法鉴定性别。M102 侧身直肢者系背向直肢者,的确不能确定是否有尊卑关系。大同迎宾大道 7 座单棺合葬墓的死者皆作侧身相拥状。朝阳黄河路和辽河街交叉处 2 例墓葬中的男女墓主均仰身直肢。巴图湾水库 3 座墓葬中骨架情况明确的 M13 也是仰身直肢。朝阳工程机械厂 M5 男女皆作侧身直肢。《大同南郊北魏墓群》还叙述道:"(同棺合葬,即本文所说的单棺合葬)葬式意味着两个人死的时间不会相差太久,几乎是同时死去,……土洞墓的墓道窄而且长,再开启的可能性较小,所以本墓地的同棺合葬和同穴合葬都应该是同时下葬。"③综合这些情况,的确既看不出二次合葬的可能性,也看不出明显

---

① 山西大学历史文化学院、山西省考古研究所、大同市博物馆:《大同南郊北魏墓群》,第 486 页,科学出版社,2006 年。

② 山西大学历史文化学院、山西省考古研究所、大同市博物馆:《大同南郊北魏墓群》,第 485 页,科学出版社,2006 年。

③ 山西大学历史文化学院、山西省考古研究所、大同市博物馆:《大同南郊北魏墓群》,第 486 页,科学出版社,2006 年。

的尊卑关系。但这个现象以人为结束女性的生命为代价,虽不能说女性是男性的殉葬品,但女性充当了夫妇婚姻关系的殉葬品,似乎不能算是完全没有根据的推测。

三、单棺合葬原因的推测

　　既不存在明显的尊卑关系,年轻女性又可能非正常死亡,而且有多例作罕见的侧身相拥状,仿佛后死者心甘情愿地接受死亡①,这种葬俗必然有很强烈的现实原因,这令人不禁想起北魏史上著名的"子贵母死"制。为了子女的未来,只有母亲才愿意付出一切,哪怕是自己的生命。当然,这不是说"子贵母死"一定是这种墓葬现象产生的原因,这里只是作为一种可能性而提出。更不是说已经发现的墓例都属于子贵母死。而且,如果这里的子贵母死的可能性成立的话,也与北魏皇室的子贵母死不一样。这里的子贵母死是夫妇同时死去,北魏皇室则是母亲被单独赐死,北魏皇帝从不以死相从。

　　以往的研究认为"子贵母死"是从道武帝拓跋珪开始,为清除母族干政、解决皇储问题而创立的独特的残酷制度。实际上,不唯拓跋皇族,拓跋鲜卑乃至其他东胡民族的各级社会组织中,母系力量的强大至为普遍,"怒则杀父兄,而终不害其母""其俗从妇人计"②是正常不过的现象。以上所列看不出尊卑关系的墓葬材料便是文献记载的良好注脚。更早的考古材料也反映类似的情况,如察右旗三道湾 M123 为男女仰身直肢葬。商都县东大井 SDM4 和 SDM7 被扰乱,葬式不明。SDM1 为女上男下,都是仰身直肢葬。SDM8 男女并列,都是仰身直肢葬。右玉善家堡 M5 也是男女并列的仰身直肢葬。女性位高,母系权重是鲜卑乃至东胡史上长期存在的现象。拓跋珪所面临的立储问题,在各级社会组织中同样也会存在,只不过所立者为地位较低的家族长、宗族长或部族长,且不为史家所关注而已。拓跋珪既然能通过赐母死亡的方式实现指定继承制,普通的家族、宗族或部族也未必不可能采纳同样的方式实现家族、宗族或部族权力的平稳交替③。前述大同南郊北魏墓地几座单棺合葬墓男性年龄普遍比女性长 20－30 岁,存在着一夫多妻子的可能性,死去女子的儿子有可能不是嫡长子或长子,这个情况有助于"子贵母死"制的推测。

　　在这个意义上,文献中的一些记载似乎可以更容易明白一些。《魏书》卷十三《皇后传》载:"道武宣穆皇后刘氏……后生太宗。……魏故事,后宫产子将为储贰,其母皆赐死。太祖末年,后以旧法薨。"如果将"子贵母死"制的创设归于道武帝拓跋珪,这里的"魏故事""旧法"颇不易理解。如果认为鲜卑民间可能早已存在着"子贵母死"的做法,道武

---

① 实际情况大概如文成元皇后李氏"太安二年,太后令依故事,……临诀,每一称兄弟,辄拊胸恸泣,遂薨"(《魏书》卷十三《皇后传》,第 133 页,中华书局,1974 年)。
② 《三国志》卷三十《魏书·乌桓鲜卑东夷传》注引《魏书》,第 833 页,中华书局,1974 年。
③ 虽然从拓跋珪开始正式确立嫡长子继承制度,但并非一帆风顺,《魏书》卷六《献文帝纪》:"帝雅薄时务,常有遗世之心,欲禅位于叔父京兆王子推……群臣固请,帝乃止。"《魏书》卷十九《景穆十二王传》对此有较详细的叙述:"延兴中,显祖集群僚,欲禅位于京兆王子推。王公卿士,莫敢先言。(任城王)云进曰:'……父子相传,其来久矣,皇魏之兴,未之有革。皇储正统,圣德夙彰。陛下必欲割尘务,临神清旷者,冢副之寄,宜绍宝历,若欲舍储,辄移宸极,恐非先圣之意,骇动人情。又,天下是祖宗之天下,而陛下辄改神器,上乖七庙之灵,下长奸乱之道,此是祸福所由,愿深思慎之。'"(《魏书》卷十九《景穆十二王传》,第 461 页,中华书局,1974 年。)献文帝实际上是被文明太后逼迫退位,后来又被文明太后杀害。为了权力,不仅可以杀死太子之母,而且可以杀死皇帝,北魏文明史上的残酷程度超乎想象。

帝拓跋珪不过吸收历史经验,将其上升为定制,那就好理解多了。上引察右旗三道湾 M123、商都县东大井 SDM1、SDM8、右玉善家堡 M5 或许就可以作为早期"子贵母死"的例证。

如果将单棺合葬视为一久已存在的葬俗,道武帝拓跋珪为适应新历史条件强化了这一葬俗并付出了很大的个人努力和代价。那么,考古发现中的一些现象也将容易理解或变得更加复杂。如迎宾大道墓群中单棺合葬集中于发掘区的中部,它们为 M47、M53 - M55、M60、M64 等 6 座墓葬,属于 M46 - M64 这一群墓葬,这群墓葬当属于同一家族或宗族(图 4 - 1 - 5)。在这群墓葬的东部和西部都有不少家族或宗族墓葬,但没有单棺合葬现象,因此,M46 - M64 这一群墓葬非常突出。由于 M46 - M64 的年代与其他墓葬相比没有显著差异,将 M47 等 6 座墓葬解释为传染病的流行也不合适。一种不能排除的可能性是,这个家族或宗族内部的权力继承问题可能始终没有妥善解决,从而被迫连续采用强迫女性非正常死亡的手段。再如,上文已经指出洛阳地区至今还没有发现单棺合葬的墓例,这可能与已经发掘墓葬的墓主多身份较高有关,大概也与指定继承法在北魏洛阳时代从上到下都已确立,无须再实行"子贵母死"制度有关[1]。再则,大同南郊北魏墓群有 5 例双棺合葬墓,都是梯形墓室,前引《大同南郊北魏墓群》报告研究认为这种同穴合葬都应该是同时下葬,重新开启墓葬的可能性较小。在整个大同南郊墓群的 167 座墓葬中,明确实

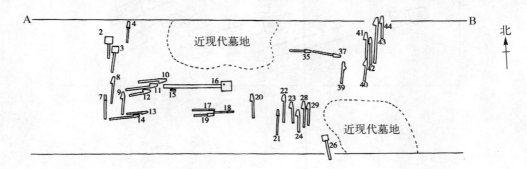

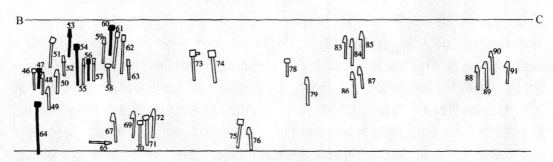

图 4 - 1 - 5　迎宾大道墓群发掘区中部的单棺合葬墓(图中涂黑者)

---

[1]　平城地区在洛阳时代是否还存在单棺合葬因缺乏纪年墓葬材料不得而知,不过,即使存在,也应处于衰微之中。

行合葬的就是这 5 例双棺合葬墓和 6 例单棺合葬墓,鲜卑平民墓葬的基本合葬形式是同茔异穴①,同穴或同棺合葬是大同南郊墓群乃至平城时代明确的、不多见的合葬方式。5 例双棺合葬墓主既然同时下葬,除先死者停丧待葬的可能性之外,也不能排除"子贵母死"的可能性,遗憾的是 5 例双棺合葬墓的骨骼保存不好,无法证明墓葬的性别和年龄。最后,要对单棺合葬墓主在整个家族中的地位,以及这种葬俗所发挥的社会作用加以准确说明,并不那么简单。前已说明 M102 与 M116 最有可能是夫妇同茔异穴合葬,但复杂的是,M102 的单棺之中合葬了年龄都在 25－30 岁的青年男女各一,他们与 M116 中的死者的具体关系究竟如何并无其他证据。更复杂的是,与 M102 和 M116 很可能属于同一家族的 M107 居于两墓之间,在 M107 之前尚有与 M107 随葬品十分相似因而也被认为属于同一家族的 M106,似乎 M106 和 M107 在这个家族中拥有主导地位(图 4－1－6)。

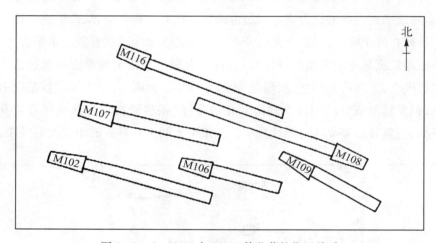

图 4－1－6　M102 与 M116 等墓葬的位置关系

四、小　　结

总之,单棺合葬是北魏平城时代一项奇特而重要的葬俗,背后可能隐藏着北魏平城时代乃至更早时期深邃的历史内涵。不排除个别冥婚,或者夫妇同时亡故的可能性,单棺合葬总体上表现为以人为结束女性的正常生命为代价。这个葬俗的形成原因,传统的殉葬说当然值得重视,但与拓跋鲜卑关系甚深的"子贵母死"制也不可忽视。单棺合葬墓的产生起初可能是为了限制现实生活中女性权力过重,但从这个现象出现的那一刻起,权力的天平已经倾向男性而非女性。这个现象存在的过程,就是男性女性为权力而博弈的过程。这个现象的结束,标志着男性对女性的胜利。单棺合葬中的女性大概多数并不是因为在现实生活中权力太重,而只是因可能在丈夫死后获得权力而被迫死亡。因此,这一墓葬现

①　《大同南郊北魏墓群》报告列举的墓例有 M38 与 M39、M127 与 M124、M135 与 M134、M228 与 M229、M30 与 M33、M84 与 M83,其中遗漏了最有可能是夫妇同茔异穴的 M102 与 M116,因为两墓各出土可拼为一个整体的半截石灯。因此,实际实行夫妻同茔异穴葬的墓例应还有很多。

象本质上表现的是妇女从属于夫权。在多民族共同发展的中国历史上,母系权力让位于父系权力的过程是极为曲折甚至很残酷的,拓跋鲜卑在短短的二三百年内走完华夏民族二三千年才走完的道路,其间的残酷程度更甚,但像拓跋鲜卑这样能保存较多史料,并有若干墓葬材料在一定程度上充当佐证的情况并不多见,于此更可见单棺合葬现象的重要价值①。或许可以说,单棺合葬这一葬俗出现、流行和退出历史舞台的过程折射着拓跋鲜卑的封建化进程,其核心是清除鲜卑旧俗。这一旧俗,可能最早出现于拓跋鲜卑民间,后来被北魏皇室所吸收。又因古史记载的中心是帝王将相,遂将"子贵母死"之制的起源归之于北魏皇室,真正的源头拓跋鲜卑民间则被忽略掩没。实行"子贵母死"之制的目的是建立起指定继承制度,这个制度又与中原汉文化难脱干系,因此,单棺合葬的演化进程一定程度上也是一个汉化的进程。当然,在这里还是需要再次说明的是,"子贵母死"可能导致了单棺合葬墓的出现只是本文的一个推测,而且只是诸种可能性中的一种而已。

第二节　北魏洛阳时代的墓葬礼制建设

孝文帝迁都洛阳之后,全面汉化,加强礼制建设,史云"高祖稽古,率由旧则,斟酌前王,择其令典,朝章国范,焕乎复振"②。部分活动化为历史遗迹和遗物留存至今并为考古所发现,成为反映当时礼制建设的直观材料。其中墓葬材料发现较多,能够较好地说明墓葬礼制建设的状况。从这些墓葬材料看,北魏洛阳时代墓葬礼制建设的主导力量是北魏政权,但是大族的影响也非常大。墓葬礼制建设的总体特征是"稽古",也即一定意义上的"复古",但是"复古"外衣之下掩藏着很多新内容,对于理解北魏洛阳时代的历史进程有一定的帮助③。

一、高等级墓葬的礼制建设

墓葬礼制在古代最高统治阶层那里很受重视,能得到充分的体现,其遗迹和遗物也容易保留至今,所以本节主要依据皇帝和皇族、大臣们的墓葬材料略加叙述。

---

① 为了确立太子的地位,不惜处死其母,只是北魏确立父权的一个方面。另一方面,君权与太子之间的矛盾导致太子被处死的现象在北魏史上也很突出,如拓跋力微时处死沙漠汗,太武帝时处死拓跋晃(《魏书》中说拓跋晃病死,不可信),孝文帝时处死拓跋恂。父权和君权本质上是一体的,在加强父权和君权的过程中采取极端手段也是相通的。现存魏收所撰《魏书》虽已不及崔浩所编国史那样"尽述国事,备而不典",但从《魏书》的形成情况看,还是保留了很多北魏史的原始材料(《魏书》的成书和构成情况,可参见聂溦萌:《所谓正史——汉唐间纪传体官修史的生成》第六章《北魏国史与魏收〈魏书〉》,北京大学历史系博士学位论文,2014 年)。
② 《魏书》卷一百八之一《礼志四之一》,第 2733 页,中华书局,1974 年。
③ 讨论北魏墓葬礼制建设的专文尚不见,但有若干讨论陵寝制度的论文,可以参看。如韩国河:《东汉北魏陵寝制度特征和地位的探讨》,《文物》2011 年第 1 期。燕睿:《北魏陵寝制度的基本特征》,《南都学坛(人文社会科学学报)》第 29 卷第 1 期,2009 年 1 月。金爱秀:《北魏丧葬制度初探》,《河南科技大学学报(社会科学版)》第 22 卷第 4 期,2004 年 12 月。

（一）陪陵制度

墓地布局在一定程度上是现实社会关系的反映。在墓地布局方面能够充分体现墓葬礼制的莫过于帝王及其臣子们的墓葬。皇族和大臣死后陪陵是君权大于族权、国家凝聚力上升到一定阶段的历史现象，在华夏地区出现于战国时期，两汉时期普及起来。北魏实行陪陵制度是经过较长的历史阶段才实现的，是北朝晚期在墓葬礼制建设方面的突出内容。

北魏平城时代帝陵埋葬在盛乐金陵，入葬金陵的除皇帝、皇后之外，只有少数的宗室和功臣，还称不上有严格的陪陵之事。北魏洛阳时代发生了巨大的变化，陪陵成为由孝文帝亲自安排的重大举措。宿白先生在《北魏洛阳城与北邙陵墓》一文中对洛阳北魏帝陵布局有深入的分析，节略如下：洛阳瀍河两岸是北魏墓葬最集中的分布区。孝文帝长陵是这个墓区的中心，其子恪（宣武）景陵位于它的右前方，恪子诩（孝明）定陵在距长陵较远的左前方。距长陵较近左前方的高地埋葬了自拓跋宏七世祖拓跋珪（道武）子孙以迄拓跋宏自己的一支子孙。其布局是以拓跋珪（道武）子孙的墓地为中心，宏六世祖嗣（明元）、四世祖晃（景穆）、二世祖弘（献文）的子孙的墓葬位于右侧；宏五世祖焘（太武）、三世祖濬（文成）子孙和宏子怀一支的墓地位于左侧。这块高地的前沿和坡下一带，除埋葬妃嫔之外，还有傅姆、大监、内司等内职。拓跋珪以上的什翼犍（昭成）、郁律（平文）后裔的墓地，则远离这块墓地，甚至分散到这个大墓区的北部边缘。墓葬的排列方式系不同辈分按前后布置，同辈按长幼一线布置。这个大墓区集中的对象有：不久以前还是一个氏族（皇室元氏）、一个大氏族（九姓帝族）的死者；同属于一个联盟而又类乎兄弟氏族（勋旧八姓）的死者；同一个联盟其他部落的死者（其他内入的余部诸姓）；其他鲜卑诸部的降臣（如慕容诸燕和北燕冯氏）；投魏的中原和南方的降臣（如弘农杨氏、琅邪王氏）（参见图2-2-1）（以上为节略内容）。孝文帝安排自己与宣武帝和孝明帝、安排自己以上七世祖子孙墓地的方法合于中国上古文献记载的庙制中的昭穆制，这种制度无论是在先秦墓葬还是在两汉魏晋墓葬中都没有发现可以确认的例证，孝文帝竟然将之付诸现实，实在是丧葬礼制建设中的旷世之举①。这个安排当然不是一时的心血来潮，孝文帝迁都平城之前，"时诏延四庙之子，下逮玄孙之胄，申宗宴于皇信堂，不以爵秩为列，悉序昭穆为次，用家人之礼"②。洛阳北邙北魏陵墓将现实中的昭穆之序应用到了墓地之中。

用大同附近的北魏墓葬略作对比，就可以看出洛阳北魏陵墓规划之谨严。北魏贵戚大臣的墓葬集中分布在今大同东郊，既有几座至十余座墓葬的小型墓群，如国营粮食原种场墓（6座）、雁北师院墓群（11座）、沙岭北魏墓群（12座），也有数十座的较大墓群如迎宾大道墓群（75座）。这些墓群中既存在家族墓群，大概也存在家族以上组织的墓群。大

①　谢宝富有不同看法，可见氏文《北魏金陵、桑乾、北邙、乾脯山西葬区研究——兼以此求教于宿白先生》，《北京航空航天大学学报（社会科学版）》1998年第2期。谢氏认为孝文帝长陵附近不存"昭穆葬"式的规整次第，所据例证颇为细碎，忽略了帝陵附近无不有总体规划的情况。
②　《魏书》卷十九《景穆十二王任城王传》，第464页，中华书局，1974年。

同南郊分布着以平民墓为主的墓群,其中大同电焊器材厂墓群有 167 座墓葬,分布秩序井然,是由若干鲜卑家族墓和宗族墓组合到一起的大墓群。这样大的墓葬在洛阳地区没有发现。即使眼光放大到秦汉以来,虽然也有很大的墓群如敦煌地区的魏晋墓群,但像大同电焊器材厂墓群这样由很可能具有血缘关系的社会成员埋葬到一起的墓地似未听闻,可见,北魏洛阳时代所发生的变化之巨。

(二) 陵园设置

北魏平城时代,皇帝按照祖宗之法归葬盛乐,但并非没有突破的可能,如冯太后没有追随文成帝而是要求将自己安葬在大同北郊的方山,还在自己的陵前建立了思远灵图。更有甚者,为表达自己的孝思,孝文帝在冯太后永固陵东为自己预营了规模不及永固陵一半的"万年堂"。但是迁都洛阳以后,孝文帝放弃了代北的"万年堂",营建了一个完全汉文化色彩的陵园。

孝文帝长陵陵园平面近方形,东西长 443 米,南北宽 390 米。陵园四周构筑夯土墙垣,墙垣外侧挖有壕沟,墙垣的中间开陵门。陵园内有两座陵寝,孝文帝陵位于中轴线偏北部。文昭皇后陵位于孝文帝陵西北约 106 米处。孝文帝陵封土直径最大处 103 米,高约 21 米;文昭皇后陵封土最大直径只有 42 米,高约 12 米。孝文帝陵墓道向南,为长斜坡式。在封土南部 21 米处,有两个对称的石墩,应为石翁仲座。再向南 46 米处有两个对称的长条形竖穴方坑。墓道、石墩、方坑在一条轴线上,应为原神道位置(参见图 2-2-2)。长陵遗址调查者认为:"长陵陵园遗址给人的直观印象是具有明显的中原地区陵寝制度的特点。例如圆形的封土,方形的陵园平面,四面构筑夯土墙垣,园内建有祭祀建筑。与洛阳邙山地区的东汉帝陵和高级别的东汉大墓相比,二者之间存在着明显的继承关系。"[①]调查者的这个判断是可信的,长陵陵园的确透露出浓重的中原气息。可以作为补充的是文昭皇后陵的迁移过程。《魏书》卷十三《孝文昭皇后高氏传》载:"孝文昭皇后高氏,司徒公肇之妹也。……暴薨于汲郡之共县……世宗践祚,追尊配飨。后先葬城西长陵东南,陵制卑局。因就起山陵,号终宁陵,置邑五百家。肃宗诏曰:'文昭皇太后,德协坤仪,美符文姒,作合高祖,实诞英圣,而夙世沦晖,孤茕弗祔。……'又诏曰:'文昭皇太后尊配高祖,祔庙定号,促令迁奉,自终及始,太后当主,可更上尊号称太皇太后,以同汉晋之典,正姑妇之礼。庙号如旧。'文昭迁灵榇于长陵兆西北六十步。"由此可知,文昭皇后比孝文帝早死,长陵建立后,宣武帝将她的陵墓迁移到长陵西北,并且安排在同一陵园之中,这样"以同汉晋之典"。按照汉晋丧葬礼制,并加上自己的理解以安排北魏洛阳时代的陵墓是孝文帝及其后继者的基本思路[②]。

对陵园进行考古勘测的目前只有长陵一处,但像长陵这样具有完整陵园的墓葬当时应不在少数,因为在若干墓葬前都发现了石刻等遗迹。如在宣武帝景陵墓冢南墓道延长

线约 10 米处西侧发现俯卧于地下的石刻武士像一躯，头残失，颈部以下连座高 2.89 米，身穿广袖袍服，双手平举，拄剑于胸前①。长陵近处的孝庄帝元子攸静陵位于邙山公社上砦大队村南，为一直径约 30、高 15 米的坟丘。在坟丘前约 12 米处，发现一身高约 3.14 米的石人，形象一如景陵墓前的武士像，应为墓前的石翁仲②。

曹操父子提倡的不封不树的薄葬思想在两晋十六国产生了巨大影响，但从北魏洛阳时代开始，中国古代丧葬史又发生了转折，那就是矢志汉化的孝文帝率先对此加以破坏，洛阳的陵墓可谓既封又树，直追两汉。孝文帝是一位积极向经典学习的君主，且精于丧礼，迁都洛阳后大概也有机会看到遗留在北邙山上的东汉高坟大冢，北朝晚期的丧葬制度建设是他首倡的，尽管有一些新创的内容，但他和他同时代的人们所面临的经典和现实条件都决定了丧葬礼制的建设不能完全跳出两汉的藩篱。

（三）墓室形制和布局③

墓室形制和墓室内部的布局也是墓葬礼制建设的重要方面，这里只讨论墓室平面形状、棺木或棺床位置、随葬品的总体位置三个方面。

关于墓室的平面形状，北魏洛阳时代的大中型墓绝大多数为近方形或方形墓室，这在洛阳地区显得特别突出，如宣武帝景陵、元邵墓、元乂墓、元冏墓、染华墓、偃师南蔡庄墓、王温墓、侯掌墓、司马悦墓、元睿墓、偃师杏园 M1101、M926、联体砖厂二号墓、偃师前杜楼北魏石棺墓、朱仓 M11、M4、M51、吕达墓等。身份尊贵者，尤其是北魏诸王及以上者，未见不使用近方形或方形墓室的。已经发现的若干非方形墓室的墓主身份都不那么显赫，如洛阳发掘的河间太守郭定兴墓为梯形④，宁远将军吕仁墓为长方形⑤。因此，墓室形状与

---

① 中国社会科学院考古研究所洛阳汉魏城队、洛阳古墓博物馆：《北魏宣武帝景陵发掘报告》，《考古》1994 年第 9 期。

② 黄明兰：《洛阳北魏景陵位置的确定和静陵位置的推测》，《文物》1978 年第 7 期。在陵墓前设置石刻的做法后来得到延续。在磁县湾漳北朝大墓前发现的遗迹比较完整，"在墓室南偏西约 100 米处有一石刻人像，高 3.28 米（含座 0.43 米），面部已被破坏，其服饰为上衣下裳，双手握仪剑。位置可能有移动。据村中老人介绍，早年在此石刻之东，另有一石刻人像，已埋入土中。经在周围钻探未曾发现。墓南经钻探发现道路，长 270 米，宽约 15 米，应是墓前'神道'。保存的石刻人像即在'神道'西侧约 15 米。在墓室南 270 米处，在'神道'东西两侧各发现一座夯土建筑基址。……这应该是陵园的地面建筑。关于陵园的围墙，经反复钻探未发现遗迹"（中国社会科学院考古研究所、河北省文物研究所：《磁县湾漳北朝壁画墓》，第 13、14 页，科学出版社，2003 年）。咸阳北周尉迟运墓面向南略偏东，前面深约 1 米的地层中，发现了由南向北依次对称分布的石人、石羊和石虎（负安志：《中国北周珍贵文物》，第 93－97 页，陕西人民美术出版社，1993 年）。

③ 墓葬礼制建设在墓葬形制，棺椁位置和头向，随葬品的种类、数量和位置，壁画布局等方面都有体现。墓葬形制中的墓室规模、随葬品的种类和数量以往关注较多。在墓室规模方面，根据考古材料，宿白先生首先依照墓主身份和墓葬尺寸划分了北魏墓葬的类型，其基本认识为："长七米以上、四至五米以上、四至五米以下，是较清楚的划线所在。"此后李梅田等人又根据新出土材料进行了补充，但大体不出宿白先生的归纳。文献中也有关于墓葬规模的记载，如孝文帝太和十四年诏书说到冯太后永固陵："又山陵之节，亦有成命，内则方丈，外裁掩坎，脱于孝子之心有所不尽者，室中可二丈，坟不得过三十余步。今以山陵万世所仰，复广为六十步。"在随葬品的种类和数量方面，宿白先生特别强调外出仪仗俑的墓葬礼制意义，"十六国以后，外出仪仗俑数量的多少，二百件以上、八十件以上、三十件以上件以下和有无鼓吹、骑俑，也具有了区别类型的意义"（《三国—宋元考古（上）：魏晋南北朝考古（试用讲义）》，第 10 页，北京大学考古系，1974 年）。为节约篇幅，本文不再对墓葬规模和随葬品的数量、种类进行分析。墓主的头向和墓室壁画布局也具有礼制含义，但发现不多或情况多不明，故从略。

④ 洛阳市第二文物工作队：《洛阳纱厂西路北魏 HM555 发掘简报》，《文物》2002 年第 9 期。

⑤ 洛阳市文物工作队：《河南洛阳市吉利区两座北魏墓的发掘》，《考古》2011 年第 9 期。

墓室规模一样也应出于北魏朝廷的有关规定,同样是墓葬礼制建设的一个内容。如果与大同地区的北魏墓葬相比,更可以看出洛阳地区墓室以近方形或方形为主是人为规定的结果。根据王倩整理的结果,资料较全的大同地区平城时代晚期大型墓葬有 18 座,皆呈弧壁方形,但这些墓葬中,司马金龙墓、七里村 M1、M14、雁北师院 M52 都是双室或三室墓①,这种类型的墓葬在洛阳地区不再出现。从各种墓葬形制并存,身份相近者陶俑或有或无的情况看,即使到了北魏平城时代的晚期,墓室形状及规模与墓主身份的对应关系应还没有建立。或许可以说,从近方形墓室越来越流行的情况看,平城时代墓葬的汉化程度在日渐加深,但终平城时代很可能还没有上升到规制的高度,这个上升是在北魏洛阳时代实现的。

墓室平面形状之外,墓室内部布局在北魏洛阳时代也显得不那么随意,可能已具备礼制意义。由于随葬品的位置多因墓葬被盗扰而不甚清楚,壁画墓发现的数量也很有限,所以目前只能对棺木或棺床的位置和随葬品的总体位置略作分析。

棺木或棺床在墓室中的位置有几种类型。棺木或棺床位于墓室西半部的北魏墓葬有宣武帝景陵、元邵墓、杨舒墓、侯掌墓、贾思伯墓、元睿墓、偃师杏园 M1101、M926、偃师染华墓、偃师前杜楼北魏石棺墓、元昉墓等。夫妻双棺都明确位于墓室西部的只有元睿墓,但不少墓葬都在墓室的东半部放置了随葬品以及墓志,可知夫妇棺木或棺床原来都应该安排在墓室西半部。棺木或棺床位于墓室北半部的北魏墓葬有司马悦墓、西安任家口墓、沁阳西向墓等。夫妻双棺并列放置在东西两半的北魏墓葬主要有太原辛祥墓、赞皇李弼墓等。棺木或棺床位于墓室中部的北魏墓葬主要有崔鸿墓、偃师南蔡庄北魏墓②等。棺床沿东、西、北三壁而设的北魏墓葬有曲沃侯马秦村墓③等。其中棺木或棺床位于墓室西半部墓葬的数量比其他类型的总和还多。大同地区北魏墓葬中棺木或棺床位于墓室北半部的墓葬数量则比其他类型的总和还多④。棺木位置从以墓室北部为主转变为以西侧为主与北魏从平城迁都到洛阳相应,这个变化应是有意而为之。北方和西方在方位上都属"阴"位,人死之后归于"阴",但就华夏民族而言,西方似更重要。《仪礼·既夕礼·记》:"士处适寝,寝东首于北墉下。"这是为防不测而将士移住于正寝北墙之下。士死后的处理活动集中在西阶之上。《礼记·檀弓》说:"周人殡于西阶之上,则犹宾之也。"《仪礼·既夕礼·记》:"大敛于阼。"郑玄注:"未忍便离主人位也。主人奉尸敛于棺,则西阶上宾

①　王倩:《拓跋文化变迁历程的考古学观察——以大同北魏墓为视点》,第 46 页,北京大学硕士学位论文,2014 年。

②　山东省文物考古研究所:《临淄北朝崔氏墓》,《考古学报》1984 年第 2 期。偃师商城博物馆:《河南偃师南蔡庄北魏墓》,《考古》1991 年第 9 期。

③　杨富斗:《山西曲沃县秦村发现的北魏墓》,《考古》1959 年第 1 期。

④　棺木或棺床位于墓室北半部的大同地区北魏墓葬主要有:雁北师院 M1、M3、M52、M2、M5(即宋绍祖墓),齐家坡墓,七里村 M36、M25,下深井墓,迎宾大道 M54、M51、M64、M78,湖东一号墓也可算是这种类型。这些墓葬多将棺木放在地面或棺床上,多数棺木头向南。棺木或棺床位于墓室西半部的北魏墓葬主要有:尉迟定州墓、司马金龙墓、田村墓,七里村墓群也有但数量不详。还有一些墓葬比较特殊,如大同七里村 M1、M37 在墓室中央设木榻,上有男女骨骼;七里村 M14 在主室的北、西壁,耳室的北壁贴壁设石质棺床;大同文瀛路墓在北、西壁设棺床,北壁棺床上有骨架;云波里墓在墓室中央沿墓道方向放置木棺。

之。"钱玄认为:"按《记》以主宾释之,似不若以阴阳释之为近。大敛于东阶,犹以生人事之。殡于西阶,则以死人事之。如在初死陈尸时,皆南首,以生人事之,及朝祖及葬始北首,以死人事之。"①《论衡·讳篇》说:"夫西方,长老之地,尊者之位也。尊长在西,卑幼在东。"曹魏实行薄葬后,单室墓流行起来,原来在双室或多室墓中置于后室的棺木在单室墓中放在北壁还是西壁下(以墓葬朝南为准)成了个问题,西晋墓葬棺木在北壁和西壁下的都有不少,平城时代在北壁下则占据主流,估计与鲜卑民族来自北方有关。因此,不通过行政手段,棺木或棺床在北壁下为主转变为以在西壁下为主的现象不太可能普遍出现于洛阳时代,何况背后还有一个以汉化为己任的孝文帝。

棺木位置的变化必然引起随葬品位置的变化。棺木或棺床位于墓室西半部,随葬品只能集中摆放在东部,具体情况略有不同,保存较好的染华墓、吕仁墓和侯掌墓三墓具有代表性。染华墓志摆放在甬道接近墓室的地方,随葬品由前至后可分为三组,第一组是镇墓和仪仗类,有镇墓兽、镇墓武士俑和普通武士俑、鞍马牛车;第二组为伎乐俑和日常生活器皿,有执乐器俑、舞蹈俑、碗、盒、灯等;第三组是劳作俑和模型仓厨明器②(图4-2-1)。吕仁墓的墓志放置在墓室东半部前端,墓志旁还有一口部残破的青瓷盘口壶;随葬品分为两列,均朝向墓室前方;靠西即近棺的一列为披裘俑和小冠俑,夹于两侧的牛车、骆驼、驴行列,在这个行列之后附有侍女俑和舞蹈俑;东侧一列为陶动物和模型明器如碓、磨等③(图4-2-2)。侯掌墓志摆放在西侧棺木的前端,随葬品放在墓室东半部,"甬道与墓室交界处放置武士俑、镇墓兽,其后为陶马、驴、骆驼。墓室东南角置陶鸡和陶狗等;中部靠近东壁处陶俑,原应贴壁而置;后部置陶盆、盒、圆案。墓室内其余部分散置陶酒杯、碗、钵

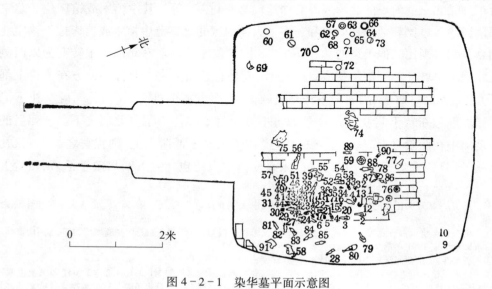

图4-2-1　染华墓平面示意图

①　钱玄:《三礼通论》,第518页,南京师范大学出版社,1996年。
②　偃师商城博物馆:《河南偃师两座北魏墓发掘简报》,《考古》1993年第5期。
③　洛阳市文物工作队:《河南洛阳市吉利区两座北魏墓的发掘》,《考古》2011年第9期。

等日常生活用品"[1]（图4-2-3）。随葬品的总体位置方面，值得注意的有三点：一是墓志始终位于最前端，吕仁墓志旁还有一口部残破的青瓷盘口壶，表明墓志所在位置具有特定的内在含义；一是墓室东部多有集中放置一组生活用品的小区域，似为墓主而设，可能相当于设奠之意，仓厨明器等则放置在墓室的边角部位；一是居于墓室前部的仪仗行列非常隆重。墓室本是藏尸栖神之所，但随葬品中给人造成强烈印象的却是仪仗出行，与同时

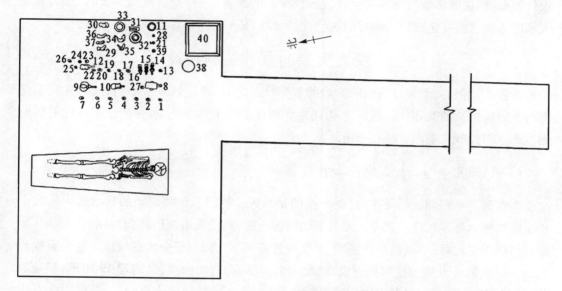

图4-2-2　吕仁墓平面示意图

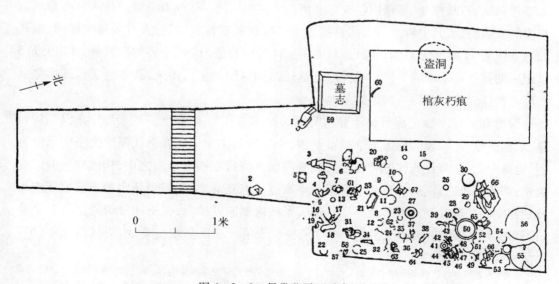

图4-2-3　侯掌墓平面示意图

---

[1]　洛阳市文物工作队：《洛阳孟津晋墓、北魏墓发掘简报》，《文物》1991年第8期。

代以出行题材为主体的石棺床线刻画和同时期可能已存在、稍后特别流行的墓室壁画具有内在的一致性,是这个时代墓葬礼制的特殊之处。所以如此,既与这个时期流行单室墓,仪仗俑等不得不与生活器皿放在一起有关,也与这个时期特别强调以卤簿显示身份和威势,不惜减少墓室的"生活"气息以表现卤簿出行有关。

从墓室形状到墓室内部布局在北魏洛阳时代所发生的新变,孝文帝未必直接参与了设计改造,但这些新变与陪陵制度和陵园设置同时发生,而且充满封建等级制含义,就让人不能不将这些变化归结为同样的政治背景,最后又不能不追踪到孝文帝那里去。

二、汉人大族的墓葬礼制建设

在孝文帝倡导、北魏政府组织实施的墓葬礼制之外,还应该重视的是,汉人大族不仅参与了政府层面的墓葬礼制的制定①,还独立创设了若干墓葬礼制,并产生了深远的历史影响。下面仅就几项内容略作分析。

(一) 圆形墓室、十二辰俑和神怪俑

大族墓葬礼制创设活动中,首屈一指的是崔氏。原籍东清河鄃地的乌水房崔氏在十六国晚期随南燕政权迁移到今山东北部的临淄一带,刘裕灭南燕后转归南朝,公元 469 年慕容白曜平齐地后,举族被迁往平城,孝文帝迁洛后不久回到了今山东故里。这个家族的墓地在今淄博市大武公社窝托村发现,墓地坐南朝北,背山面河,已清理 19 座墓,都是西北向带墓道的石室墓,只有 1 座墓葬平面为方形,其余皆呈圆形或椭圆形,墓壁用条石作人字形斜砌,石灰抹缝,墓顶内收成弯窿顶。墓室中部或一侧砌有低矮的棺床。随葬品有很强的家族特色,其中特别引人注目的是十二辰俑和双首连体俑、人首人身蛇尾俑、跪拜俑等神怪俑②(参见图 2－2－12)。墓地中年代最早的是 512 年下葬的崔猷墓,可知公元 5 世纪中期被迁往平城的平齐户崔氏因北魏迁洛而返回故里后不久,就营建了以圆形墓室和随葬神怪俑为主要特色的家族墓地。

圆形墓室在北魏之前只见于春秋时期的钟离国君墓,跪拜俑只见于海宁东汉画像石墓,双首连体、十二辰的形象见于墓室壁画,十二辰的文字记载在秦代简牍文书中已经见到,但将十二辰、双首连体等神怪形象制成陶俑并安排在圆形墓室之中,构成稳定的组合关系,则为崔氏之首创,并且几乎应用于本家族所有墓葬之中,可以认定为崔氏家族内部特别制定的墓葬礼制。圆形墓葬还从崔氏家族内部向外扩散,据王佳月研究,"这类墓葬(即圆形墓,包括椭圆形和圆角方形者)最早见于清河崔氏乌水房墓地,为延昌元年(512

---

① 汉人大臣常与北魏皇帝特别是孝文帝讨论礼法,丧礼是他们讨论的重要内容,参见《魏书·礼志三、四》。墓葬礼制的创设活动基本都是关东大族所为,关中大族与北族人物基本无与,与关东大族文化上高出一筹,政治上不完全依附北魏政权有关,也与关东大族的故里距洛阳较近有关。东魏北齐时期汉化政策不再作为基本的国策,首都从洛阳迁到邺城,华北大族施展礼制创造力的空间更大了。

② 山东省文物考古研究所:《临淄北朝崔氏墓》,《考古学报》1984 年第 2 期。临淄市博物馆、临淄区文管所:《临淄北朝崔氏墓地第二次清理简报》,《考古》1985 年第 3 期。

年）崔猷墓，此后除乌水房外，又有神龟二年（519 年）高道悦墓、正光六年（525 年）封龙墓、孝昌元年（525 年）贾思伯墓，可见它的兴起应在北魏后期，并很快在青齐定冀的一些大族中得到了认可"①。北齐时期圆形墓从山东、河北南部扩至今河北中部和北部，如平山崔昂墓、北京王府仓齐墓②。隋代在关中左近的潼关也出现了圆形墓，如税村墓。唐朝则扩及辽宁朝阳等地，仅朝阳地区发现的圆形墓就达 100 余座，如左才墓、张狼墓、黄河路唐墓等③。延至宋金时期，几乎成为华北地区略具规模的墓葬的主要形制。

　　十二辰俑和神怪俑也存在从崔氏家族向外扩散的情况，但是不像圆形墓的扩散那样清晰。北朝时期崔氏家族之外的墓葬中还没有发现十二辰俑和神怪俑。但在唐代前期的河北和辽西等地发现了不少出土神怪俑的墓葬，河北地区如南和郭祥墓、南和东贾郭唐墓、文安董满墓、定县南关唐墓④等，朝阳地区这种墓葬发现得更多，除左才墓、张狼墓、黄河路唐墓外，还有韩相墓、中山营子唐墓、朝阳纺织厂王君达墓等⑤。有学者总结说："出土神煞俑（即本文所说之神怪俑）地域的东北端集中在辽宁西部的朝阳市区周围，中间散布于天津、河北南部地区，西南端集中在山西东南部的长治市区周围，呈东北至西南方向分布。"⑥长江中游隋唐墓中出土有十二辰俑和神怪俑，如武汉东湖岳家嘴隋墓、武昌马房山隋墓、湘阴隋大业六年墓以及 20 世纪 50 年代发掘的武昌郊区隋唐墓等⑦。近年在江苏扬州的隋炀帝萧后墓（贞观二十二年，648 年）中也发现了双人首连体俑。似乎河北直至辽宁朝阳的北方地区接受了圆形墓和神怪俑，而没有接受十二辰俑；长江中下游地区接受十二辰俑和神怪俑，而没有接受圆形墓室。看来，在崔氏家族墓群中作为一个组合的圆形墓、十二辰俑和神怪俑在向外流传的过程中，各地是有所选择的⑧。

---

　　①　王佳月：《北朝崔氏墓研究》，第 62 页，北京大学硕士学位论文，2013 年。
　　②　近日有关方面对景县封氏墓群进行了考古钻探，发现北朝时期墓葬约 40 座，其中只有数座是方形，其他都是近圆形。与景县封氏墓群相距约三十里的吴桥境内发现北魏封龙墓，墓室据云近椭圆形，另外还发现若干近圆形墓室的北朝墓葬（参见卢瑞芳、刘汉芹：《河北吴桥北魏封龙墓及相关问题》，《文物春秋》2005 年第 3 期）。据墓志及史书有关记载，景县与吴桥境内的封氏为同宗，因此墓葬形制具有相似性，圆形墓室则是共同的时代特征。
　　③　辽宁省博物馆文物队：《辽宁朝阳唐左才墓》，《文物资料丛刊（6）》，文物出版社，1982 年。辽宁省文物考古研究所、日本奈良文化财研究所：《朝阳隋唐墓葬发现与研究》，科学出版社，2012 年。辽宁省文物考古研究所、朝阳市博物馆：《辽宁朝阳市黄河路唐墓的清理》，《考古》2001 年第 8 期。
　　④　辛明伟、李振奇：《河北南和唐代郭祥墓》，《文物》1993 年第 6 期。李振奇、辛明伟：《河北南和东贾郭唐墓》，《文物》1993 年第 6 期。廊坊市文物管理所、文安县文物管理所：《河北文安麻各庄唐墓》，《文物》1994 年第 1 期。信立祥：《定县南关唐墓发掘简报》，《文物资料丛刊（6）》，文物出版社，1982 年。
　　⑤　前两墓均见辽宁省文物考古研究所、日本奈良文化财研究所：《朝阳隋唐墓葬发现与研究》，科学出版社，2012 年。王君达墓见朝阳市博物馆：《朝阳纺织厂唐墓发掘简报》，《边疆考古研究》第 8 辑，科学出版社，2009 年。
　　⑥　吴炎亮：《试析辽宁朝阳地区隋唐墓葬的文化因素》，《文物》2013 年第 6 期。
　　⑦　武汉市文物管理处：《武汉市东湖岳家嘴隋墓发掘简报》，《考古》1983 年第 9 期。武汉市文物管理处：《湖北武昌马房山隋墓清理简报》，《考古》1994 年第 11 期。熊传薪：《湖南湘阴县隋大业六年墓》，《文物》1981 年第 4 期。20 世纪 50 年代发掘的武昌郊区隋唐墓材料见权奎山：《武昌郊区隋唐墓出土陶俑的分期》，载《庆祝宿白先生九十华诞文集》，科学出版社，2012 年。
　　⑧　有学者认为圆形墓和神煞俑都是从朝阳地区向外流传的，"从时间上看，神煞俑可能是从朝阳地区经河北南部向长治地区传播的，这与前述圆形墓传播的路线相同"（吴炎亮：《试析辽宁朝阳地区隋唐墓葬的文化因素》，《文物》2013 年第 6 期）。此说仅就神煞俑在唐代的流行情况而论，如果考虑神煞俑最初出现在青齐地区，隋唐之际青齐与辽西地区曾因辽东战事发生过紧密的联系，而且现在已经发现一些墓主（如王君达、左才）籍贯为青齐的朝阳墓葬，而且北齐时期北京地区已经出现圆形墓葬（王府仓齐墓），那么，神煞俑和圆形墓传入朝阳地区以及其他地区的路径和时间都有重新考虑的余地。

　　崔氏首创的以圆形墓室、十二辰俑和神怪俑为代表的墓葬礼制能够产生如此大的影响,当与这些礼制因素的内涵有直接的关系,而且那些内涵当为北朝及此后隋唐时期的人们所熟知,但时至今日却成为难解之谜,不少学者集中针对圆形墓室尝试提出了若干不同的意见,主要观点有以下五种:其一,是传统墓葬自然演化的结果①;其二,象征草原上的毡帐②;其三,象征穹庐形的石窟③;其四,象征道教的太一出行④;最新的研究认为与崔氏家族深厚的佛学义理背景有关⑤。笔者撰有《试谈北朝崔氏墓的象征性》一文,认为崔氏首倡的将墓室建成圆形之举有可能是浑天思想的产物。中国最初的宇宙思想为盖天说,认为天圆地方,这里面存在明显的漏洞,天之圆和地之方不能密合,浑天说代替盖天说是必然趋势。《魏书·律历志上》还记载崔氏家族的代表人物崔光至少从延昌四年(515 年)至正光初年(520 年)这段时间内,曾实际主持着北魏政府的天文立法之事。崔氏在北魏政权和汉人大族中都具有广泛影响,圆形墓室又具有"象天地"这一最素朴、合理的内涵,所以才能成为一种墓葬礼制在很多地区被接受⑥。至于说圆形墓与十二辰之间的关系,是后者从属于前者,圆形墓室本身就内含着十二辰,这或许是河北、辽宁、山西等北方地区不出现十二辰俑的原因。当十二辰俑出现时,方形墓室在本质上已与圆形无别而象征着圆形的大地了,因此没有必要一定砌成圆形。

(二) 汉代样式的陶礼器

　　偃师杏园北魏 M1101⑦、山东寿光北魏孝昌元年(525 年)贾思伯墓出土有汉代样式的陶壶⑧,河北赞皇北魏永熙三年(534 年)李弼墓出土有汉代样式的陶壶、陶钫⑨(图 4 - 2 - 4,1 - 4)。如众所知,曹魏时期的陶器面貌基本同东汉晚期。西晋时期产生了一批新样式的陶器,汉代样式陶器还有所见。东晋十六国时期汉代样式陶器不但很少见,而且形态发生较大变化,如安阳固岸十六国墓葬出土的陶壶只有一些汉代的遗意,例如M95、M118 所出土者⑩(图 4 - 2 - 4,5),如果不对汉代陶器比较熟悉并向上追溯,或许会以为是十六国时期的新器类。由于安阳固岸墓地的资料尚未完全公布,所以固岸 M95、M118 属于十六国时期的哪个阶段不明确。西安附近发现一批十六国前秦晚期的墓葬,其中没有发现汉代样式的陶壶。由此推测,大概十六国中晚期北方地区汉代样式的陶壶已

　　① 谢宝富:《北朝墓葬的地下制制研究》,《湖北大学学报(哲学社会科学版)》1997 年第 6 期。李梅田:《论南北朝交接地区的墓葬——以陕南、豫南鄂北、山东地区为中心》,《东南文化》2004 年第 1 期。
　　② 黄河舟:《浅析北朝墓葬形制》,《文博》1985 年第 3 期。
　　③ 倪润安:《试论北朝圆形石质墓的渊源和形成》,《北京大学学报(哲学社会科学版)》2010 年第 3 期。
　　④ 沈睿文:《唐代墓葬神煞考源——中国古代墓葬太一出行系列研究之三》,《唐研究》第十八卷,北京大学出版社,2012 年。
　　⑤ 王佳月:《北朝崔氏墓研究》,第 74 - 77 页,北京大学硕士学位论文,2013 年。
　　⑥ 系为庆祝徐光冀先生八十华诞而撰写的论文。见《庆贺徐光冀先生八十华诞论文集》,科学出版社,2015 年。并见本章第三节。
　　⑦ 中国社会科学院考古研究所河南二队:《河南偃师县杏园村的四座北魏墓》,《考古》1991 年第 9 期。
　　⑧ 寿光县博物馆:《山东寿光北魏贾思伯墓》,《文物》1992 年第 8 期。
　　⑨ 河北省南水北调考古资料,现藏河北省文物保护中心。
　　⑩ 潘伟斌、薛冰:《河南安阳固岸墓地》,载《2006 中国重要考古发现》,第 101 页,文物出版社,2007 年。

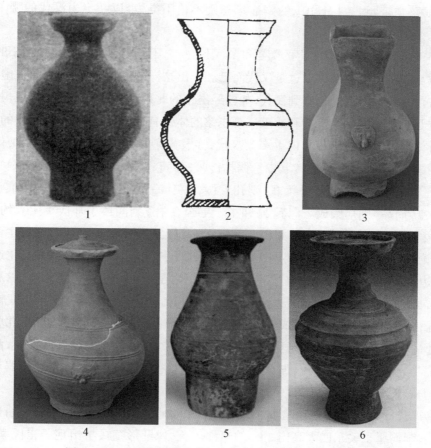

图4-2-4　偃师杏园北魏 M1101 等墓出土汉代样式陶器
1. 偃师杏园北魏 M1101 出土陶壶　2. 贾思伯墓出土陶壶　3. 李弻墓出土陶壶　4. 李弻墓出土陶钫
5. 安阳固岸 M95 出土陶壶　6. 安阳固岸 Ⅱ 区 51 号墓出土陶壶

经基本绝迹了。上述几座北魏墓葬的年代距十六国晚期在百年左右,汉代样式陶器重新出现在墓葬之中,可以视为一种"复古"行为。这种复古的知识来源有两种可能:一是北魏洛阳时代仍有大量的汉代"文物"留存于世,一是汉代墓葬在北魏洛阳时代被发现,如宁夏固原雷祖庙北魏墓葬中随葬有西汉中期之前的铜壶、铜钫①,它们既可能是留传至北魏的汉代古董,也有可能是建墓时碰巧遇到汉代墓葬而以其中的物品随葬,后一种情况在考古上不是一个罕见现象。总之,汉代"文物"在北魏洛阳时代并不稀罕,但仿制汉代"文物"并将它们埋藏在墓葬之中,就是一种有意识的行为了,这种行为所具有的文化内涵要远大于文物的具体形态,这在任何一次复古活动中都是正常的现象。在这里,形态不是第一位的,重要的是通过某些器物表达复古的意绪。只有这样才好理解为什么李弻墓出土的汉代样式陶钫是西汉中期之前流行的器物,贾思伯墓出土陶壶似乎也有西汉陶壶的特

① 固原县文物工作站:《宁夏固原北魏墓清理简报》,《文物》1984 年第 6 期。

点,但李弼墓与杏园北魏 M1101 的陶壶形态则不伦不类,难以断定为汉代的哪个具体阶段了。

　　此外,这几座北魏墓葬出土的陶器都具汉代特点,不能不让人怀疑北魏洛阳时代人们这一次对复古的想象的极致不过是汉代而已。作出这样的推测,不完全是向壁虚构,北魏时人的古代知识一般只能追溯到汉代,如已经出土的北魏墓志铭数量颇为可观,其中所引用的典故几乎都是汉代的人物和故事。墓志铭的体例有一定限制,但流传至今的史书、文学作品所体现的时人的历史知识也多为汉代,涉及先秦时期的不多,因此,以汉代文物体现复古情趣应有其不得不然。《北史·儒林传·序》言:"大抵南北所为章句,好尚互有不同。江左,《周易》则王辅嗣,《尚书》则孔安国,《左传》则杜元凯。河洛,《左传》则服子慎,《尚书》《周易》则郑康成。《诗》则并主于毛公,《礼》则同遵于郑氏。南人约简,得其英华;北学深芜,穷其枝叶。"①这是说北朝继承东汉经学传统,多用汉人的旧注。唐长孺先生在《论南朝文学的北传》一文中说:"北方经历了长期战祸,社会经济和文化遭到严重破坏,北边民族相继进入中原,魏晋兴起的各项变化在一个时期内不能延续,以后经历了一个相当长的时期才重新和魏晋以来发展的道路相衔接。文学的衔接实际上是南朝文学北传过程,始于北魏太和间而完成于唐代。"②此处所论虽为文学,但以之况于北朝整体文化的变迁过程也无不可。北方地区魏晋之后的政权体系虽为北方民族所把持,两汉文化却始终是北方社会强劲的潜流,那么汉代名物受到重视,以汉代样式陶器为礼器可谓顺理成章。

　　出土汉代样式陶器的三座墓葬中,偃师杏园北魏 M1101 墓主不明,贾思伯是青齐地区的名族,李弼属于关东四大高门之一的赵郡李氏,像圆形墓最早出现于崔氏家族一样,似可认为复古式陶礼器最初也出现于北朝世家大族之门。北魏宣武帝陵以及元邵等一批北魏皇室成员的墓葬已经发掘,都没有发现复古式陶礼器,表明复古式陶礼器还没有为北魏皇室所接受。时代略晚的磁县湾漳大墓被认为是北齐文宣帝高洋陵墓,其中出土陶鼎、陶耳杯和汉代样式的陶壶。陶鼎分罐式和盆式两类,与以往历代鼎式皆不相类,为北齐时期之新见,应为追求礼仪制度而特造。由北魏经东魏入北齐不过十余年时间,而且又是岁月倥偬,复古式陶礼器已从大族人家走入帝王陵之中,足见其应合时代之需要。不唯帝王,北齐东安王娄睿墓、北齐武安王徐显秀墓等墓葬中也出土有汉代样式的釉陶壶。低级官员或平民墓中也有发现,如安阳固岸墓地是一处平民墓地,发掘简报认为属于东魏时期的 II 区 51 号墓近正方形,边长不及 3 米,其中也发现有汉代样式陶壶(简报中称为瓶)③(图 4-2-4,6)。大族在墓葬礼制方面的成果同时向社会上层和下层扩大着影响。

---

①　《北史》卷八十一《儒林传》,第 2709 页,中华书局,1974 年。
②　唐长孺:《论南朝文学的北传》,载氏著《唐长孺社会文化史论丛》,第 206 页,武汉大学出版社,2001 年。
③　河南省文物管理局南水北调文物保护办公室、河南省文物考古研究所:《河南安阳市固岸墓地 II 区 51 号东魏墓》,《考古》2008 年第 5 期。

这些复古式陶器在墓室中的位置也较特殊。赞皇李弼墓保存完好,汉代样式的陶壶、陶钫与墓志相邻,摆放在棺木前端,远离其他日用陶瓷器,而且这几件陶器的形体是其他陶瓷器一倍以上,其礼仪性质十分明显①。上面提到的时代略晚的安阳固岸墓地 II 区 51 号墓也未被盗扰乱,2 件陶壶与 1 件陶碗、2 件陶罐排放在棺床前,几件陶器前面是镇墓兽,左侧是牛车,可见这几件陶器构成一个礼仪器皿的组合,具体而言,应具有设奠含义,也即具有礼制意义。类似的器物及其组合在北齐墓葬中有较多发现,唯已逸出本论题的时代范围,故不再涉及。

三、小　　结

尽管文献中有一些北魏政权和大族进行墓葬礼制建设的记载,但已有的考古发现还是相当令人惊诧的。像所有的礼制建设一样,向古代寻找理论依据和动力成为北魏洛阳时代这次礼制建设的主要取向,但古代已不可复见,文字记载与过去的事实之间又存在着难以填平的鸿沟,那么,必要时师心独运是不可避免的。于是,很多新因素就出现了:如皇帝和皇后分别埋葬,但后陵规模不大(如孝文帝和文昭皇后陵),又如在陵墓前除石兽之外,又增加了石人,这些都与汉代似是而非。洛阳附近北魏政权体制内的官员死后被按照官方礼制安排进墓室的时候,获得新生的华北汉人大族正借北魏朝廷的"稽古"政策之便,制造着半新半旧的墓葬礼制,似乎无言地宣称着自身的存在和文化上的优越。于是,汉代样式陶器被制造出来以唤起人们对汉代的向往,但圆形墓室、十二生肖俑和神怪俑则平添了几分诡异色彩。一切似乎出于自然,实质也是无可奈何。历史毕竟已经发生了剧烈变化,人死不可能复生已成为常识,如汉代般事死如事生已成为不必要。墓葬为生人服务的思想越来越强于为死者服务的思想,墓葬因之日益成为家族、宗族团结的象征物,借墓葬风水以福泽后人的思想越来越浓重,由此塑造的墓葬礼制自然不得不发生显著的变化。

第三节　　北朝大族崔氏墓的象征性

上一节已经涉及了汉人大族的墓葬礼制建设内容,崔氏是当时第一流高门,在墓葬礼制建设方面的贡献大,影响也大,而且墓葬礼制的内容确实很丰富,思想内涵很深,理解起来也不那么容易,有必要单独加以分析。

北朝崔氏墓很特殊,已经发现的 19 座墓葬中,有 18 座砌成圆形或近圆形,圆形墓几乎成为崔氏墓的符号特征②。无论是在北朝时期其他地区,还是汉晋十六国时期墓葬中,

①　前述吕仁墓也有类似情况:墓志放置在墓室东半部前端,墓志旁还有一青瓷盘口壶。这里的盘口壶也不再是普通器皿,而具有明显的礼制意义。

②　山东省文物考古研究所:《临淄北朝崔氏墓》,《考古学报》1984 年第 2 期。张光明、李剑:《临淄北朝崔氏墓地第二次清理简报》,《考古》1985 年第 3 期。

都没有发现圆形墓葬,因此,圆形墓可以说是崔氏的发明。崔氏墓群虽多被盗,但在若干墓葬中发现了十二生肖俑、俯听俑、双人首连体俑等奇怪的陶俑,它们与圆形的墓室形状之间存在着关联性。圆形墓室、十二生肖俑及其他神怪俑在以后的隋唐以至宋明墓葬中都有所发现,特别是环渤海地区唐中期之前这种类型的墓葬发现尤多,可见崔氏始创之功甚伟。

这种类型墓葬产生的原因是一个很迷人的话题①。第一种观点遵循的是考古学的渐变论思路,无法给出传统墓葬形制和随葬品演化为崔氏墓的线路图,所以对解决问题无明显补益。其他四种观点或考虑到墓主的身世,或考虑到当时的社会生活状况,或考虑到当时的宗教思想,都是积极有益的探索②。本文在此四种观点之外,尝试提出自己的看法,认为崔氏墓群是更充分的"象天地"思想和堪舆术结合的产物。

一、"象天地"与堪舆术

"象天地"是中国古代思想的基本内容之一。《汉书·礼乐志二》载:"人函天地阴阳之气,有喜怒哀乐之情。天禀其性而不能节也,圣人能为之节不绝也,故象天地而制礼乐,所以通神明,立人伦,正情性,节万事者也。"③明堂是地面建筑中表现"象天地"思想的典型,墓葬则是地下建筑中的典型。中国古代视墓葬为宅④,墓葬在藏尸这个基本功能之外,具有高度的象征性。墓室空间象征生前居室乃至宇宙空间,葬具和随葬品的种类及组合往往象征墓主的现世生活,某些随葬品和随葬位置象征地下特殊的需要。象天地思想在竖穴木棺木椁墓的时代已经出现,小砖和横穴的应用,为象天地思想提供了更好的条件。西汉中后期开始流行的覆斗形或穹隆形墓不仅在形式上接近天空,而且在墓顶部分所绘的也是与天空有关的壁画内容,例如星象、西王母、太阳、月亮等题材。墓顶以下的墓室不是方形就是长方形,四壁壁画和随葬品表现的都是人间日常生活场景和器具。镇墓兽、镇墓瓶、买地券则是为墓主地下生活的一些特殊情况而预想和备置,本质上也是人间生活的再版。这种形式的墓葬从西汉中期出现开始就一直流行,隋唐宋元明清概莫例外。崔氏墓因为将墓室建成圆形,还前所未有地伴出十二生肖俑、双人首连体俑等一批神怪俑,所以留出了讨论的空间。不过从与崔氏墓同时期的其他北朝墓葬,特别是一些壁画墓,如磁县湾漳大墓、北齐娄睿墓等墓葬来看,象天地同样是基本的思想。这个情况促使我们考虑貌似奇怪的崔氏墓所基于的是否仍然是象天地思想。考察的结果是出人意料

---

① 有关学者提出了不少于五种的观点,已见前述,此不重复。

② 另外,谢明良虽然没有对崔氏墓的象征性发表看法,但是他有关十二生肖的一些观点富有启发性,如他认为:"北齐武平元年(570 年)娄睿墓壁画十二支兽与星图、雷公、电母并列,也说明了十二支兽又与天文思想或中国传统民俗观念有关。"又,"'方相氏'系由'狂夫四人'所装扮,它还带领着十二神兽于大丧时'先旧(柩),及墓、入圹、以戈击四隅,殴方良'驱除一切不祥之物。目前虽还无法具体地说明它们与唐制明器'四神十二时'之间的关系,然而将十二支兽置于墓圹之中,有可能与大傩的十二神兽同样具有厌胜辟邪的意义"。见《出土文物所见中国十二支兽的形态演变——北朝至五代》,载氏著《六朝陶瓷论集》,第 372、373 页,台湾大学出版中心,2006 年。

③ 《汉书》卷二十二《礼乐志二》,第 1027 页,中华书局,1962 年。

④ 《太平经·葬宅诀第七十六》云:"葬者,本先人之丘陵居处也,名为初置根种。宅,地也,魂神复当得还,养其子孙,善地则魂神还养也,恶地则魂神还为害也。"(王明:《太平经合校》,第 182 页,中华书局,1960 年。)

的,崔氏墓不仅基于象天地思想,而且比其他墓葬更加纯粹。

　　质言之,崔氏首倡的将墓室建成圆形之举有可能是浑天思想的产物。中国最初的宇宙思想为盖天说,认为天圆地方,这里面存在明显的漏洞,天之圆和地之方不能密合①。浑天说代替盖天说是必然趋势,至迟在扬雄时代已经得到清楚的表达,《太玄经·玄告》中扬雄曰:"天穹隆而周乎下,地旁薄而向乎上。"大地与天空的相接处只能是个圆圈。《晋书·天文志》葛洪引张衡《浑天仪注》对浑天说有明确的说明:"天如鸡子,地如鸡中黄,孤居于天内,天大而地小。天表里有水,天地各乘气而立,载水而行。周天三百六十五度四分度之一,又中分之,则半覆地上,半绕地下,故二十八宿半见半隐,天转如车毂之运也。"不能肯定张衡如同今人一样认为大地是个球体,较大的可能性是认为天圆地平,即地是平面向上的、与天等大的半个椭球体,它的外部是水,与天的下半部密合,地体则浮于水上②。东汉之后陆绩、王蕃、葛洪、姚信、刘智、姜岌、何承天对浑天说进行了继承和改造③,使浑天说成为当时的主流学说。《隋书·天文志上》叙述了东汉至隋浑天仪的制造和流转情况:"后汉张衡为太史令,铸浑天仪,……宋元嘉中,太史令钱乐之所铸浑天铜仪,以朱黑白三色,……高祖平陈,得善天官者周墳,并得宋氏浑仪之器。……史臣于观台访浑仪,见元魏太史令晁崇所造者,以铁为之,……周武帝平齐所得。隋开皇三年,新都初成,以置诸观台之上。大唐因而用焉。"④浑天仪的具体构造《隋书·天文志上》也有简略的记载:"梁华林重云殿前所置铜仪,其制则有双环规相并,间相去三寸许。正竖当子午。其子午之间,应南北极之衡,各合而为孔,以象南北枢。植楗于前后,以属焉。又有单横规,高下正当浑之半。皆周匝分为度数,署以维辰之位,以象地。又有单规,斜带南北之中,与春秋二分之日道相应。亦周匝分为度数,而署以维辰,并相连著。"⑤这段文字清晰地表明,代表大地的单横规象征性地将浑天仪切为上下两半,浑天仪真正具有意义的是上半部。单横规上还写上标明具体位置的文字和数字,甚至可能还画上图像。象征黄道的单规也像单横规一样写上文字和数字,甚至图像。崔氏的圆形墓葬正像浑天仪的上半部。

　　根据《魏书·律历志上》的记载,至少从延昌四年(515年)至正光初年(520年),崔氏家族的代表人物崔光实际主持着北魏政权的天文立法之事。《魏书·律历志上》云:

　　　　延昌四年冬,侍中、国子祭酒领著作郎崔光表曰:"《易》称'君子以治历明时';书云'历象日月星辰',……臣以仰测晷度,实难审正,又求更取诸能算术兼解经义者前

---

①　从象天地的角度看,覆斗顶或穹隆顶与方形或长方形墓室结合的墓葬合乎天圆地方的盖天说,当然这并不是说人们按照盖天说营造墓葬,而是说盖天思想早就隐伏在先民的思想中而不自觉地遵循。我们看到,不少其他民族和地区,墓葬并不建成方形或长方形。但在中国则不然,方形或长方形墓室一直是最主要的墓葬形式。无论是甲骨文中的四方观,还是新石器时代的玉琮、玉璧,我们都可以看到天圆地方观念的存在。唯古史渺茫、文献难征,要确切论证早期墓葬与天圆地方思想的直接关联几乎为不可能之事。

②　唐如川:《张衡等浑天家的天圆地平说》,《科学史集刊》1962年第4期。正文引自陈美东:《中国古代天文学思想》,第206－212页,中国科学技术出版社,2007年。

③　以上参考陈美东:《中国古代天文学思想》,第206－230页有关论述,中国科学技术出版社,2007年。

④　《隋书》卷十九《天文志上》,第504页,中华书局,1973年。

⑤　《隋书》卷十九《天文志上》,第517页,中华书局,1973年。

司徒司马高绰、驸马都尉卢道虔、前冀州镇东长史祖莹、前并州秀才王延业、谒者仆射常景等日集秘书,与史官同检疏密;并朝贵十五日一临,推验得失,择其善者奏闻施用。……由是多历年世,兹业弗成,公私负责,俯仰惭觍。"

又云:

> 神龟初,光复表曰:"《春秋》载'天子有日官,诸侯有日御',又曰'履端于始','归余于终',皆所以推二气,考五运,成六位,定七曜,审八卦,立三才,正四序,以授百官于朝,万民于野。……臣学缺章程,艺谢筹运,而窃职观阁,谬忝厥司,奏请广访诸儒,更取通数兼通经义者及太史,并集秘书,与史官同验疏密,并请宰辅群官临检得失,至于岁终,密者施用。……于是(中坚将军、屯骑校尉张)洪等与前镇东府长史祖莹等研穷其事,尔来三年,再历寒暑,积勤构思,大功获成。谨案洪等三人前上之历,并驸马都尉卢道虔、前太极采材军主卫洪显、殄寇将军太史令胡荣及雍州沙门统道融、司州河南人樊仲遵、定州巨鹿人张僧豫所上,总合九家,共成一历,元起壬子,律始黄钟,考古合今,谓为最密。……伏惟陛下道唯先天,功邈稽古,休符告征,灵蔡炳瑞。壬子北方,水之正位;龟为水畜,实符魏德;……请定名为《神龟历》……"肃宗以历就,大赦改元,因名《正光历》,班于天下。①

历法改革是古代的大事,据上文记载,《正光历》是在崔光的直接组织和领导下产生的。临淄崔氏墓地中已有崔光之子崔鸿墓葬,崔光死于正光四年(523 年),王佳月推测崔光墓也在墓地之中,且很可能是最早的墓葬之一。而且,崔光主持天文历法时所用的应是早年晁崇所造的铁浑天仪。崔氏与天文学和太史台关系紧密,崔氏又是北朝屈指可数的学门,或许在浑天说和浑天仪的启发下,崔氏别出心裁地将墓葬建成了圆形并放入十二生肖俑等物②。

十二生肖俑也支持崔氏圆形墓室象浑天的思想。严格地讲,十二生肖俑应该称为十二辰俑。十二生肖是晚起之物,是附加给十二地支的动物形象。十二地支很早就借作为时间单位,年、月、日、时间都可以用地支来表示。十二辰本为天上之物,现在普遍接受的仍然是八十余年前郭沫若的研究成果,郭沫若认为中国十二辰来源于巴比伦的黄道十二宫。十二宫是分布在黄道附近的十二群星,"十二辰文字本黄道上十二恒星之符号"③。与崔氏墓年代较为接近的太原北齐娄睿墓④、朔州水泉梁北齐墓⑤室穹隆顶中都画有十二生肖图像,后代墓葬如宣化辽墓 M2 顶部既画有十二生肖图,也画有黄道十二宫⑥。这些墓顶壁画中的十二生肖图都画在穹隆顶的下部,这是有道理的。黄道是太阳视运动轨道,位于人类最熟悉最关心的核心天象圈的底部,如果将象征天空的墓室穹隆顶一直向下延

①　《魏书》卷一百七《律历志上》,第 2660－2663 页,中华书局,1974 年。
②　在北魏的天文工作组中还有一位崔彬,不知与崔光家族是否有关系。《魏书·律历志上》公孙崇言其"微晓法术"。
③　郭沫若:《释支干》,见《郭沫若全集》第一卷之《甲骨文字研究》,第 326 页,科学出版社,1982 年。
④　山西省考古研究所:《北齐东安王娄睿墓》,文物出版社,2006 年。
⑤　山西省考古研究所等:《山西朔州水泉梁北齐壁画墓发掘简报》,《文物》2010 年第 12 期。
⑥　河北省文物研究所:《宣化辽墓:1974－1993 年考古发掘报告》,文物出版社,2001 年。

伸,其结果将是十二生肖首先落到地面上,这也恰与古人对十二辰的理解有相合之处。十二辰本来是具体的十二群星,但二十八宿的流行使其形象逐渐模糊不清,不过其重要性并不减损,主要原因在于其已从十二群星蜕变为岁阴纪年的标志物。岁阴纪年是弥补岁星纪年的不足而产生的。古人认为岁星运动周期为十二年,由于岁星运动方向与其他天体相反,所以虚拟出一个岁阴的存在,即所谓太岁,这个纪年法利用黄道十二宫的十二等份,以正北为子,依次向东为丑、寅、卯……这就是十二时或十二辰。至迟汉人已经认为岁阴纪年与大地有关,汉杜子春《周礼注》云:"岁星为阳,右行于天;太岁为阴,左行于地。"十二辰与大地的密切关系还与北斗有关。《淮南子·天文训》云:"帝张四维,运之以斗,月徙一辰,复反其所。正月指寅,十二月指丑,一岁而匝,终而复始。"《史记·天官书》云:"斗为帝车,运于中央,临制四乡,分阴阳,建四时,均五行,移节度,定诸纪,皆系于斗。"乃至有"斗柄东指,天下皆春;斗柄南指,天下皆夏;斗柄西指,天下皆秋;斗柄北指,天下皆冬"[1]之语。因此,黄道十二宫的十二等份也可以落到地平圈上,十二时、十二辰以及十二生肖俑都可以出现在地平圈上,在墓葬中就需沿墓壁设置,所以,崔氏墓中的圆形墓室与十二生肖俑同时出现就不是出于偶然。最初十二生肖俑与圆形墓壁的配置较为严格,后来沿着方形或长方形墓室壁面或小龛中放置十二生肖俑就是取其大意了。

　　还有一件文物或许有利于说明圆形墓室受到浑天说启发而建,那就是双人首连体俑[2]。徐苹芳先生起初在1963年发表的《唐宋墓葬中的"明器神煞"与"墓仪"制度》一文中将这种俑认定为墓龙,后在1994年的补记中根据广东海康县元墓出土画像砖的题记,指出"值得注意的是'勾陈'和'地轴'均画一双首人面蛇身像"[3]。此后张勋燎、白彬在《中国道教考古》之"贰拾　隋唐五代宋元墓葬出土神怪俑与道教"中对"地轴""勾陈"等神怪俑进行了系统的论述。不过,仍然遗漏了一些早期的材料。如相当于东晋时期的朝鲜德兴里壁画墓中也有"地轴"图像存在,在此墓前室墓顶北披北斗下方有一双人首连体形象,旁有"地轴一身两头"题记(图4-3-1,1)。这个"地轴"与崔氏墓M12中的双首人身俑十分相似。类似的图像还见于平安南道的天王地神冢,该墓后室"北面的图像,与德兴里古坟的北壁中央的地轴一样,形为一身两头,头上部有文字,可认作'地神'二字。与地轴不同的是,地神像蛇那样卷着长的身体。足跟部有羽状的突起,头上好像戴着冠帽,这两点与德兴里古坟的地轴相同。还有重要的一点是,与地轴一样,地神是绘在北壁上,其上星座被推定为北斗七星"[4](图4-3-1,2)。颇怀疑"地神"之"神"为"轴"之误。与

---

①　黄怀信撰:《鹖冠子》卷上《环流第五》,第70页,中华书局,2014年。

②　王佳月认为十二生肖俑与神怪俑可能为两个系列,十二生肖俑是崔氏的新创,神怪俑由来已久;隋唐时十二生肖俑与神怪俑大致有不同的分布区域,对理解两类俑的分别起源也有帮助。这与本文的认识并不构成冲突。本文认为圆形墓室和十二生肖俑是构成浑天说的最重要证据,神怪俑只是辅助作用。将相关俑分为天象类俑和堪舆类俑可能更适合点。我们期待更多的材料对十二生肖俑与神怪俑的关系作出证明。

③　徐苹芳:《唐宋墓葬中的"明器神煞"与"墓仪"制度——读〈大汉原陵秘葬经〉札记》,《考古》1963年第2期。并见徐苹芳:《中国历史考古学论集》,第215页,上海古籍出版社,2012年。

④　南秀雄:《高句丽古坟壁画的图像构成》,载甲元真之等著,姚义田译《东北亚历史考古译文集》上册,第253页,辽海出版社,2011年。

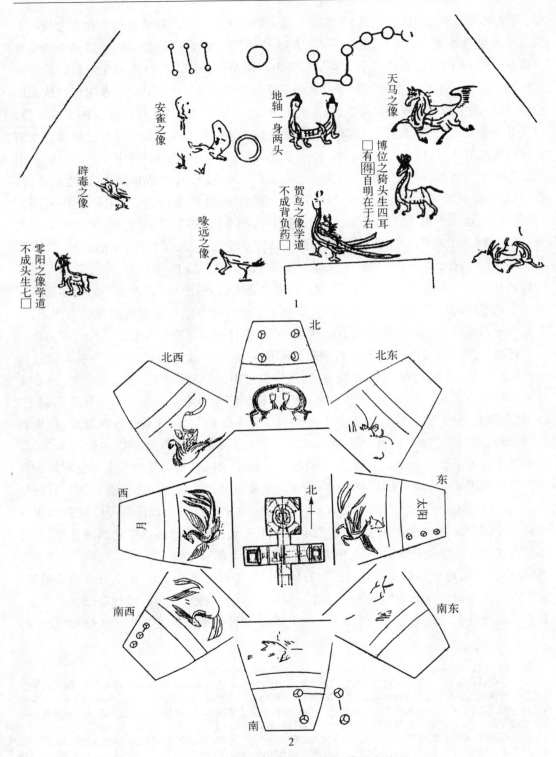

图 4 - 3 - 1　德兴里墓和天王地神冢壁画

1. 德兴里墓前室北壁墓顶　2. 天王地神冢后室天井壁画展开图

天王地神冢"地神"类似的陶俑发现于贞观二十二年营建的隋炀帝萧后墓中。萧后墓系墓壁略弧的单室墓,靠后部约占墓室四分之三空间的是棺床,双人首连体俑出土于墓室前部中间略偏西的位置,其附近的编钟等随葬品保存较好,所以,有可能这件陶俑保留在原来的位置或附近①,这个位置可能具有一定的空间含义,即它有可能代表的也是地轴②。地轴即大地之轴。古人虽以大地为中心,但认为地统于天,故地轴之神居于天宫之中。因此,如果崔氏墓 M12 中的双首人身俑确为地轴,那么地轴与十二生肖、圆形墓室一道为墓室直接模仿浑天之象增加了说服力。不过,这里有个问题是,地轴既然在天上,且与北斗邻近,而不似十二辰那样接近地平圈,这该如何解释?从晚期的材料看,四神、雷神、天关、五星、千秋、万岁等天界诸神都被制成陶俑或刻画成图像放置于墓室之中,地轴从天上放到墓室地面上则亦无不可。这类陶俑无法如壁画那样绘制在墓顶,只能放在地面之上。同样的情况是,本应居于地下的蒿里老翁通常也置于墓室地面之上。因此,虽然这些陶俑只能与其他日常生活用品一样就地面而陈放,但观者应以立体空间视之,将之各归其位。

崔氏墓群 M10 还出土两件武士俑,坐于一托板上,左手残,右手持棒状物。有学者怀疑这是雷神形象③,如属实,也是从天界下降到墓室地面的天神。不过这种形象的陶俑此前此后都没有发现,其性质还有待进一步的考察。

崔氏墓葬还出土有一件上半身抬起来的人首蛇身俑和一件跪拜俑。类似的陶俑在河北、辽西地区的隋唐墓,在南方地区两宋墓,在可能成书于金元时期的《大汉元陵秘藏经》中都有较多的发现和记载,根据这种一脉相传的关系,可知这两件俑"象天地"的性质不如圆形墓室等前述数项内容强烈,更多地带有堪舆色彩。当然,如果以"堪"为天道,以"舆"为地道,那么,前面所述的内容也可以包含在堪舆之中。

上半身抬起来的人首蛇身俑与广东海康元墓阴线刻砖上的赤身裸体、头胸抬起、双手前伸,胸部以下贴地伏卧的男子形象接近,海康线刻图旁有"伏尸"题名④,或许崔氏墓的

---

① 此据 2014 年 10 月参加"隋炀帝与扬州"国际学术讨论会时,在隋炀帝夫妇墓现场展示馆所见资料。并请参见南京博物院等:《江苏扬州市曹庄隋炀帝墓》,《考古》2014 年第 7 期。

② 墓龙、地轴、勾陈究竟是何形象,它们之间究竟如何区别,至今没有很好的答案。张勋燎、白彬认为墓龙不应该是双人首连体形象,认为勾陈与地轴形象接近,区别在于勾陈的躯体部分是身体缠绕,这是从晚期材料中得出的认识。从德兴里墓和天王地神冢的情况看,事情也许不这么划一,双人首既可以向外突出,也可以向身躯内勾,或许勾陈、地轴形象的差别本来就不突出,判断其究竟为何方神圣的关键应该是它们所在的空间位置。另一种可能性是,勾陈、地轴本为容易混淆的二物。《说苑·辨物》云:"北辰,勾陈枢星。"《隋书·天文志上》说:"北极五星,钩陈六星,皆在紫宫中。……北极五星,最为尊也。……钩陈,后宫也,太帝之正妃也,太帝之坐也。"勾陈与北极同在紫宫中,德兴里墓壁画的地轴在北斗附近,勾陈与地轴在天宫的位置明显不同,但是北极与北斗的区别对常人而言并不那么清楚,而且"钩陈口中一星曰天皇大帝,其神曰耀魄宝,主御群灵,执万神图"(《晋书·天文志》)。《淮南子·天文训》曰:"太阴在寅,朱鸟在卯,勾陈在子,玄武在戌,白虎在酉,苍龙在辰。"勾陈与四灵并列。所以,勾陈的功能看上去与地轴没有什么明显的差别,广东海康元墓在身体平直和缠绕的双人首连体俑上分别写上"地轴""勾陈"恐怕也是无奈之举。墓龙是一个较晚出现的名称,在武昌唐墓中发现不少双龙首连体俑,与双人首连体俑共出,前者有可能是墓龙(参见权奎山:《武昌郊区隋唐墓出土陶俑的分期》,载《庆祝宿白先生九十华诞文集》,科学出版社,2012 年)。

③ 沈睿文:《唐代墓葬神煞考源——中国古代墓葬太一出行系列研究之三》,《唐研究》第十八卷,北京大学出版社,2012 年。

④ 曹腾騑等:《广东海康元墓出土的阴线刻砖》,《考古学集刊(2)》,中国社会科学出版社,1982 年。

这件上半身抬起来的人首蛇身俑也是所谓的"伏尸"。出现这个陶俑是将"伏尸"作为镇却的对象,防止它们出来妨碍墓主①。跪拜俑与后代常见的俯听俑接近。张勋燎、白彬说"墓中置仰观、伏听明器可能意味着在阴间还有专人替死者观风望气,卜算吉凶"②。这是较典型的堪舆手段。堪舆这一颇具特色的中国古代相术,其特征是仰观天文、俯察地理,根据山川河流的走向和形势,决定屋舍的位置和结构,进而由相宅推及相墓葬,目的是趋吉避凶恶,以利子嗣。墓主形神俱安方可保佑地上眷属,欲得形神俱安则需侦伺吉凶于未发,所以在利用武士俑保护之外,还得安排侦察人员,这与观风鸟的性质相似。这种跪拜俑在墓葬中出现并不以崔氏墓为最早,浙江海宁东汉画像石墓中就有发现③,可见侦伺思想早已存在并付诸实践。

堪舆术至迟战国晚期已经出现,《荀子·礼论》载:"月朝卜日,月夕卜宅,然后葬也。"东汉时期堪舆术已经相当发达,《论衡·诘术》中对相宅有集中的记述:"宅有八术,以六甲之名,数而第之,第定名立,宫商殊别。宅有五音,姓有五声,宅不宜其姓,姓与宅相贼,则疾病、死亡、犯罪、遇祸。……故五姓之宅,门有宜向。向得其宜,富贵吉昌;向失其宜,贫贱衰耗。"坟墓是所谓的阴宅,所以这些原则也适用于墓葬。《后汉书》和《三国志》中有不少图墓的例子。西晋时期出现专门研究葬法的论著,这就是郭璞所著的《葬书》,堪舆术此时已经渗透进汉民族的深层心理之中。东晋时期葬术依然流行,德兴里壁画墓题记号称:"周公相地,孔子择日,武王 选 时,岁使一良葬送之。后富及七世子孙,番昌仕宦,日迁位至侯王。"因此,作为汉人大族代表的崔氏墓中出现跪拜俑本身不值得奇怪,但值得注意的是跪拜俑与圆形墓室、十二生肖俑等因素同时出现,这表明崔氏自觉地将堪舆理论付诸实践,而且这套丧葬仪轨在隋唐时期迅速普及,足见崔氏所作所为符合时代之要求。而且,这一情况本身也是个非常重要的社会现象,值得深究。

二、性 质 问 题

毋庸讳言,崔氏墓有若干佛教和道教因素,这在那个时代是相当正常的。但将崔氏墓的性质认定为佛教或道教为主导,目前都没有充分的理由。

先说不宜认定道教为主导性质。佛教在北朝晚期的民众信仰中占有绝对优势,道教在崔浩被杀后长期不能恢复元气,崔氏本身又是一个佛教世家大族,无法设想崔氏成员死亡之后会按照道教仪轨处理后事。十二生肖俑和其他神怪俑虽然在晚期的道教文献中常见,但这是被道教逐渐吸收的结果,似无材料证明北朝时期这些神灵与道教仪轨已经有系统地组织在一起。将墓室建成圆形也是从道教角度无法解释的现象。华夏民族早就形成了丰富的神灵信仰,并且有完整的丧葬仪轨,道教从华夏传统中汲取了很多因素,但道教

---

① 此处参考了张勋燎、白彬对"伏尸"的研究。见张勋燎、白彬:《中国道教考古(6)》,第 1643 页,线装书局,2006 年。不过张勋燎、白彬没有将崔氏墓的这件俑推测为"伏尸"。
② 张勋燎、白彬:《中国道教考古(6)》,第 1643 页,线装书局,2006 年。
③ 嘉兴地区文管会、海宁县博物馆:《浙江海宁东汉画像石墓发掘简报》,《文物》1983 年第 5 期。

始终也未能在丧葬活动中取得主导地位。北朝前后真正道徒的墓葬尚没有发现，倒是一些墓葬明确与道教有关。较早如三国时期的马鞍山东吴朱然墓、鄂州东吴史绰墓、南昌东吴高荣墓①，由墓葬出土的名刺中自称为道教的"弟子""童子"，可以得知这几人都是道教的信奉者，但我们找不出这些墓葬与其他墓葬的差别。略晚如河西出土的许多魏晋十六国墓葬中，在墓主或棺木的左右或前后会放置镇墓性质的"斗瓶"，墓葬情况并不因斗瓶有无而不同②。洛阳北魏墓的时代就与崔氏墓群非常接近了，其中几座墓葬中有镇墓的陶器，上面有镇墓文，如偃师杏园 YDM4031∶6 为一陶罐，表面朱书"父正始五年六月廿二日未时……敢告天之神……如律令"字样，陶罐形式就是普通的鲜卑罐，墓葬形制和随葬品也是常见的样式③。因此，在没有足够多的文献资料和道教相关墓例的情况下，认定崔氏墓葬性质系以道教为主导还为时过早，将它们与道教的某些特定法式联系在一起的条件也不成熟，毋宁认为它们是基于传统信仰和丧葬仪轨所作的一次大幅度的跨越④。

次论不宜认定佛教为主导性质。"象天地"是中国墓葬的基本特征，那么崔氏墓所显示的天地之象是否更符合佛教对天地之象的设想呢？佛教对天地的想象通常被称为宇宙模式。佛教的宇宙模式主要来源于印度教，可以追溯到吠陀时代的印度教圣典《往世书》，其中描述的宇宙模式可以概述如下：

> 大地像平底的圆盘，在大地中央耸立着巍峨的高山，名为迷卢（Meru，也即汉译佛经中的"须弥山"，或作 Sumeru，译为"苏迷卢"）。迷卢山外围绕着环形陆地，此陆地又为环形大海所围绕，如此递相环绕向外延展，共有七圈大陆和七圈海洋。
>
> ……
>
> 与大地平行的天上有着一系列天轮，这些天轮的共同轴心就是迷卢山；迷卢山的顶端就是北极星（Dhruva）所在之处，诸天轮携带着各种天体绕之旋转；这些天体包括日、月、恒星、……以及五大行星——依次为水星、金星、火星、木星和土星。
>
> 利用迷卢山可以解释黑夜与白昼的交替。携带太阳的天轮上有 180 条轨道，太阳每天迁移一轨，半年后反向重复，以此来描述日出方位角的周年变化。

唐道宣《释迦方志》卷上说描述的宇宙模式与上文近似，"苏迷卢山，即经所谓须弥山也，在大海中，据金轮表，半出海上八万由旬，日月回薄于其腰也。外有金山七重围之，中

---

① 安徽省文物考古研究所、马鞍山市文化局：《安徽马鞍山东吴朱然墓发掘简报》，《文物》1986 年第 3 期。鄂城县博物馆：《湖北鄂城四座吴墓发掘报告》，《考古》1982 年第 3 期。江西省历史博物馆：《江西南昌市东吴高荣墓的发掘》，《考古》1980 年第 3 期。

② 参见甘肃省文物考古研究所：《敦煌祁家湾——西晋十六国墓葬发掘报告》，文物出版社，1994 年。

③ 中国社会科学院考古研究所河南二队：《河南偃师县杏园村的四座北魏墓》，《考古》1991 年第 9 期。

④ 前面的注释中已指出，中国早期墓葬多建成方形或长方形是一个很令人不解的现象，技术因素未必是主要的，模仿现实居室可能也是一个似是而非的回答，或许天圆地方思想才是最根本的动因。不论方形墓和圆形墓是否确实可与盖天或浑天思想成功对接，崔氏墓恰处在这个转变的关键点上，其意义是不容低估的。

各海水,具八功德"①。

这一宇宙模式特别强调大海和须弥山,与中国宇宙模式存在明显的差异。双人首连体俑、跪拜俑、人首蛇身俑也安插不进印度的宇宙模式,所以,崔氏墓葬的构造情况更接近中国的而不是佛教和印度教的宇宙模式。

认定崔氏墓葬受到佛教影响的另一理由是十二生肖俑可解释为佛教的十二兽。在《大方等大集经》卷二三《虚空目分中净目品》第五中曾叙述菩萨化身为十二种动物来阎浮提世界教化众生,南方的三种动物是蛇、马、羊,西方的是猴、鸡、犬,北方的是猪、鼠、牛,东方的是狮、兔、龙。崔氏墓 M10 中发现几件置于尖圆拱龛中的动物俑,也很容易让人联想到佛龛。不过尖圆拱龛并不只运用于佛教形象中,谷城肖家营南朝 M40 画像砖的尖圆拱龛中有朱雀和青龙②(图4-3-2)。长江下游地区南朝墓经常将墓壁的灯龛作成尖圆拱龛,但与佛教并无必然的联系。而且,崔氏墓 M10 动物俑中有一件是虎而非狮,这大概不是一个可以忽略的差异。十二生肖起源于中国本土还是从外面传来至今没有定论,但十二生肖在东汉时期已经定型没有什么疑问,《论衡》中的十二生肖与今天的一致,《四民月令》中的十二生肖虽然不完整,但所存在的八项也与今天的相同,它们的时代都早于《大方等大集经》译为汉文的年代。《大方等大集经》中所述说的十二兽是原汁原味的印度十二生肖。现存《大方等大集经》系北凉昙无谶译本,成书年代在公元 400 年前后。用虎替代佛教十二兽的狮,目前所知最早的文献见于智𫖮大师的《摩诃止观》卷八,当然,《摩诃止观》的思想也许出现得更早。崔氏墓显然没有按照《大方等大集经》来安排十二

1　　　　　　　　　　　　　　2

图4-3-2　谷城肖家营南朝 M40 出土青龙、朱雀砖

1. 青龙砖　2. 朱雀砖

①　佛教和印度的宇宙模式据江晓原:《天学外史》,第 146、147 页,上海人民出版社,1999 年。

②　襄樊市考古队、谷城县博物馆:《湖北谷城肖家营墓地》,《考古》2006 年第 11 期。

兽,也不能证明按照《摩诃止观》的思想安排了十二兽。而且十二兽在《摩诃止观》中已经变成了十二时魅,"十二兽在宝山中修法缘慈,此是精媚之主。权应者未必为恼,实者能乱行人。若邪想坐禅,多著时媚。或作少男、少女、老男、老女、禽兽之像,殊形异貌,种种不同,或娱乐人,或教诏人。……依时唤名,媚当消去。若受著稍久,令人猖狂恍惚,妄说吉凶,不避水火"。陈怀宇说:"智者的理论中时兽不再是菩萨的化身,而是时魅的化身,这些动物虽然修法缘慈,但是却成为令人猖狂恍惚,妄说吉凶,不避水火的媚精。"①这样的十二精魅大概不是墓主所欢迎的对象。还需要考虑的是,如果十二生肖是作为佛教的十二兽而存在的,那么这种安排与佛教十二兽的意义不符。《大方等大集经》在叙述完十二兽的位置后说:"是十二兽昼夜常行阎浮提内,人天恭敬,功德成就。已于诸佛所发深重愿:一日一夜,常令一兽游行教化,余十一兽,安住修慈,周而复始。七月一日鼠初游行,以声闻乘教化一切鼠身,令离恶业,劝修善事。如是次第至十二日,鼠复还行。如是乃至尽十二月。至十二岁,亦复如是,常为调伏众生故。"在墓葬中的十二兽准备游行何处? 还能将谁作为教化的对象? 同样无法解决的问题是双人首连体俑等神怪俑无法安排进佛教世界中去②。

三、小　结

因此,尽管道教或佛教因素在崔氏墓中都有所体现,但道教或佛教因素都不足以对崔氏墓群的圆形墓室、十二生肖俑、双人首连体俑等神怪俑作出通盘的解释。崔氏墓群在墓葬形制和随葬品上出现的这些现象不见于任何早期墓葬之中,但在崔氏家族内部却几乎是普遍现象,所以可以肯定这是崔氏家族自主地、有意识地在墓葬礼仪制度上的革新,对它们必须进行通盘的解释。有学者指出:"墓葬中体现出的这种由阴阳五行思想、鬼神崇拜与'盖天说'理论综合而成的方术体系,体现着'象天地'的古老传统思想,虽然由于时代的演进而不断加入新的内容,使之日益繁杂,面貌更新。如在唐宋以来,地理堪舆之学流行,就在葬俗中加入了有关内容。但它的根本思想所在并没有改变,深入透析便可以寻找出来。"③上文的分析显示了这个论述的可靠性,崔氏家族墓群中的新现象仍然植根于传统的天地观、神灵观和堪舆思想之中,而且将墓葬象天地这一实践活动推到一个新阶

---

① 陈怀宇:《从十二时兽到十二精魅:南北朝隋唐佛教文献中的十二生肖》,《唐研究》第十三卷,第311页,北京大学出版社,2007年。

② 虽然佛教在北朝极度流行,崔氏家族亦笃信佛教,但佛教对崔氏家族乃至北朝一般社会成员丧葬活动的介入不可能非常深入。这不仅是由于佛教涅槃思想与重丧思想不合,还在于丧葬活动具有重要的社会意义。对非僧侣的社会成员而言,无论其生前如何笃信佛教,其丧事必须得到家人、宗族、朝廷和社会的普遍接受,只能按照当时的葬俗加以处理,这是华夏传统的"象天地"思想在北朝晚期必然占据主导地位的原因所在。其实,佛教并不排斥华夏传统的"象天地"思想,前引《魏书·律历志上》中云正光历系合九家历法而成,其中之一即为雍州沙门统道融所造之历。佛教哲学和宇宙观是一回事,探寻现实存在的日月星辰的运行规律是另一回事,墓葬的"象天地"又是一回事。原件已下落不明的"敦煌北魏历书"为太平真君十一年至十二年(450、451年)之物,基本内容与汉代历谱很相似,都有年神方位和建除十二值,估计北魏晚期的历书面貌与此相差应不大。这些社会现实状况决定了北朝晚期非僧人墓葬中只能采纳和体现"象天地"思想。

③ 赵超:《式、穹窿顶墓室与覆斗形墓志——兼谈古代墓葬中"象天地"思想》,《文物》1999年第5期。

段,并产生了广泛深远的影响。我们不十分清楚这种新型墓葬被广泛接受的原因,或可推测的是,新型的圆形墓室中天地已经融为一体,墓主不言而喻已经升天或升仙,"墓室"就是"天堂",这是一个形式和理念都甚为圆满的墓葬形式,与此前流行的非圆形墓葬相比是一个很重要的转变。在北朝墓葬,特别是大型墓中,墓道两侧壁画的前端常见大龙大虎,墓室内部画像也是墓主夫妇备马、备车,准备远行的模样,可见,死后升天一直是人们一如既往的追求,圆形墓要解决的说到底也是这个问题。当然,这本身还是一个传统问题。

第四节　中古北方地区的镇墓神物

南北朝墓葬的内容很丰富,有些现象发生的时间早于南北朝,不进行追溯,就不能明白其来龙去脉和变化机制。镇墓神物是墓葬文化的重要内容,北朝镇墓神物的发展演化轨迹曲折而显著,大致经历了从葬俗到葬制的转变,对其探讨具有比较重要的学术意义。中古镇墓神物的演化是一个长期而完整的过程,北朝是其中的关键阶段,但仅根据北朝材料还不能充分揭示这种过程,因此本节从中古这一较长时段和北方地区这一较大地域范围对镇墓神物进行考察。鉴于墓葬礼制是本著的核心,下面考察的主要问题是镇墓神物的文化构成和变化机制。

在进入讨论之前,有必要对时间和地域范围再作简单说明。这里的中古指中国东汉到唐中期,北方地区指中原为中心的今黄河流域和辽河流域地区,镇墓神物指镇墓武士与镇墓兽。从迄今为止的考古工作情况来看,中古墓葬的大致面貌已经呈现出来,将来的考古发现不太可能改变中古墓葬的基本状况。与此相应的是,中古镇墓组合的大致面貌也已经呈现出来,为分析其文化构成和变化机制提供了可能。

对中古镇墓神物的讨论以往集中于观察其发展脉络,从时间轴上寻找历时差异,由此可以将中古镇墓神物的发展历程大致切为几个阶段:东汉魏晋、北魏平城时代、北朝后期的北魏洛阳时代到唐早期、盛唐。第一阶段的东汉时期出现了单独的走兽状镇墓兽,西晋时期又出现了单独的镇墓武士。第二阶段的北魏平城时代,陶俑和图像两种形式的镇墓神物都有,且成对出现,奠定了以后的基本形式;中、外特点的镇墓武士俱有,镇墓武士身着铠甲,但头部形象怪异;二镇墓兽为一人面一兽面。第三阶段的北朝后期到唐早期,镇墓武士除显得凶恶外无其他特异之处,镇墓兽为一人一狮式。第四阶段的盛唐时期,镇墓武士为天王踏小鬼状,镇墓兽为一人面一兽面,兽面镇墓兽或持蛇。这种历时差异得到了反复检验,以此为基础,我们可以对中古镇墓神物的基本文化构成加以观察,对其发展历程作由上到下的贯通式观察。我们发现,中古镇墓神物的文化构成不外乎中国本土和异域文化两大部分;中国本土文化部分的内涵与对华夏经典的反复解读有关,异域文化部分的内涵与中国的需要和对其理解的阶段性变化有关。中古镇墓神物的变化历程就是两种文化相互影响、此进彼退的历程,从东汉到盛唐的四个阶段不过是两种文化错综交织关系的阶段性差异的外化形式;推动这种变化的显性动力是民间习俗和官方规定,但二者的性质和界限并非绝对,而是时有逾越,下文试作陈说。

一、华夏经典的反复解读

可视为对华夏经典加以解读的最早墓例是大同沙岭 7 号北魏墓甬道中的壁画镇墓武士和怪兽(图 4 - 4 - 1)①。镇墓武士头部特征奇特:头盔很小,头很大,脸部当戴着面具,高鼻、獠牙、大口,五官不同常人,倒与文献中负责打鬼的方相氏形象颇合。《周礼·夏官·方相氏》曰:"大丧,先柩,及墓,入圹,以戈击四隅,驱方良。"②《续汉书·礼仪志中》的记述更为详细生动:"先腊一日,大傩,谓之逐疫。其仪:选中黄门子弟年十岁以上,十二以下,百二十人为侲子。皆赤帻皂制,执大鼗。方相氏黄金四目,蒙熊皮,玄衣朱裳,执戈扬盾。十二兽有衣毛角。中黄门行之,冗从仆射将之,以逐恶鬼于禁中。……黄门令奏曰:'侲子备,请逐疫。'于是中黄门倡,侲子和:'甲作食䶒,胇胃食虎,雄伯食魅,腾简食不祥,揽诸食咎,伯奇食梦,强梁、祖明共食磔死寄生,委随食观,错断食巨,穷奇、腾根共食蛊。凡使十二神追恶凶,赫女躯,拉女干,节解女肉,抽女肺肠。女不急去,后者为粮!'因作方相与十二兽儺。……百官官府各以木面兽能为傩人师讫,设桃梗、郁儡、苇茭毕,执事陛者罢。"③沙岭 7 号墓武士形象与这些文献记载基本可对应,画于墓室之中后,就成为了

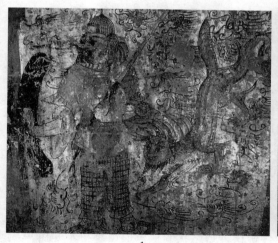 

1　　　　　　　　　　　　　　　　　　　　　2

图 4 - 4 - 1　大同沙岭 7 号墓镇墓神物壁画

1. 甬道北壁壁画　2. 甬道南壁壁画

①　大同市考古研究所:《山西大同沙岭北魏壁画墓发掘简报》,《文物》2006 年第 10 期。
②　郑玄注,贾公彦疏:《周礼注疏》,第 827 页,北京大学出版社,1999 年。
③　《续汉书·礼仪志中》,第 3127、3128 页,中华书局,1965 年。

镇墓武士。镇墓武士身后的怪兽恰好也具有"有衣毛角"特征且似乎在作舞,就应当是镇墓兽。只画一个镇墓兽当是以其为代表。

沙岭 7 号墓壁画镇墓武士和镇墓兽与东汉魏晋时期的显然不一样。沙岭 7 号墓壁画镇墓武士和镇墓兽可以与《周礼》和《续汉书》的有关记载比附,东汉魏晋时期的则不能,因此,东汉魏晋时期的镇墓武士和镇墓兽显然不是方相氏和十二兽,这是值得注意的第一点。沙岭 7 号墓壁画镇墓武士和怪兽可能是方相氏,而沙岭 7 号墓为北魏平城时代早期的鲜卑乙弗氏墓,这是值得注意的第二点。

汉晋镇墓武士和镇墓兽不是方相氏和十二兽这一现象的意义在于,汉晋时人对方相氏的理解忠实于方相氏本意。方相氏是由巫师扮演的武士形象,巫师是方相氏的本来性质,武士兼巫师是方相氏在打鬼场合的身份追加,打鬼仪式结束后,方相氏的身份也就自然结束了,时人也认为从此地下无鬼,可以放心安葬了。沙岭 7 号墓将方相氏和十二兽图画于墓葬之中,当是认为地下仍有需打之鬼,希望方相氏和十二兽能继续在地下打鬼,而且强调方相氏是不同于汉晋时期普通武士的镇墓武士。可是,由于打鬼行为中最能发挥效用的是武士特征,这预示着在不同的历史条件下,镇墓武士的特征将会在方相氏和普通武士之间摇摆。

更值得注意的是,方相氏和十二兽的第一次出现竟然是在北魏早期的鲜卑乙弗氏墓葬之中。可以肯定,北魏早期可以读到《周礼》《续汉书·礼仪志》等有关方相氏的文献,但是,按照经典画出方相氏和十二兽的情况在北魏之前的墓葬中没有发现。因此,考察此类形象在北魏早期乙弗鲜卑墓葬中的突然出现,就应该考虑其与北魏早期特殊历史状况的关系。没有文献资料能对壁画镇墓组合的出现与历史背景之间的关系给出明确回答,我们只能借助推测。北方民族本来就有浓厚的萨满信仰,或许沙岭 7 号墓主之类的鲜卑贵族对在地下打鬼有浓厚兴趣,他们让汉人画师按照华夏经典塑造出了方相氏和十二兽。方相氏和十二兽虽然源于华夏经典,但由伏羲女娲也出现在沙岭 7 号墓中看来,鲜卑对华夏经典的接受不是单一的而是系统化的。相比而言,汉晋式的武士状镇墓武士和走兽式镇墓兽在北魏早期当未绝迹,但缺乏经典上的依据,故而可能被具有经典依据的方相氏和十二兽所兼并。这可以算是华夏经典在异度时空下的解读。对此可予辅证的是,十六国晚期或北魏早期关中地区出现一种蹲站状的猛兽形镇墓兽,与戴鲜卑帽的骑马陶俑共出(图 4-4-2)。由于这种陶俑和镇墓兽出现于北魏控制关中之后,二者共出且只存在于关中地区,我们因此怀疑这种蹲站状的猛兽形镇墓兽本是鲜卑民族特色的镇墓兽,在北魏占领关中,掌握了汉人工匠后,让他们以陶俑的形式塑造了出来。这种镇墓兽后来被融入北魏镇墓兽之中,蹲坐状的兽面镇墓兽就是其变形和延续。这可能还连带影响到将人面镇墓兽也做成了蹲坐状,而人面镇墓兽的来源当在华夏,这在沙岭 7 号墓方相氏所率属下作人面状可得佐证。看来,有充分经典依据的方相氏和十二兽思想完备、队伍齐整,无论是汉晋镇墓武士和镇墓兽,还是鲜卑民族特色的镇墓兽,都无法与之相比。

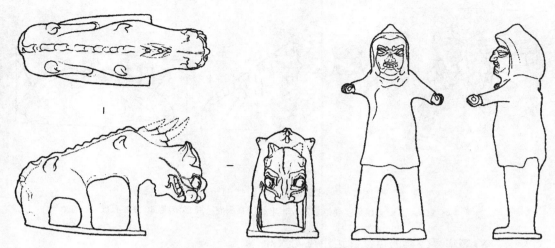

图4-4-2　西安北郊北朝M217镇墓兽和镇墓武士

　　北魏平城时代对华夏经典的解读一直在持续,此后又出现作老虎形的镇墓兽,其中大同富乔发电厂皇兴年间(467-471年)石椁墓椁门上有老虎唊蛇图①(参见图5-2-1,5),全家湾M9甬道西壁壁画镇墓猛兽可能也是老虎②,宋绍祖墓有蹲坐状陶虎③,内蒙古乌审旗翁滚梁北魏M6墓内放置的石板上有老虎形象④(图4-4-3)。王充《论衡》卷二十二《订鬼》引《山海经》曰:"沧海之中,有度朔之山,上有大桃木,其屈蟠三千里,其枝间东北曰鬼门,万鬼所出入也。上有二神人,一曰神荼,一曰郁垒,主阅领万鬼。恶害之鬼,执以苇索,而以食虎。于是黄帝乃作礼以时驱之,立大桃人,门户画神荼、郁垒与虎,悬苇索以御。"⑤蛇一直被视为与地下鬼怪有关,曾侯乙墓内棺表面漆画中有很多动物,其中鸟作食蛇状⑥;马王堆一号汉墓木棺漆画中有怪兽食蛇形象⑦;四川东汉墓中常出土有操蛇镇墓俑;镇江东晋晚期纪年墓有神怪食蛇画像砖⑧。老虎食蛇实际上就是食鬼。汉代墓葬壁画中也见到画有老虎的例子,但很有限,如洛阳烧沟61号西汉墓壁画⑨、大连营城子东汉墓壁画⑩。已经发现的北魏墓葬数量无法与汉墓相比,但已有多例墓葬中直接将老虎作为镇墓兽,这是前所未曾有过的,特别是在北魏平城时代这样的环境下,将其理解为

　　① 张志中:《大同北魏墓葬佛教图像浅议》,载宋馨等编《从考古与文献看中古早期的中国北方》,Harrassowitz Verlag,2019年。并见大同市博物馆:《融合之路——拓跋鲜卑迁徙与发展历程》,安徽美术出版社,2018年。
　　② 简报说:"甬道西壁壁画脱落坏较为严重,从残存的头部和身躯分析,隐约可辨为一只头向墓门、后背弓起的猛虎,惜大部残毁,其身后绘一忍冬枝蔓。"[山西省考古研究所、大同市考古研究所:《山西大同南郊全家湾北魏墓(M7、M9)发掘简报》,《文物》2015年第12期。]
　　③ 大同市考古研究所:《大同雁北师院北魏墓群》,第131页,文物出版社,2008年。
　　④ 内蒙古自治区博物馆、鄂尔多斯博物馆:《乌审旗翁滚梁北朝墓发掘简报》,载内蒙古考古研究所编《内蒙古文物考古文集》第二辑,第478-483页,中国大百科全书出版社,1997年。
　　⑤ 黄晖:《论衡校释》,第938-939页,中华书局,1990年。
　　⑥ 湖北省博物馆:《曾侯乙墓》,文物出版社,1989年。
　　⑦ 湖南省博物馆、中国科学院考古研究所:《长沙马王堆一号汉墓》,文物出版社,1973年。
　　⑧ 镇江市博物馆:《镇江东晋画像砖墓》,《文物》1973年第4期。
　　⑨ 李京华:《洛阳西汉壁画墓发掘报告》,《考古学报》1964年第2期。
　　⑩ 《营城子:前牧城驿附近の汉代壁画甎墓》,东亚考古学会,1934年。

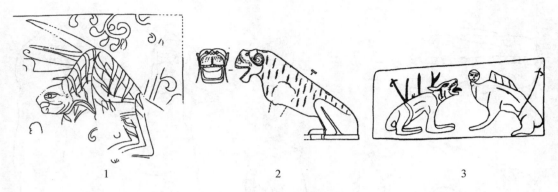

图 4 - 4 - 3　北魏平城时代的镇墓兽
1. 仝家湾 M9 甬道西壁壁画镇墓兽　2. 宋绍祖墓陶虎　3. 翁滚梁 M6 浮雕石虎

对《山海经》等华夏经典的再读和运用可能较好[①]。

　　从镇墓组合角度看,对华夏经典的再度解读要到盛唐时期,这在人面镇墓兽和兽面镇墓兽方面都有表现(图 4 - 4 - 4)。人面镇墓兽方面的表现是出现了大耳朵,这本是方相氏的特征,现在转移到了镇墓兽上,能够转变的原因自然在于人面镇墓兽具有"人面";兽面镇墓兽方面的表现是出现持蛇镇墓兽,这与符合经典的北魏平城时代老虎啖蛇图不一

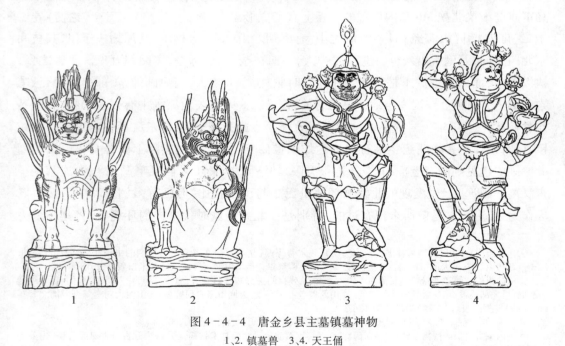

图 4 - 4 - 4　唐金乡县主墓镇墓神物
1、2. 镇墓兽　3、4. 天王俑

---

　　① 忻州九原岗北朝墓壁画在一定程度上也可以看作对华夏经典的解读。各墓葬壁画的很多内容虽然无法确切解读,但可以肯定与《山海经》有直接关系。不过今忻州一带从汉末以来就渐渐转变为北方民族为主的地区,在北朝时为尔朱氏主要活动地区,因此,在忻州出现这样壁画的墓葬是非常出乎人们的意料之外的,除了可以从华夏经典解读的角度外,还应考虑更多方向的解释(山西省考古研究所、忻州市文物管理处:《山西忻州市九原岗北朝壁画墓》,《考古》2015 年第 7 期)。

样,而且唐代兽面镇墓兽的基本形态是狮子,持蛇与狮子更没有关系。从北魏洛阳时代到盛唐之前,一人面一兽面镇墓兽为基本形象,没有出现过大耳或持蛇形象,但大耳方相氏和啖蛇老虎均有华夏经典依据,那么,在盛唐时期突然出现的这种镇墓兽形象自然又可以解读为对华夏经典的再读,不过是将老虎啖蛇改为狮子持蛇而已。这个现象的发生,我们认为与盛唐时期镇墓天王俑代替镇墓武士俑有关。唐代天王俑没有像北魏平城时代的镇墓天王那样吸收了方相氏的特点,而是将大耳的特征转移给了人面镇墓兽,这在下面还会述及。

简略地说,中古镇墓组合的发展历程体现了对华夏经典的反复解读。第一次是北魏平城时代,与拓跋鲜卑等少数民族利用华夏经典构建自己的墓葬文化体系有关。第二次是盛唐时代,由于盛唐镇墓组合与《大唐开元礼》《唐六典》等文献略可对应,可知第二次解读与唐代官方有密切关系。这次重读在赋予佛教以更高地位——强调了天王俑的单纯性的同时,也重拾了从北魏洛阳时代至盛唐近二百年时间中失落的华夏经典形象——方相氏和蛇。

二、外来文化的不断渗透

外来文化的渗透经历了从民间主动吸收到官方予以规定的转变。这一过程体现出阶段性,其中东汉魏晋是外来文化泛泛影响的阶段,北朝隋唐则是佛教一枝独秀的阶段。

无论是东汉走兽形镇墓兽,还是西晋出现的镇墓武士,都与外来文化有或隐或显的联系(图 4-4-5)。镇墓兽东汉时期在北方地区的出现是比较突然的,其原因在于中国内部。具体说来,一是族坟墓制度的崩溃促使个体或家族墓葬对地下保护产生了需求;一是合葬习俗的流行导致疫病的传播,在巨大的恐惧中,镇墓兽和镇墓瓶作为孪生兄弟比较频繁地在东汉中后期出现了。镇墓兽产生的原因虽然在中国内部,但镇墓兽的形式却似乎有外来色彩。东汉镇墓兽为头上长角、向前顶撞状的猛兽形象,这既与先秦楚地镇墓兽不同,也与所谓的獬豸不同①,倒是与东汉陵墓前的天禄或麒麟相似。这里需要略作界定的是,此处讨论的是东汉中原而非其他地区的镇墓兽。中原地区的东汉镇墓兽应该最为典型且最能说明问题,但遗憾的是东汉墓葬中没有发现镇墓兽。不过,在山东诸城东汉墓和河西东汉墓发现的镇墓兽都为走兽形,西晋墓葬出土了更多的走兽形镇墓兽,我们由此推测东汉时期中原地区的镇墓兽也接近走兽形,并能将此与原形为狮形的墓前天禄或麒麟联系起来②。所以作如此理解,还在于包括天禄和麒麟在内的东汉陵墓石刻也是东汉时

---

① 文献中獬豸的基本形态都为羊,如《续汉书·舆服志下·法冠》:"獬豸神羊,能别曲直,楚王尝获之,故以为冠。"《论衡·是应》:"觟者,一角之羊也,性知有罪。皋陶治狱,其罪疑者,令羊触之。"在一些墓葬如仪征化纤公司工地西晋墓中发现的头上长角的镇墓兽,可能是模仿了獬豸。这种镇墓兽不多见,而且就其出土于长江下游地区的西晋墓而言,可能也缘于当地对镇墓兽的特定理解。

② 中原以外地区镇墓兽发现不少,如西北地区铜、木质镇墓兽都为偶蹄类猛兽,内蒙古地区壁画镇墓兽和河南南部、湖北北部的镇墓兽更接近牛形,这些既可能是中原走兽形镇墓兽传播到这些地区后变形的结果,也可能是为了更符合当地情况而再创造出来的。

期突然在中国境内兴起的,也是受到外来文化影响的产物,而且同样主要分布在中原地区。那么,将本来就具有守卫陵墓含义的天禄或麒麟形象移之于墓中,并加上尖角,遂成为镇墓兽,是比较顺理成章的。如此推测的另一依据在于《周礼·夏官·方相氏》中入墓穴打鬼和《续汉书·礼仪志中》中大傩宫中驱鬼的主角都是方相氏,其形貌特征是"蒙熊皮,黄金四目"①,洛阳烧沟 61 号西汉墓②、洛阳卜千秋墓③等墓葬壁画中都有熊形方相氏也正可与文献印证。但东汉镇墓兽不作熊形而作天禄或麒麟的走兽状,恰可说明镇墓兽不来自中国传统,而是外来文化影响之产物。

图 4-4-5　东汉西晋镇墓神物
1. 酒泉下河清东汉铜独角兽　2. 西晋陶镇墓兽　3. 西晋武士俑

西晋时期洛阳地区出现了镇墓武士俑并传播到洛阳以外地区。陶俑出现的时代很早,但将陶俑作为镇墓俑则始于西晋。为什么西晋时期开始出现这一葬俗?可能与所谓"晋制"——在洛阳地区有效推行的官方丧葬规定有关,其目的是与已经存在的镇墓兽配对,此外可能别无深意。虽然此时的镇墓武士和镇墓兽都只有一件,但二者构成了镇墓组合。这种组合形式为后世所继承,数量上则会有增减。镇墓武士出现的原因也属于中国内因,但镇墓武士的形象似乎也受到外来文化影响。镇墓武士的形象除面部阔大外,都是大眼,有些具高耸的螺髻,这些是异域人物特征。大眼是长江中下游吴晋墓出土胡俑的显

① 郑玄注,贾公彦疏:《周礼注疏》,第 826 页,北京大学出版社,1999 年。
② 河南省文化局文物工作队:《洛阳西汉壁画墓发掘报告》,《考古学报》1964 年第 2 期。
③ 洛阳博物馆:《洛阳西汉卜千秋壁画墓发掘简报》,《文物》1977 年第 6 期。

著特征,明显有别于华夏人物。长江中下游吴晋墓胡俑所代表的胡人不应只局限于本地,而应具有时代性,他们很可能主要从中原流寓到长江中下游地区。高耸的螺髻俑或螺帽陶俑在南京地区东晋早期墓葬中有出土,是典型的异域人物形象。西晋去东汉不远,以异域武士与从异域而来的兽形镇墓兽相配颇为协调。

所谓的"五胡乱华"中断了中原地区汉晋文化的发展,镇墓神物亦不例外。镇墓神物的再次出现已到北魏平城时代,而且形象改变很大。其基本形象是按照《续汉书·礼仪志》中方相氏的特征塑造的,我们在上文已经就其表现的对"华夏经典的反复解读"的情况进行了详述,这里集中讨论外来文化的影响。如果说,东汉西晋的镇墓武士和镇墓兽所依托的外来文化尚难确指,那么,从北魏平城时代开始,镇墓组合所依托的外来文化就是佛教,而且与佛教艺术在不同时代的特点相关。平城北魏墓葬壁画中经常有莲花、摩尼宝珠等佛教题材,但属于点缀性内容,在此不作讨论。

大同发现的具有鲜明外来文化因素的平城时代墓葬已知有五座,分别是大同富乔发电厂皇兴年间石椁墓、大同毛德祖妻张智朗墓[①]、大同文瀛路墓[②]、怀仁丹扬王墓[③]、大同云波里墓[④](图4-4-6)。其中大同富乔发电厂皇兴年间石椁墓的佛教因素最明确、浓厚,石椁内壁满绘佛像,石椁门外为镇墓武士图,有头光、身披帛,但既长又尖的大耳朵透露出这是打鬼的方相氏。其余四座墓的镇墓武士图像看不出明显的佛教因素,不过,怀仁丹扬王墓武士所持长兵器为细杆,头部隐约呈三叉状,加上脚下踩牛,按照一般理解,近似古印度教湿婆神[⑤]。文瀛路墓镇墓武士所持兵器也呈细杆状,也近似湿婆神。平城地区的历史和佛教状况,决定了古印度教不可能单独而只能依附于佛教来到平城。这些古印度教神早已被佛教改造为自己的护法神,从而也具有了佛教性质。文瀛路墓镇墓武士也长着既长又尖的大耳朵,表明其也是打鬼的方相氏。怀仁丹扬王墓镇墓武士虽没有长着奇异的耳朵,但其所在位置和所持兵器与文瀛路墓镇墓武士相同,则也应当是方相氏。同样,毛德祖妻张智朗墓石椁门上镇墓武士卷发、披帛、脚下踩一动物,大同云波里墓前壁残存一赤足、披帛的人物形象,虽然更多的细节已难辨认,但以上形象都是作为佛教的护法神而被移到墓葬之中是明确无疑的。

北魏平城佛教异常发达,佛教因素渗透到墓葬之中为正常现象。平城地区已发现的壁画墓葬不过十余座,至少五座已经表现出比较显著的佛教影响,即使与同时期的南朝墓葬相比,也不那么逊色。同样令人瞩目的是,这些凶神恶煞般的佛教护法形象在石窟、造像碑等载体中难以见到,仿佛是为了墓葬的需要而专门挑选出来的。佛教石窟中表现最

① 持志、刘俊喜:《北魏毛德祖妻张智朗石椁铭刻》,《中国书法》2014年第7期。
② 大同市考古研究所:《山西大同文瀛路北魏壁画墓发掘简报》,《文物》2011年第12期。
③ 怀仁县文物管理所:《山西怀仁北魏丹扬王墓及花纹砖》,《文物》2010年第5期。
④ 大同市考古研究所:《山西大同云波里路北魏壁画墓发掘简报》,《文物》2011年第12期。
⑤ 牛在古印度教中象征湿婆,在这里当已转为象征恶鬼。鬼作牛状见于《幽明录》"舒礼"条:"……使吏牵著熬所,见一物,牛头人身,捉铁叉,叉(舒)礼著熬上,宛转,身体焦烂,求死不得。"[刘义庆:《幽明录》,载王嘉等:《拾遗记(外三种)》,第190页,上海古籍出版社,2012年。]

图 4 - 4 - 6　北魏平城时代镇墓武士形象
1. 大同文瀛路墓武士壁画　2、3. 怀仁丹扬王墓甬道西壁、东壁武士图
4. 大同张智朗石椁彩绘武士　5. 大同云波里墓武士残像

多的是大梵天、帝释天、摩醯首罗天、鸠摩罗天,他们的神性与湿婆不同,湿婆以毁灭性质
为主而兼具创造性质,这有助于上文将怀仁丹扬王墓和文瀛路墓镇墓武士推定为湿婆神。
值得注意的是,这些镇墓武士的外表形象虽然具有强烈的异域色彩,但他们的性质只能相
当于镇墓兽,不论他们长与不长既尖且长的大耳朵,他们的基本性质已经转变为方相氏。
五例异域形象的镇墓武士中,三例方相氏特征明确,一例不明,一例未加表现。看来,在平
城时代,异域神祇多数情况下还得部分借助中国神祇的特征,以此来标明自己的新身份。
还应该看到的是,虽然平城时代晚期的文瀛路墓壁画镇墓武士形象异域色彩浓厚,但镇墓

武士陶俑没有一例采取异域神祇的形式。从随葬陶俑的宋绍祖等人墓葬可知，陶俑的使用在北魏平城时代后期可能已经具有制度意义，这说明平城时代的北魏政权还没有将壁画纳入墓葬等级制之中。北魏洛阳时代的佛教同样发达，但是留存的壁画墓极少，不知古印度教神样式的镇墓武士是否继续存在，陶俑则完全继承宋绍祖、司马金龙①等平城后期墓葬的写实主义风格，并且二镇墓兽中的兽面镇墓兽改为狮形，这是佛教影响加大的表现，该情况一直维持到盛唐之际。由于北魏平城陶俑很可能有官方规定，将带有佛教色彩的狮子做成镇墓兽是佛教在墓葬之中被官方正式接纳的第一步。

　　盛唐镇墓俑的最大变化是武士俑变为天王俑，天王俑不但比武士俑威猛生动，而且脚下还一定踩踏恶鬼或具有恶鬼性质的动物如牛、羊等。天王形象在佛教石窟中也很常见，所以天王俑具有明确的佛教性质是没有疑问的。必须注意的是，天王俑是被明确纳入官方丧葬礼仪规定之中的。这也就是说，官方对佛教性质的天王俑进入墓葬是允许并支持的，这与之前相比是一个巨大的变化。之前的镇墓武士俑本质上就是打鬼的方相氏，这从沙岭7号墓等早期镇墓武士多戴面具就可得知。宋绍祖等墓葬开始，镇墓武士不再戴面具，这不意味着镇墓武士的方相氏性质的消失，不过可能是戴面具陶俑不易表现，面目与常人相似而特别凶悍的武士同样可以表达出威吓之意，所以索性就以凶悍的常人面目出现了。天王俑与之前镇墓武士的功用是相似的，但来源完全不同，天王俑是佛教深刻影响到墓葬的表现。天王俑加上狮形镇墓兽，唐代镇墓组合的佛教色彩达到了无以复加的程度，这也是佛教因素在镇墓组合中的极致。

　　天王俑出现以后，方相氏并没有完全从墓葬之中退出。方相氏的功能已经或至少部分转移给了人面镇墓兽，很多人面镇墓兽长着很大的耳朵，就表明他们具有方相氏的性质。镇墓兽本来是方相氏率领的十二兽，二者性质根本不同，天王俑挤占了方相氏的角色后，方相氏就挤占了镇墓兽的性质，这种压力传递和角色转换是很正常的文化现象。

三、中古北方地区镇墓神物的变化机制

　　华夏经典和外来文化是中国古代北方镇墓神物的基本构成部分，对华夏经典的反复解读和外来文化的不断渗透是一个动态过程，推动这一过程的主要动力是民间习俗和官方规定。在具体的发展过程中，起初都是在民间层面上吸收其他文化，到了一定的历史阶段后，民间习俗部分转化为官方规定，官方规定又对民间习俗产生影响。这种由下至上，又由上至下的过程成为一种稳定的机制。具体而言，东汉魏晋只构成一个半程，后来被东晋十六国的分裂史所中断；北朝隋唐才构成了全程。

　　东汉魏晋的半程指镇墓神物东汉时期起于民间，魏晋时期被官方吸收和改造，但没有来得及再对民间产生明确影响。

　　上文曾指出东汉走兽形镇墓兽具有一定的外来色彩，这对于理解其民间性很有帮助。

---

①　山西省大同市博物馆、山西省文物工作委员会：《山西大同石家寨北魏司马金龙墓》，《文物》1972年第3期。

　　根据墓葬形制和规模,可以肯定,出土走兽形镇墓兽的东汉墓葬下起普通平民,上至中高级官僚,这是走兽形镇墓兽的民间性的直接表现。在可以肯定的东汉诸侯王墓中都没有发现走兽形镇墓兽,则可视为走兽形镇墓兽具有民间性的间接表现。与此相应的是,根据《水经注》的记载,东汉诸侯王一级墓葬地表也没有发现神道石兽。东汉诸侯王墓不使用走兽形镇墓兽或神道石兽的情况不是偶然的,而取决于东汉诸侯王对上古礼制的沿用。黄肠题凑、玉衣、成组陶鼎等,是诸侯王陵墓区别于其他墓葬的礼制标志。这种礼制具有强烈的保守性,已经与东汉社会的现实状况脱节。陶鼎所代表的是三代以来的用鼎制度,黄肠题凑和玉衣是战国西汉出现和逐渐完善的新制度,本质上都与贵族制度相对应。按照礼制规定,东汉列侯可以使用玉衣,是列侯犹有名义上贵族身份的标志。但是,从平民出身的刘邦集团依靠军功建立西汉政权起,分等级、多层次的先秦式的贵族制度已经被釜底抽薪,无法建立和奏效。西汉景帝、武帝对列侯制度的摧毁性打击,东汉对列侯控制的变本加厉,使列侯在东汉时期已经在事实上被剥离出了贵族行列。诸侯王以及皇帝成为孤立在社会顶端的小型贵族群,因而变得更加保守,拒绝墓葬礼制上的新变化,尤其排斥来自平民阶层的新因素。我们在上文指出东汉走兽形镇墓兽可能与墓前神道石兽有关,《水经注》记载了很多墓前神道石兽,但墓主几乎都是二千石之类的官员,仅有一例列侯墓,"(淯水)水南有汉中常侍长乐太仆吉成侯州苞冢。冢前有碑,基西枕冈城,开四门,门有两石兽,坟倾墓毁,碑兽沦移,人有掘出一兽,犹全不破,甚高壮,头去地减一丈许,作制甚工,左膊上刻作'辟邪'字"[1]。由此可见,在礼制方面,列侯的地位摇摆于贵族和平民之间。陵墓石刻和走兽形镇墓兽始终没有为真正的贵族所接纳[2]。

　　到了西晋时期,洛阳地区的墓葬中突然普遍出现走兽形镇墓兽。使用走兽形镇墓兽之外,墓葬多为近方形的单室墓,随葬形态接近的鞍马、牛车、执盾武士俑、男女侍从俑,成为突出现象。由于墓葬大多被盗或本来没有随葬墓志等身份标志物,洛阳西晋墓主信息多无从知悉,但很多墓主无疑具有官员身份。这一情况的出现当有西晋政府在背后发挥了影响,甚至直接对丧葬礼制进行了规定。从曹操、曹丕父子大力提倡薄葬,到西晋政权很可能用法令形式加以干预,这条线索是清晰的。山东邹城西晋刘宝墓[3]随葬的陶鞍马、牛车、陶俑等与洛阳地区几乎完全一致,刘宝的身份为"侍中、使持节、安北大将军、领护乌丸校尉、都督幽并州诸军事、关内侯",可见刘宝墓所采用的是洛阳地区的墓葬礼制。湖南安乡西晋刘弘墓[4]虽然没有出土走兽形镇墓兽,但为近方形的单室墓,与安乡当地墓葬形制完全不同。刘宝、刘弘这种高级身份者的墓葬与洛阳地区有直接关系,说明他们的墓葬受到了洛阳的约束。学术界对这种现象有"晋制"一词来加以描述,如果非要用这样的概念的话,"魏晋之制"可能更为合适。究竟如何表述更为合适可以再加讨论,但走兽形镇

　　① 郦道元著,陈桥驿校证:《水经注校证》,第724页,中华书局,2007年。
　　② 走兽形镇墓兽的采用与小砖墓的被接纳和流行有关。砖室墓从西汉中期兴起后,首先在长安、洛阳中下层平民中流行起来,并推广到其他地区,但西汉列侯以上的高级贵族对此是予以排拒的。
　　③ 山东省邹城市文物局:《山东邹城西晋刘宝墓》,《文物》2005年第1期。
　　④ 安乡县文物管理所:《湖南安乡西晋刘弘墓》,《文物》1993年第11期。

墓兽由东汉时期的民间之物转化为国家丧葬规定中的一部分,以及形态上发生的改变,较为形象地展示了中古镇墓神物的变化机制。

拓跋鲜卑吸收、改造华夏文明的情况,与华夏文明对外来的吸收、改造的情况类似。不能说拓跋鲜卑没有关于镇墓的思想和艺术上的表达,但在悠久深厚的华夏文明面前,拓跋鲜卑原有的文化形式可能被窒息了,最终呈现在今人面前的是比较纯粹的华夏文化面貌。需要注意的是,拓跋鲜卑虽然采用了华夏文明系统的镇墓神物,但是他们对镇墓神物的理解可能并不完全依循华夏文明的内涵。这些文化心理已经隐没于历史的幕后,而无法确切窥知了,但从大同沙岭7号墓等例证可以看出,这一轮镇墓神物的演化机制也是从民间发端的。

沙岭7号墓的墓主人为乙弗鲜卑破多罗氏太夫人。在北魏早期就能使用这样的墓葬和壁画,说明墓主人的社会地位必然不低,但这并不能反映其文化修养的状况。乙弗鲜卑是拓跋鲜卑的近支,从《魏书》所载传记来看,北魏早期拓跋显贵几乎无一人具有较高的文化修养,破多罗氏太夫人大概也不例外。正因为如此,如此丰富而庞杂的华夏文明因素出现在了年代如此之早的北魏墓葬中,并以壁画的形式加以表现,才格外令人惊诧。此后的解兴石堂、张智朗墓石椁、梁拔胡墓、文瀛路墓、云波里墓壁画中的镇墓神物,都不过是在沙岭7号墓基础上的局部调整。解兴等人的身份等级也并不低,大同地区已发现有相当数量的与这些壁画墓葬规模相似的北魏墓葬,其中只有一小部分绘制了壁画,说明壁画墓的出现是民间行为,而与官方无关。如果从民间行为的角度来解读,华夏文明因素在上述例证中的出现就是情理之中了。

这里拟对大同富乔发电厂皇兴年间石椁墓略作讨论,该墓出现的老虎啖蛇图是拓跋鲜卑民间接受汉文化进程的延续。该墓石椁满绘佛像的背后,隐藏着拓跋鲜卑接纳汉文化的文化机制。虽然石椁满绘佛像与镇墓组合关系不直接,不过如上文所指出,佛教神王性质的镇墓武士图像并不罕见,所以此处对满绘佛像石椁略作讨论,以帮助理解北魏平城时代镇墓组合的变化。石椁满绘佛像虽仅发现此一例,但北魏平城时代墓葬中佛教因素所显示的佛教影响则是明确且可观的。在这里,我们不拟强调佛教在平城时代的巨大影响,而是想指出拓跋鲜卑对汉文化和佛教都采取了开放态度,说明拓跋鲜卑本民族原有的丧葬文化很可能不仅相对落后,而且内容相对单薄。经过数千年的发展,汉文化已经建立起完整的天地人鬼思想和体系以及形象内容,这不是拓跋鲜卑可以相比的;佛教较之汉文化在人神、生死方面有更完善的学说。拓跋鲜卑已经与汉文化、佛教在现实中发生了密切接触,在丧葬文化中就不能不受到汉文化、佛教的影响,否则,就无法解释拓跋鲜卑墓葬的内容不断发生着的变化。当然,我们必须指出的是,据云该墓出土有皇兴三年(469年)墓志铭,墓主为幽州燕郡安次县人韩受洛拔之妻邢合姜,似为无官无爵的平民。邢合姜墓葬石椁上满绘佛像,自然表现了与丧葬活动相关的一部分人对佛教信仰之深,但这些人对佛教的理解是浅薄的,是与佛教的本旨相背离的。还需要指出的是,相对于拓跋鲜卑自身的丧葬文化,汉文化与佛教都是外来文化,二者在这里走到了一起,而上文用二分法将拓跋鲜卑墓葬镇墓组合的内容解析为对华夏经典的反复解读和外来文化的渗透,在本质上也是权宜之计,不宜采取彻底的分离观。

　　从北魏平城时期的宋绍祖墓、司马金龙墓开始,北魏官方将墓葬纳入了管控之下,镇墓神物作为墓葬的一个内容,也自然从民间层面转入官方视野。如果说北魏平城时代晚期墓葬的数量还不够多,镇墓神物官方化的例证还不充分,那么北魏洛阳时代的例子就非常之多了,宿白先生早就将陶俑数量作为划分北魏洛阳时代墓葬等级的一个标准①。洛阳北魏墓葬中一人面、一狮面的蹲坐状镇墓兽不仅成为固定组合,而且不同墓葬出土品的相似性很强,有可能出自专门制造明器的甄官署,显示了北魏官方对墓葬管控的细致程度。北魏洛阳时代的镇墓组合被东魏北齐所继承,西魏北周则将关中北魏墓葬中以趴卧状镇墓兽为代表的镇墓组合官方化,上至北周武帝下及普通北周官员都采用这种镇墓兽,实现了关中地区镇墓组合从民间到官方的转变。隋灭北齐不久,东魏北齐的镇墓组合样式就出现在了关中地区很多隋代官员的墓葬之中,取代了相对鄙陋的西魏北周镇墓组合样式,这只能是官方行为的产物。唐代建立后,镇墓组合的样式逐渐发生变化,在高宗武后时期形成了最具唐代特色的踩踏小鬼的天王、头部和后背都长有很多戟刺的镇墓兽组合。这种镇墓组合以长安、洛阳为中心,在东起扬州、西至吐鲁番的广大地域范围内都有发现;墓主既有唐王公大臣,也有普通官员,还有很多不知姓名身份者。如此广大地域范围随葬的镇墓组合如此相似,自然不可能认为长安或洛阳是统一的制造中心,而不能排除自主制造或购买的可能性。这就意味着官方的镇墓组合有可能为民间所效仿,从而化为民俗。如河西、吐鲁番等西北地区出土的镇墓组合不可能产自当地,也不可能从长安御赐,那么只能通过购买。今甘肃庆城属于关中之地,但唐游击将军穆泰墓②中出土的很多彩绘陶俑均不见于其他墓葬,镇墓兽的形态也很特殊,说明这些陶俑可能出于专门的订制,意即身份与镇墓组合之间不存在必然的关系,民间对官方样式的模仿也就成为可能。这样,民俗转化为官方规定,官方规定维持一定时间后,又对民间产生很大影响,进而改变了民俗,从北魏到唐代的镇墓组合就经历了这样一个完整的过程。

　　综上所言,中国本土与外来文化的两分,是就中古镇墓组合的文化内涵而言的,在丧葬活动的现实中,二者是隐性的,是被选择的对象。相对而言,民间葬俗和官方规定具有主动性,因而是显性的,但葬俗与官方规定之间并不存在不可逾越的鸿沟,而是有可能从民间葬俗转为官方规定,官方规定久而久之也可能转化为葬俗。但无论如何,民间葬俗和官方规定的具体内容无外乎中国本土文化与外来文化,两种文化在现实世界的地位和关系最终决定了它们在地下世界的表现。

---

①　参看宿白先生 1974 年为北京大学考古系作的讲义《魏晋南北朝考古——中国考古学之五》,第 16、17 页。
②　庆阳市博物馆、庆城县博物馆:《甘肃庆城唐代游击将军穆泰墓》,《文物》2008 年第 3 期。

第五章　南北朝墓葬中的佛教因素

　　南北朝墓葬中的佛教因素具备一定的礼制意义,既是重要的文化现象,也具有重要的研究价值。在前面的论述中已经涉及佛教因素的部分内容,本章是对南北朝墓葬中佛教因素的集中讨论。通过带有比较性的集中论述,可以使我们对南北朝墓葬中的佛教因素的认识更为全面和客观。

　　南北朝墓葬中的佛教因素不乏学者关注,林圣智、杨莹沁、吴桂兵等学者的研究颇具价值①。我们观察和分析问题的角度与上述学者差别较大,所以下文补充一些新材料,更主要的是进行了分析。高句丽是汉魏晋唐时期中国东北地区的地方政权,高句丽佛教由中原地区传入,佛教因素出现于高句丽墓葬中的时间与中原南方地区相当,都在南北朝的早期阶段。高句丽壁画墓葬发达,佛教因素也颇有表现,基本特点与中原北方地区相近,并可补中原北方地区之不足,所以在本文中兼及。

第一节　南朝墓葬中佛教因素的发现与研究

一、主要的考古发现

　　2010 年之前发掘的南朝墓葬中的佛教因素,笔者撰有《试谈南朝墓葬中的佛教因素》一文,进行了简单分析②。2010 年之后又出土了一批包含佛教因素的南朝墓葬,并出现了一些新内容。下面简单介绍早先的考古发现,集中介绍考古新发现。

　　《试谈南朝墓葬中的佛教因素》一文涉及 2010 年前发表的含有佛教因素的南朝墓葬20 座,其中断定为与佛教有关的因素包括佛教人物形象类的佛像、僧人、飞天、伎乐、供养人物,佛教护法类的狮子,佛教象征物的杂器(瓶花、博山炉)、佛塔等。莲花、忍冬、缠枝

---

①　林圣智:《墓葬、宗教与区域作坊——试论北魏墓葬中的佛教图像》,《美术史研究集刊》第二十四期,2008年;杨莹沁:《汉末魏晋南北朝时期墓葬中神仙与佛教混合图像分析》,《石窟寺研究》第三辑,文物出版社,2012年;王倩:《北朝墓葬图像中的佛教因素初探》《西部考古》2017年第3期。李星明《隋唐墓葬艺术中的佛教文化因素》(载巫鸿、郑岩主编:《古代墓葬美术研究》第一辑,文物出版社,2011年)、《唐代护法神式镇墓俑试析》(载石守谦、颜娟英主编:《艺术史中的汉晋与唐宋之变》,石头出版股份有限公司,2014年)对此问题也有涉及。另可参见吴桂兵有关讨论,见氏著《中古丧礼俗中佛教因素演进的考古学研究》,科学出版社,2019年。

②　拙文:《试谈南朝墓葬中的佛教因素》,《东南文化》2010年第3期。

等与佛教相关,但图案性质很强的题材不作为明确的佛教因素而加以讨论。其中四座墓葬与佛教存在直接关系。邗江酒甸 M1① 出土一块墓砖,铭文简报释为"此是和僧□庭须等会得"(图5-1-1),多数不能完全确定,但其中的"僧"字可确认,或可以说明僧人曾参与了墓砖的制造。由于南北朝时墓砖买卖不盛行,墓砖当由丧主设法雇人烧造,墓砖花纹图像既不能有悖时代风尚,也不能违背丧主意愿,因此从形象设计、制造砖模、入窑烧造到砌入墓壁,是一个连续的有计划的过程,僧人参与其事,并有佛像类形象最终出现在墓室之中,应是深思熟虑的产物。闽侯南屿墓② 墓壁用花纹砖交替砌建而成,其中僧人、飞天、宝瓶以及莲花纹砖所表现的佛教意象最为明确(图5-1-2)。余杭庙山墓③ 的画像砖砌在视线易及的第五到七层,最外端墓室口为武士,武士后三组人物应以四位僧人为中心,他们与棺床最接近,而且都面向棺床。因为墓室壁画左右壁对称分布,僧人与棺床的关系似乎更加显著(图5-1-3)。还有一处是汉水中游襄樊韩岗"辽西韩"家族墓④,共有3座墓葬,其中一座墓葬即 M46 出土有南朝宋孝建元年(454年)纪年砖,墓砖上有"孝建元年岁在午八月四日韩法立为祖公母父母兄妹造"二十三字铭文,韩法立这个人名有佛教色彩,铭文的体例也有佛教色彩,人名与铭文体例是一致的,这座墓葬的佛教色彩很浓厚,出家的僧人与世俗的丧葬行为结合得很巧妙。

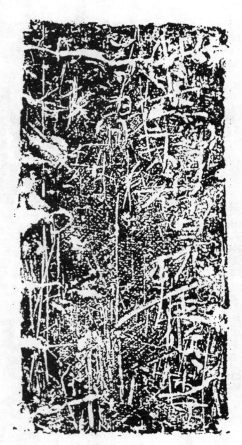

图5-1-1　"此是和僧□庭须
等会得"铭文砖

　　新发现的具有佛教因素的南方地区墓葬集中分布在长江中游和下游地区。中游地区以襄阳为中心,安康和鄂州大致是地域分布的上下界点。下游地区以建康为中心,扬州和杭州大致是地域分布的南北界点。在《试谈南朝墓葬中的佛教因素》一文中,长江中游所列举的主要考古发现是襄阳贾家冲墓、邓县学庄墓、鄂州观音垅 M1、M2、鄂州泽林 M5、M6、鄂州郭家细湾 M8、M11、鄂州塘角头 M13;长江下游地区所列举的主要考古发现是丹阳金家村墓、丹阳吴家村墓、丹阳胡桥仙塘湾墓、南京油坊村墓、南京西善桥第二砖瓦厂

①　扬州博物馆:《江苏邗江发现两座南朝画像砖墓》,《考古》1984年第3期。
②　福建省博物馆:《福建闽侯南屿南朝墓》,《考古》1980年第1期。
③　杭州市文物考古所:《浙江省余杭南朝画像砖墓清理简报》,《东南文化》1992年第3、4期合刊。
④　襄樊市文物考古研究所:《湖北襄樊市韩岗南朝"辽西韩"家族墓的发掘》,《考古》2010年第12期。

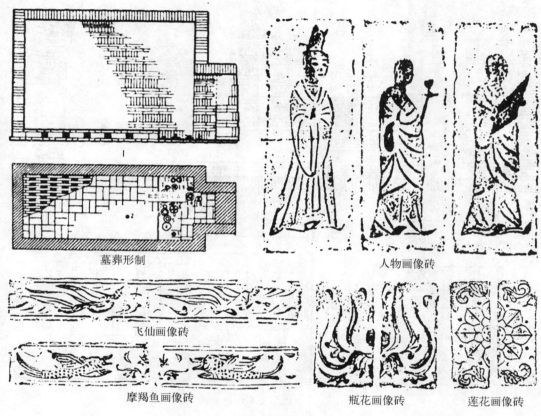

墓葬形制　　　　　　　　　　人物画像砖

飞仙画像砖

摩羯鱼画像砖　　　　　瓶花画像砖　　　莲花画像砖

闽侯南屿墓

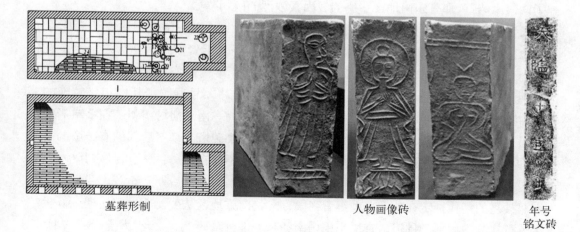

墓葬形制　　　　　　　　　　　人物画像砖　　　　　年号
　　　　　　　　　　　　　　　　　　　　　　　　　铭文砖

南安丰州墓

图 5 - 1 - 2　闽侯南屿、南安丰州墓形制和画像、花纹、铭文砖

墓葬形制

图 5 - 1 - 3　余杭庙山墓形制和画像砖

墓、南京西善桥油坊村墓、常州田舍村墓、常州戚家村墓、邗江酒甸 M1、余杭庙山墓。还列举了闽侯南屿墓,那是东南地区一座佛教因素浓烈的南朝墓葬。

　　长江下游地区值得补充的重要墓葬是南京狮子冲 1 号墓①、南京胡村南朝墓②、余杭小横山南朝墓群③(图 5 - 1 - 4)。南京狮子冲 1 号墓竹林七贤壁画阮籍像之前有莲花化生。南京狮子冲 1 号墓主被公认为昭明太子萧统,墓葬年代为公元 530 年。长江下游地区发现竹林七贤拼嵌壁画的墓葬已近 10 座,南京狮子冲 1 号墓属于其中年代较晚的墓葬,莲花化生也不见于其他这类墓葬之中,可算新生事物。南京胡村南朝墓在墓室后壁用砖砌出三座佛塔,两座大塔并列,二塔中间上部再砌一小砖塔。墓室后部砌有砖塔的墓例甚多,但当时多未被准确判断。胡村墓砖塔保存完好,不存在疑义,据此可推定其他墓例。从墓砖上的人物形象看,胡村墓的时代在南朝偏晚阶段,当在梁后期乃至陈。我们将汉水中游邓县墓的年代推定在公元 5 世纪后半段,那么,南方地区从公元 5 世纪后期到 6 世纪末都流行在墓室后部砌佛塔。余杭小横山南朝墓群部分墓砖上有大龙、大虎、飞仙、羽人、

① 南京市考古研究所:《南京栖霞狮子冲南朝大墓发掘简报》,《东南文化》2015 年第 4 期。
② 南京市博物馆:《南京市江宁区胡村南朝墓》,《考古》2008 年第 6 期。
③ 杭州市文物考古研究所、余杭博物馆:《余杭小横山东晋南朝墓》,文物出版社,2013 年。

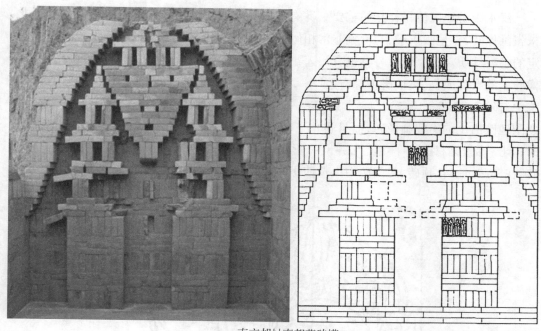

南京胡村南朝墓砖塔

余杭小横山南朝墓M7莲花化生

图 5-1-4　南京胡村南朝墓砖塔和余杭小横山南朝墓画像砖

羽人骑龙（虎）、瓶花、摩尼宝珠等常见于其他墓葬的图像，还有一些不太常见者，如 M7、M10、M18、M93、M119 有莲花化生图，M7、M18、M23、M93、M103、M119 有狮子图，M13 后壁有砖砌佛塔。余杭小横山南朝墓砖上的莲花化生既有从莲蕾中刚露头的婴儿，也有衣冠整齐的成人，成人化生的墓砖数量不比婴儿化生少。成人化生是与佛教宣扬的重新投胎而往生不相符合的，也与六道轮回的思想相悖，但反映了南朝时人的真实想法，而且这个想法与道教宣扬的即身成仙是一致的。因此，这种表面看上去纯粹的佛教因素，很可能夹杂了其他文化因素在内。小横山南朝墓群的时代比较晚，前文推测在南朝陈时期，画像砖的内容与建康地区齐梁帝、王墓有不少相似之处，也与汉水中游有关，但小横山南朝墓主的身份要低得多，而且墓葬数量超过百座，因此，其画像内容反映了中下层人物的群体思想状态。

　　汉水中游地区值得补充的重要墓葬有谷城肖家营 40 号墓,其中出土有带龛的青龙、朱雀画像砖,龛呈圆拱形,与佛龛非常相似;还有持瓶花或莲花供养的羽人形象,也具有一定的佛教性质。肖家营 1 号墓也有持莲花供养的羽人形象①。襄阳麒麟清水沟南朝墓画像砖上的女性人物、飞仙脚下都有莲座②,类似的画像砖在樊城杜甫巷 M82③、襄阳贾家冲墓中有发现(图 5-1-5)。《天国之享——襄阳南朝画像砖艺术》一书不但公布了近年来襄阳地区出土的南朝画像砖,而且也作了较好的总结,该书在探讨"画像砖内涵和背景"时指出"佛教题材占据了主流",并说:"所发现的画像砖中,数量最多的是莲花纹、忍冬纹砖,在壁砖、地砖、顶砖、封门砖中大量使用,这两种花纹砖是佛教最具代表性的植物纹饰;

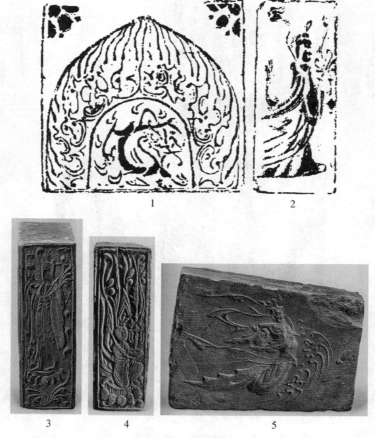

图 5-1-5　谷城肖家营 40 号墓等墓葬出土画像砖

1. 谷城肖家营 40 号墓带龛龙纹砖　2. 谷城肖家营 40 号墓持花供养人物　3. 襄阳贾家冲墓羽人
4. 襄阳麒麟清水沟南朝墓飞仙　5. 谷城肖家营 1 号墓吹箫飞仙

---

　　①　襄樊市考古队、谷城县博物馆:《湖北谷城县肖家营墓地》,《考古》2006 年第 11 期。谷城县博物馆:《湖北谷城六朝画像砖墓发掘简报》,《文物》2013 年第 7 期。
　　②　襄阳市文物考古研究所:《湖北襄阳麒麟清水沟南朝画像砖墓发掘简报》,《文物》2017 年第 11 期。
　　③　襄阳市博物馆、襄阳市文物考古研究所、谷城县博物馆:《天国之享——襄阳南朝画像砖艺术》,科学出版社,2016 年。

画像砖图案中的幢、净瓶、博山炉是佛教中使用较多的法器，狮子则是佛教的护法神兽；至于使用频率较高的供养人，均为站立状，脚踩莲花，或正面或侧面，或笼袖或持物，也是佛教的重要题材，不少可能就是墓主人自己作为虔诚佛教徒的写照；更为直观的是少量佛像的出现，进一步说明了佛教信仰的流行。"①

二、佛教因素进入南朝墓葬的时间节点、主要原因和象征性

不可否认，莲花纹后来成为比较纯粹的装饰图案，但最初出现于墓葬中时，莲花纹是具有明确的佛教含义的。南京明昙憘墓、谢珫墓、句容春城宋元嘉十六年（439 年）墓、新昌莲花庵岭宋泰豫元年（472 年）墓等刘宋纪年墓，以及多被认为属于刘宋时代的南京隐龙山墓等墓葬中都没有发现莲花纹砖。襄阳韩岗南朝宋孝建元年（454 年）韩法立墓也还没有使用莲花纹砖。丹阳胡桥鹤仙坳、胡桥吴家村、建山金家村的南齐帝王墓都使用了莲花纹砖。因此，我们可以将莲花纹砖出现于墓葬中的时代推定在刘宋晚期到南齐早期。

佛教到达南方地区的时间可能在汉末，东晋时期佛教俘获的主要对象是贵族士大夫，历史进入南朝，随着刘裕为代表的庶族人物控制政权，佛教的社会影响下移②，越来越多的普通民众与佛教发生了接触。庶族所控制的是皇权，更是政权，也即控制中央和地方要害部门的主要职位。庶族的趣味不仅开始弥漫在宫廷中，而且延及地方社会。庶族的佛教自然不同于士大夫佛教，有很强的世俗性。为了争取新型政权的支持，适应新的社会，佛教也进行了自我调整，被鲁迅先生定名为"释氏辅教之书"的《宣验记》《冥祥记》等佛法传闻从刘宋开始大行其道就是一个很好的证明。《宣验记》《冥祥记》等按照今人分类属小说，当时则是通俗的佛教宣传作品，其中很多故事的背景都设定在刘宋开始的民间社会中，是与包括佛教在内的刘宋整个社会的改变有关的。关于佛教的世俗化，在下文还会有涉及。还不能忽略的是，刘宋政权建立后，南方社会的稳定性减弱，刘宋皇室内部的残酷争斗和厮杀，从中央蔓延到地方，造成了巨大的社会震动，必然也造成巨大的社会心理创伤，这无疑有利于佛教的传播。刘宋皇子普遍崇信佛教，虽然文献有缺，不能一一给出具体原因，但与剧烈的社会变化有关则属无疑。"少善骑乘，及长以世路艰难、不复跨马"③的宋临川王刘义庆，既编集了《世说新语》《幽明录》，又编集了主要宣传观世音信仰的《宣验记》，这个情况能够说明一定的问题。南齐政权的不稳定性堪比刘宋，皇室内部的血腥残杀也不比刘宋逊色。"步步生莲花"的典故出自南齐东昏侯为宠妃潘氏建玉寿殿，用莲花纹砖建墓葬可以看成是对现实行为的模仿，这个现象出现在宋齐之际并不奇怪。墓葬作为社会文化中最隐秘保守

①　襄阳市博物馆、襄阳市文物考古研究所、谷城县博物馆：《天国之享——襄阳南朝画像砖艺术》，第 25 页，科学出版社，2016 年。

②　宿白先生曾在讨论无量寿信仰时涉及佛教影响的下移现象，"《冥祥记》还另记有'……宋葛济之，句容人，稚川后也。妻同郡纪氏……元嘉十三年（436 年）方在机织，方觉云日开朗，空中清明，因投释筐梭，仰望四表，见西方……无量寿佛'和传世元嘉二十五年（448 年）晋丰县口熊造无量寿石像，铭中所记愿生佛国等民间故事，更可说明无量寿佛信仰在南方已逐渐深入下层"（宿白：《南朝龛像遗迹初探》，原载《考古学报》1989 年第 4 期，后收入《中国石窟寺研究》，第 186 页，文物出版社，1996 年）。

③　《宋书》卷五十一《宗室传》，第 1477 页，中华书局，1974 年。

的成分,其演进具有滞后性,但一旦变化则表明现实社会的变化已经达到可观的烈度。

将"步步生莲花"的典故与用莲花纹砖建墓作比,是对墓葬模仿地面建筑,从而促使佛教因素出现在墓葬之中的合理解释,但这只能作为佛教因素出现于墓葬之中的部分原因,不能解释为什么在广大的地域范围内、很多不同身份人物的墓葬中,持续不断地出现类型多样的佛教因素。我们曾指出:"佛教本以解脱为目的,虽然佛教关注并实施临终关怀,但冢墓之事则非佛教所应涉足。"也认为"这不能不说是在丧葬文化和佛教文化两方面都很重要的历史现象,值得深切关注和研究。佛教因素介入墓葬,是传统丧礼让步的结果,也是对佛教本旨的突破"。佛教与墓葬本是性质不相干的两类事物,究竟是什么促使二者得以互相接纳? 进入墓葬的佛教因素究竟具体是什么样的性质,或者说,究竟象征着什么? 我们当时并没有再作进一步的分析,这里拟作补充。

我们认为,地狱观是佛教能够与墓葬发生联系、彼此接纳的联结点。按照佛教的说法,人死后要去地狱。地狱类型虽多,位置不一,但都在地下。中国古人死后采取土葬方式,将尸体以棺椁盛殓而深埋于地下,并发展出阴间观念,也就是设想出与地上对应的地下人间。印度的地狱观念与中国的阴间观念虽然来源不同,内涵有别,但同处地下,二者由此获得了空间上的相似性,这为佛教因素进入墓葬打开了方便之门,其解决方法就是将地狱纳入阴间之中。地狱在佛教中被描绘成比较单纯的受难场所,集审判与处罚于一处。中国古人按照人间想象了阴间,人间既然有犯罪、审判与惩罚,相应地阴间也肯定有,地狱观就可由此而入。中国传统的阴间观还在东汉时期发展出泰山地府,这里是所有死人都要去报到的地方,这与佛教的地狱也有相似之处。泰山地府的审判和惩罚职能不明显,佛教地狱观在这一方面恰好很发达,二者互为补充,泰山地府后来就被吸收进了地狱冥府。因此,地狱观与中国传统阴间观的关联是佛教因素能够进入墓葬的学理上的前提。

不过,理论上的前提不等于佛教因素必须要进入墓葬之中。我们认为,南朝墓葬中出现大量的佛教因素,与南朝对地狱可怕程度的宣传有直接关系。佛教的地狱与中国传统的阴间差别太大了,因地狱观的流行,阴间变得非常可怕,阴间也需要佛教继续进行拯救。

佛教的地狱极其可怕。佛教在所有的宗教中是最慈悲为怀的,但佛教设想出的地狱是最可怕的,单是地狱的名称就令人毛骨悚然,地狱的各种刑罚将人类的残酷性暴露到极致。这种地狱设想是古代印度现实社会的再现,而古代中国社会与古代印度社会非常不同。中国古代社会也有严刑峻法,但以家族伦理为基础的现实社会与国家总体上是和谐的,对地下世界的想象自然也不充满刑罚与血腥味,更没有发展出古印度式的极其可怕的地狱。佛教传入之前的中国典籍和出土文字资料中对阴间的阴森残酷鲜有涉及,就是因为无论现实世界本身还是对地下世界的想象都比较充满伦理人情味。从南朝早期开始,《宣验记》《冥祥记》等冥报志怪小说的兴起,是对地狱审判观流行的反映,地狱的各种刑罚和惨毒被充分描写。慧琳《白黑论》中代表沙门的黑方攻击佛教:"叙地狱则民惧其罪,敷天堂则物欢其福。"[①]

《高僧传》卷十三《唱导》："谈无常，则令心形战栗，语地狱，则使怖泪交零；征昔因，则如见往业；核当果，则已示来报。谈怡乐，则情抱畅悦；叙哀戚，则洒泪含酸。"我们今日得见的《宣验记》《冥祥记》等小说的作者皆在家的佛教徒，"据传闻集所记传闻来源，不少传闻是经由僧人的传播而被记录下来的"①。当时沙门被称为五横之一，"且世有五横，而沙门处其一焉。何以明之？乃大设方便，鼓动愚俗，一则诱喻，一则迫胁，云行恶必有累劫之殃，修善便有无穷之庆；论罪则有幽冥之伺，语福则有神明之佑……"②人们在世时，为了跳出轮回，避免死后落入地狱而奉佛苦修；但死亡总是不可逃避，阴间必须前往，地狱审判不得不接受，为了超出地狱、往生佛国，仍需在地下继续奉佛苦修。相关小说中，有一类故事特别多，通常是事主被误抓入地狱，但由于生前奉佛或继续在地狱中苦念佛经，而被遣回人间，事主将自己的经历告诉他人，他人由此起信佛教。佛教在人间和地狱中都具有非凡的效用，是这类故事着重表达的思想，这些思想的物化表征大概就是墓葬中的各种佛教因素。

应该补充说明的是，地狱观的影响虽然很大，使阴间的性质也变得复杂，但不能代替中国的阴间观，这与佛教对地下世界的想象过于集中于地狱而不及其他有关，也是佛教与中国文化的主从关系所决定的。佛教是外来宗教中对古代中国改变最大的宗教，但古代中国的基本性质依然没有因为佛教而发生实质性的改变，古代中国的阴间观念自然也不会有实质性的变化，阴间一方面受到地狱观的干扰而具有可怕的一面，但在另一方面主要是死者与先人在地下团聚并继续美好生活的地方，只不过现在新增加了一道手续——要经过地狱的审判。前引《宣验记》《冥祥记》等冥报志怪小说外，集中反映地狱和阴间观念的还有佛教疑伪经，其中《净度三昧经》是流传很广的一部疑伪经，对地狱多有涉及，如"福多者移书，关下天上、地狱、增寿益算，除死定生"③，"罪数多者，减寿夺算，条名克死。岁月日时，关下地狱。地狱承书，即遣狱鬼，持名录召"④。地狱观和阴间观就这样渐渐融为一体了。熊娟研究后认为"三卷本《净度三昧经》极有可能编撰于南北朝早期"⑤，这正是佛教因素开始出现于墓葬之中的时间。

佛教的地狱观给中国人极大的震撼。人死亡之后要经过地狱审判，人对死亡的恐惧感从而大大增加，不足以抵消佛教带来的安慰。中国人虽然还是基本按照传统方式被埋葬，但下地狱的阴影越来越深地笼罩在中国人的心头。为了免除地狱之苦，人们从现实世界就开始下功夫，这正中佛教的下怀。除空观、涅槃这些高深的理论之外，面对世俗层面，南朝佛教着重宣扬的思想有两点，一是佛法永存、菩萨可求，一是净土实有、净土可往。慧远组织的白莲社以往生阿弥陀净土为目的，在东晋南朝产生巨大的社会影响，这正是当时

① 侯旭东：《五、六世纪北方民众佛教信仰》，第 48 页，中国社会科学出版社，1998 年。
② 僧祐撰，李小荣校笺：《弘明集校笺》卷六《释驳论》（道恒撰），第 297 页，上海古籍出版社，2013 年。
③ 佚名：《净度三昧经》卷二，《藏外佛教文献》第 7 辑，第 262 页。标点从熊娟，见氏著《汉文佛典疑伪经研究》，第 212 页，上海古籍出版社，2015 年。
④ 佚名：《净度三昧经》卷二，《藏外佛教文献》第 7 辑，第 267、268 页。
⑤ 熊娟：《汉文佛典疑伪经研究》，第 204 页，上海古籍出版社，2015 年。

佛教地狱观日益流行的反映,甚至还可能导致了地狱观的强化。"审三报之相催,知险趣之难拔。此其同志诸贤,所以夕惕宵勤,仰思攸济者也。……然其景绩参差,功德不一。虽晨祈云同,夕归攸隔。即我师友之眷,良可悲矣,是以慨焉"①。千载之后,这些话语透露的对人生的无常、死亡的恐惧仍然扑面而来。人终有一死,生不能往生极乐,死后也不能放弃这个希望,尤其是在面临恐怖的地狱时,这个希望会更加强烈。慧远发起和成立的白莲社"百有二十三人",其中名字留存下来的有彭城刘遗民、豫章雷次宗、雁门周续之、新蔡毕颖之、南阳宗炳、张莱民、张季硕等,他们已经能够代表不同地域、不同身份的士族阶层,他们中的每一个人都能对成百上千人产生影响。于此或可认为,南朝墓葬中佛教因素所象征的主要是对净土世界的向往。考古材料中,南京狮子冲南朝墓竹林七贤壁画阮籍之前有莲花化生,襄阳贾家冲墓两块砖上有化生人物,余杭小横山墓群中更多,似乎都是对净土世界的表现②。当然,强调净土世界,并不是说墓葬中的佛教因素都具有这个性质,也不是说都会表现得十分明确。

墓葬属于阴间,不属于地狱;死者要经过地狱审判,但审判结果不妨碍生者对墓葬的经营;死亡是又一次轮回的开始,既是对死者的考验,也是死者的一次机会。墓葬是死者开启新生的场所,因此,无论死者生前有无罪孽,生者都希望死者能有一个好去处。现世罪孽深重者,死亡更可能是一次赎罪的机会,死亡的重要性更大。这样,进入墓葬的佛教因素必然以有利于死者为标准,必须要有助于死者的超生或往生,在阿弥陀信仰至甚的南方地区,墓葬中的佛教因素本应主要象征西方极乐净土。

第二节　　北朝墓葬中佛教因素的发现与研究

一、主要的考古发现

（一）北方地区

北魏平城时代墓葬中明确具有佛教因素的墓葬并不多,主要有皇兴三年邢合姜墓、大同沙岭 7 号墓、文明太后永固陵。

大同城南富乔发电厂皇兴三年（469 年）邢合姜墓为长斜坡土洞墓,坐北朝南,出土石椁一具。石椁为长方形悬山顶屋宇式,由地栿、四壁、梁和顶板组成,面阔 2.42、进深 1.79、高 1.67 米。经了解,与石椁同出的有一块墓志铭,呈上圆下方式,有大代皇兴三年纪年,

---

① 刘遗民:《西方发愿文》,又名《庐山结社立誓文》,载释慧皎撰,汤用彤点校《高僧传》卷六《晋庐山释慧远传》,第 214 页,中华书局,1992 年。

② 杨莹沁认为南北朝墓葬中的佛教因素表现了净土信仰,依据是莲花纹、莲花化生等,这是可取的,但杨莹沁只就图像进行了推测,没有涉及南北朝具体的思想信仰状况。见杨莹沁:《汉末魏晋南北朝时期墓葬中神仙与佛教混合图像分析》,《石窟寺研究》第三辑,文物出版社,2012 年。

墓主为幽州燕郡安次县人韩受洛拔的妻子，名为邢合姜，原籍定州涧河郡人，后移至长安冯翊郡万年县，享年六十六岁。石椁由17块石板组成（缺一块顶板未见），北壁正中彩绘二佛并坐，两侧各绘三尊坐佛，佛之间为供养菩萨，西侧绘有外道婆薮仙和罗睺罗因缘场景，南壁彩绘七佛坐像，下层为三组排列整齐的供养人队伍，顶部彩绘六组飞天。张志中认为："四壁和顶部出现了全景式佛教图像，与云冈石窟中期洞窟题材惊人相似，应该是目前考古发现的特例，说明此时佛教真正渗透到墓葬习俗之中。"①（图5-2-1）

　　早于这副石椁、含佛教因素的墓葬可肯定者只有一例，即大同沙岭7号墓②。该墓年代被考证为北魏尚未完全统一黄河流域的太武帝太延元年（435年），墓葬壁画题材几乎都是汉晋特色，但伏羲女娲手持者系摩尼宝珠而非传统的规矩（图5-2-2,1）。这虽然是一个不大的改变，但意义却不可小觑，伏羲女娲持规矩为汉晋经典图像，沙岭7号墓葬壁画说改就改，显见墓葬相关者认为摩尼宝珠比规矩更重要。伏羲女娲画于甬道顶部，头外足内，当喻墓主神灵飞向墓外之意。摩尼宝珠喻光明洁净，将规矩改为摩尼宝珠可能反映了墓葬相关者对人亡之后去处的理解。

　　文明太后永固陵尖拱形门楣与云冈石窟的佛龛无差别，门楣两侧下端有捧莲蕾童子浮雕，西侧童子有头光，东侧童子无。童子下方、门柱上端有神鸟与藤座雕刻③。文明太后笃信佛教，在其陵前尚有按照文明太后意旨修建的思远灵图。

　　与佛教有一定关系的是文瀛路墓和丹扬王墓④壁画镇墓武士。丹扬王墓甬道两侧壁各绘一三头六臂的武士像，手持兵器，脚踩怪兽（图5-2-2,2），怪兽似牛。丹扬王墓砖上还有形式多样的忍冬、卷草、莲花等图案。文瀛路壁画墓甬道东壁护法神像，尖耳，眉心有一目，赤足，左手持一黑色长柄锤，左脚踩锤头，右手持一长杆兵器（图5-2-2,3）。两墓壁画武士形象具异域色彩，可能是被佛教吸收的婆罗门教神。

　　智家堡北魏墓石椁⑤、司马金龙墓石棺床⑥是可以移动的葬具，这类葬具当专为丧葬而制作，所以其表面的图像或雕像也可以视为墓葬佛教因素。智家堡石椁内壁有彩绘，正壁是墓主夫妇并坐图，两侧壁分别为手持莲蕾的男性人物和女性人物各四名（图5-2-3）。司马金龙墓石棺床立面上有伎乐天人，与云冈石窟中的伎乐相似，故与佛教有关。湖东一号北魏墓出土漆棺棺板表面为直径约30厘米的联珠圈纹，圈内绘伎乐童子，也与佛教有关⑦。固原北魏墓漆棺画情况类似⑧。

　　①　张志中：《大同北魏墓葬佛教图像浅议》，载宋馨等编《从考古与文献看中古早期的中国北方》，Harrassowitz Verlag，2019年。并见大同市博物馆：《融合之路——拓跋鲜卑迁徙与发展历程》，安徽美术出版社，2018年。
　　②　大同市考古研究所：《山西大同沙岭北魏壁画墓发掘简报》，《文物》2006年第10期。
　　③　大同市博物馆、山西省文物工作委员会：《大同方山北魏永固陵》，《文物》1978年第7期。
　　④　大同市考古研究所：《山西大同文瀛路北魏壁画墓发掘简报》，《文物》2011年第12期。怀仁县文物管理所：《山西怀仁北魏丹扬王墓及花纹砖》，《文物》2010年第5期。
　　⑤　王银田、刘俊喜：《大同智家堡北魏墓石椁壁画》，《文物》2001年第7期。
　　⑥　山西省大同市博物馆、山西省文物工作委员会：《山西大同石家寨北魏司马金龙墓》，《文物》1972年第3期。
　　⑦　山西省大同市考古研究所：《大同湖东北魏一号墓》，《文物》2004年第12期。
　　⑧　宁夏固原博物馆：《固原北魏墓漆棺画》，宁夏人民出版社，1988年。

图 5 - 2 - 1 大同富乔发电厂墓石椁壁画

1. 前壁外 2. 北壁（正壁）内 3. 东壁内 4. 西壁内 5. 南（前）壁内 6. 屋顶内（前） 7. 屋顶内（后）

图 5 - 2 - 2　大同沙岭 7 号墓等墓葬壁画
1. 大同沙岭 7 号墓甬道顶部壁画　2. 怀仁丹扬王墓甬道侧壁壁画　3. 大同文瀛路墓甬道侧壁壁画

图 5 - 2 - 3　大同智家堡墓石椁壁画
1. 东壁壁画　2. 西壁壁画

　　大同北魏墓葬虽然发现不少,近年还出现了一些新形式或新内容,并反映出重要的现象和问题,但除邢合姜墓和文明太后永固陵中的佛教因素格外突出外,总体上并不像南方地区那样普遍。

　　北魏洛阳时代墓葬中壁画发现极少,佛教因素也仅局限于一些石棺床上的雕刻图案,东魏北齐时期基本也如此,但莲花、忍冬、摩尼宝珠则比较常见。西魏北周连这些内容都很少见。在第二章第二节“四、对佛教礼仪的吸收”中,对佛教礼仪用品已有讨论,此处不再多作涉及。但值得一说的是,东魏北齐墓中的镇墓兽多呈狮子状,这与南朝墓葬甬道中有狮子画像异曲同工。

由上面简略叙述可知,佛教因素在整个北朝时期的墓葬中并不常见,所见者也多与镇墓相关,或者是作为点缀性图案。满布佛像的石椁或许不是特例,但大量的发现恐不乐观。

(二) 高句丽

高句丽早期定都在集安,后期定都在平壤。无论是早期还是晚期,高句丽都处在中原文化直接而强大的影响之下。定都集安时期,高句丽北邻辽东郡、南邻乐浪郡,不能不深受中原文化影响。朝鲜半岛的学者多强调高句丽文化的独特性,尤其强调迁都平壤后的独特性,其实不然。朝鲜半岛北部地区从汉武帝开始已纳入中原政权的直接管辖,这里发现的东晋年号墓砖表明直到高句丽迁都平壤之前,汉文化在这里繁荣昌盛,不仅当地土著文化随着时间的流逝难觅踪影,而且迁至此的高句丽也必须充分尊重和依靠这个历史条件。不否认高句丽文化具有一定的民族特色,但面对中原地区先进的政治制度、佛教这种高级的意识形态,高句丽只能按照中原地区的模式接受和消化佛教,至多表现出一定的偏好。就是在这个意义上,我们认为不能置高句丽佛教于不顾。

文献中对佛教初传高句丽的具体时间有不同记载,但都一致称说高句丽佛教从中原而来。如果不执着于具体时间,佛教在十六国后期从中原地区传播到高句丽殆无疑问。朝鲜德兴里壁画墓的年代为公元408年,题记清晰表明墓主为"释迦文弟子",但壁画中除两瓣大莲花外,嗅不出佛教气息①。下属拜见端坐墓主、牛车、马车、天空景象都是汉晋墓葬壁画常见题材。这个时期的中原、南方地区墓葬中也都没有明显的佛教因素,体现了时代的共同性。

明确出现佛教因素且年代较早的高句丽墓葬是集安舞踊冢和长川一号墓②,两墓年代最早当不过公元5世纪中叶。舞踊冢壁画中出现了僧人和大量的莲花。墓室后壁即正壁是墓主与僧人会面场景(图5-2-4),这在已经发掘的南北朝墓葬壁画中为仅见。僧人短发,有须,穿V字领黑色袈裟,黑色浅口鞋,同炳灵寺169窟壁画中的僧人形象。长川一号墓为西向的前、后室墓。前室壁画保存较好,与佛教相关的壁画位于墓室上部藻井的三面,以东面为中心,主要内容为礼佛图,在礼佛图上下点缀莲花、飞天;北、南两面相应位置各为一列四尊菩萨和莲花、飞天等(图5-2-5)。从北朝佛教石窟、造像碑可知,东壁坐佛两旁没有胁侍菩萨是不合理的,北、南两面的两列菩萨当为胁侍菩萨,在东壁坐佛两侧的供养人应该与北、南两面的两列菩萨互换位置才更合理。现在的这种布置方式大概反映了墓主急切求佛的心态,而坐佛左侧纳头跪拜的两个人物将这种心态充分表露出来,这与舞踊冢在墓室正壁画上僧人、墓主会晤图的意旨相近,也与大同满绘佛像的石椁相

---

① 参见平山郁夫:《高句丽壁画古坟》,第100-143页,共同通信社,2005年。
② 池内宏、梅原末治:《通沟》卷下,日满文化协会,1940年。吉林省文物工作队、集安县文物保管所:《集安长川1号壁画墓》,《东北考古与历史》1982年第1期。

近。相比而言,南方地区对佛教的表现显得委婉。不过,虽然求佛心切,但长川一号墓对佛教的理解恐怕还是有缺,四尊一列的菩萨在南北朝时期为仅见,或许代表了高句丽的某种独特理解。长川一号墓的另一个特点是,壁画中的莲花化生不仅多,而且不少是一朵莲花化出两位化生,化生都作新生儿状。

图 5 - 2 - 4　集安舞踊冢正壁壁画

　　关于舞踊冢和长川一号墓的年代还需要作点补充说明。宿白先生执笔、1974 年付印的北大考古系讲义《魏晋南北朝考古——中国考古学之五》中,将舞踊冢的年代定在西晋时期。温玉成先生将长川一号墓的年代推定在相当于北凉时期①。由于当时可依据的材料有限,现在看来两位先生所定年代都偏早。集安地区没有壁画传统,舞踊冢和长川一号墓都是集安地区可以推定的年代最早的墓葬,它们的一些特征与平壤地区德兴里等壁画墓相衔接,因此集安壁画墓的年代要晚于德兴里等壁画墓,其年代上限不能超过公元 5 世纪中期前后。舞踊冢和长川一号墓的年代下限由于缺少纪年材料,只能推测。舞踊冢天井部分的人物形象属于典型的秀骨清像,长川一号墓飞天的形象与武威天梯山石窟、炳灵寺 169 窟的差别甚大,也比云冈石窟一、二期的轻盈婉转,因此怀疑这两座墓都有可能晚至公元 5 世纪后期甚至更晚。如果这个推测没有大误的话,佛教因素在高句丽墓葬中开始流行的时间与中原、南方地区基本接近。

　　年代上晚于舞踊冢和长川一号墓的高句丽墓葬壁画题材单一化,或为通壁的四神,或为单一图案如莲花、龟甲莲花、王字纹、环纹等。佛像、菩萨那种直接的佛教题材不见了,

---

　　①　温玉成:《集安长川一号高句丽墓佛教壁画研究》,《北方文物》2001 年第 2 期。

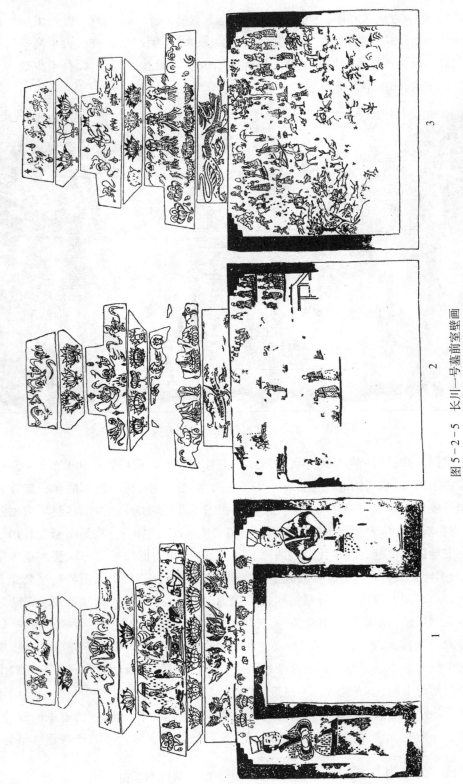

图 5 - 2 - 5　长川一号墓前室壁画

1. 长川一号墓前室东壁壁画　2. 长川一号墓前室南壁壁画　3. 长川一号墓前室北壁壁画

但莲花、忍冬、飞天、摩尼宝珠成为随处可见的装饰图案。这表明佛教的影响持续存在,但像北朝墓葬一样,都只是背景式的,而不像南朝那样直接、多样化地加以表现。

北朝、高句丽二地墓葬中的佛教因素情况大致如上。其中最引人注目的一点是,北朝墓葬中的佛教因素与南朝有强烈反差。南朝墓葬中的佛教因素所分布的地域广、类型多样,北朝和高句丽则不然。除个别直接表现佛像的墓葬外,北朝墓葬中的佛教因素并不多,高句丽的情况与之相似。石椁之内满绘佛像在北朝墓葬中尚为孤例,其他佛教因素在墓葬中是点缀式的,而且主要是墓葬的守卫角色,这应反映了北朝墓葬与佛教关系的真实状况。高句丽虽有长川一号墓和舞踊冢这样的墓葬,其形式与大同北魏佛像壁画石椁相似,但与众多的高句丽墓葬相比,佛教因素也是不多见,大量的是点缀式的,所以我们可以将高句丽与北朝合并作为一方进行讨论。不仅与南朝墓葬明显有别,北朝墓葬中的佛教因素与地面佛寺、石窟和造像碑的轰轰烈烈场面也形成鲜明对比,是值得探索的现象。

二、北朝和高句丽墓葬中佛教因素不盛的原因

对南朝墓葬情况有所了解后,北朝和高句丽墓葬中佛教因素低迷的现象就比较好理解了。佛教因素的多寡是外在表现,其根源在于北方的文化基础与南方不同,简单地说,北方并不是没有地狱观,也不是没有净土信仰,但地狱观不发达,升仙思想同样也不发达,这与北朝社会的具体情况有直接关系。

北方不乏有文化修养的汉人大族,且也信仰佛教,但这些人要到孝文帝执政时代才开始比较受到重视,而且他们的墓葬发现不多,还不足以显现他们的信仰状况。游牧出身的北朝统治阶层的文化水准在北魏洛阳时代才获得显著提高,但情况仍不容乐观。短暂的洛阳时代一结束,北方又掀起一股回归鲜卑文化的潮流。因此,南北朝文化有巨大差异,佛教不过是南北差异的一个方面。"大抵南人约简,得其英华;北学深芜,穷其枝叶"[1]的基本特点,决定了"南方偏尚玄学义理,上承魏晋以来之传统;北方重在宗教行为,下接隋唐以后之宗派"[2]。北朝佛教信仰者的总体文化层次低,多数人既不懂佛经,也对佛理不感兴趣;他们最关心的是通过看得见的功德,向佛乞福。北朝佛教狂热信仰者有不少王公贵族,但这些身份高贵者的文化修养往往特别低,很符合人类学上所说的"小传统",葛兆光说:"'小传统'的人员构成也并不仅仅包括一般百姓,还包括那些身份等级很高而文化等级很低的皇帝、官员、贵族以及他们的亲属,他们并不以文字来直接表述他们的思想,而只是在行为中表现他们潜在的观念,他们并不以思想或文化活动为职业,因而不大有那种思想与文化的焦虑,更注重实际社会和生活的具体问题。"[3]李剑国也有类似表述,"热衷于种种佛事的是那些俗而不雅的官僚地主"[4]。李剑国并引《洛阳伽蓝记序》"王侯贵臣,

---

① 《隋书》卷七十五《儒林传序》,第 1706 页,中华书局,1973 年。
② 汤用彤:《汉魏两晋南北朝佛教史》,第 347 页,北京大学出版社,1997 年。
③ 葛兆光:《中国思想史》第一卷《七世纪前中国的知识、思想与信仰世界》,第 129、130 页,复旦大学出版社,2001 年。
④ 李剑国:《唐前志怪小说史》,第 227 页,南开大学出版社,1984 年。

弃象马如脱屣;庶士豪家,舍资财若遗迹。于是招提栉比,宝塔骈罗,争写天上之姿,竞摹山中之影"为证。揆之于考古发现,这个判断是公允的。如果说佛寺、佛塔多因埋没而难窥南北差异的话,那么,开石窟、建造像碑,北方就绝对领先了。唐法琳《辩正论》卷三《十代奉佛篇》记述隋文帝时造金铜等各种佛像一十万六千五百八十躯,修治故像一百五十万八千九百四十许躯①。数字之大,令人难以置信,但今天北方的曲阳、博兴、青州、诸城等地,石造像动辄出土上千件,可证记载之不虚。不用说云冈、龙门、麦积山、敦煌莫高窟这些大型石窟,就是巩县大力山石窟、固原须弥山、义县万佛寺、庆阳南北朝石窟寺等中等规模的石窟,也比南朝仅有的南京栖霞山、剡县新昌大佛的规模要大。此中差异不只是由于南北朝佛教各有特色,而主要是北朝佛教信仰者总体文化层次较低所致。与可观可叹的塔庙石窟相比,墓葬一掩永闭,难说有实际的功业,不为北朝士人多关注在情理之中。与造像相比,墓葬中的佛教因素不是为众人祈福,而是为个人服务,这属于个人主义较发达阶段的事物,而北朝无论是汉族还是拓跋鲜卑等其他民族的群体性和凝聚性都始终超过南方,个人主义在北方不易抬头。在这个意义上,或许可以说,北朝高级人物修寺开窟与普通民众造像立碑的共同繁荣,是与墓葬中佛教因素的稀少互为表里的。

具体到地狱观,北朝不是没有,而是基本没有与墓葬发生联系。中国北方地区发现了数以千计的佛教造像碑,题记多涉及地狱以及相应之天堂,但从文辞来看,多系套话,不能表明时人对地狱与墓葬的关系有较多思考。在很大程度上,地狱是作为天堂的对应物而被提及的,但时人重点关注的是天堂而不是地狱,如何从地狱之中升入天堂非考虑所及,地下的墓葬与地狱之间的关系也无从谈起。因此,北朝墓葬基本还是比较单纯意义上的藏尸之所。所以如此,还由于鲜卑民族认为,人死之后神灵要前往本民族的圣山——大鲜卑山。《魏书》卷四十八《高允传》载:"允以高宗纂承平之业,而风俗仍旧,婚娶丧葬,不依古式,允乃谏曰:'前朝之世,屡发明诏,禁诸婚娶不得作乐,及葬送之日歌谣、鼓舞、杀牲、烧葬,一切禁断。……今国家营葬,费损巨亿,一旦焚之,以为灰烬。……今陛下当百王之末,踵晋乱之弊,而不矫然厘改,以厉风俗,臣恐天下苍生,永不闻见礼教矣。'"②学术界还普遍认为鲜卑葬俗与乌桓相似,《三国志·魏书》卷三十《乌桓传》对乌桓葬俗有比较详细的记载:"敛尸有棺,始死则哭,葬则歌舞相送。肥养犬,以采绳婴牵,并取亡者所乘马、衣物、生时服饰,皆烧以送之。特属累犬,使护死者神灵归乎赤山。……至葬日,夜聚亲旧员坐,牵犬马历位,或歌哭者,掷肉与之,使二人口颂咒文,使死者魂神径至,历险阻,勿令横鬼遮护,达其赤山,然后杀犬马衣物烧之。"朱大渭等认为:"鲜卑应该也有类似的习俗,其与乌丸的区别可能在于祈望死者神灵所归之地不同,鲜卑选择的也许就是其发源地鲜卑山。"③上述情况可能制约了地狱观的发展。

---

① CBETA 电子佛典 2016,0508b26。刘淑芬对此有讨论,见《五至六世纪华北乡村的佛教信仰》,《"中研院"史语所集刊》第 63 本第 3 分册,第 497-544 页,1993 年。
② 魏收:《魏书》,第 1073-1075 页,中华书局,1997 年。
③ 朱大渭:《魏晋南北朝社会生活史》,第 384 页,中国社会科学出版社,2005 年。

地狱观的不发达,连带而来的是佛教冥报志怪小说不发达。佛教冥报志怪小说的不发达,无形之中又使佛教与墓葬的关系疏远了。李剑国谈到"北朝志怪小说"时说:"这里所说的北朝,包括隋在内,共二百三十二年。虽称北朝志怪,其实基本都出自隋。隋之前,仅有北魏昙永《搜神论》一种。北朝比南朝多六十余年,但志怪园地却很荒芜,而且很多是'释氏辅教之书'和阴阳符命之作,大都质量很差,只有《冤魂志》及《穷怪录》少数一二种优秀之作。……因而志怪创作主流在南朝。北朝为少数民族统治,缺乏文学传统,只有在隋统一中国前后,南北文化逐渐合流,才始有转机。"①与此相对的南朝情况如何?李剑国说:"宋齐梁陈四朝凡一百六十九年,志怪之作约有三十多种。以时间论,短于魏晋三十一年,以作品论,却超过一半以上,足见南朝志怪之兴盛。其中宋梁二代最长,作品也最多,且多名作,如宋有《搜神后记》《幽明录》《异苑》,梁有《续齐谐记》《述异记》《冥祥记》。南朝志怪在内容上发生一个大的变化,就是多佛家语,并且出了许多专讲因果感应的志怪,即所谓'释氏辅教之书'。胡应麟云:'齐梁弘释典,故多因果之谈。'即此之谓。在艺术上,南朝志怪有明显进步,这方面《幽明录》《冥祥记》可为代表。"②缺乏文学传统和文化水平低,会妨碍冥报志怪小说的记录和传播,但不是制约其产生的主要原因,这是因为,小说最初多是口头形式流传,"形成于民间口头传闻,定型于文人书面记录;同一故事诸本辗转传抄;缺少艺术加工以及明确的艺术意识;内容广泛庞杂,等等。然而,正是这些特点才使它更原始、更真实、更广泛地展示着民族文化—心理的本来面目"③。所以,"小说更适合通俗、真切地描述佛教的种种奇迹和灵验,更适合社会各阶层用口头或书面的方式来运用"④。如果北朝小说的口头创作比较繁荣,文学史上当不似现在所知之贫乏。小说之兴,还与佛教讲经、唱导有直接关系。《高僧传》卷十三《唱导》论曰:"如为出家五众,则须切语无常,苦陈忏悔。若为君王长者,则须兼引俗典,绮综成辞。若为悠悠凡庶,则须指事造形,直谈闻见。若为山民野处,则须近局言辞,陈斥罪目。凡此变态,与事而兴。"⑤《高僧传》卷十三《唱导》所列举的正传十人、附见七人都是南朝人物,可见唱导在北方不流行。这种有针对性的佛教宣传方式,效果必然惊人,或许南朝墓葬所见诸多佛教因素就与此关系莫大。这反证了北朝冥报志怪小说稀少,以及墓葬佛教因素的不发达,关键还是缺少相应的思想和社会基础。

地狱观的不发达,不仅与鲜卑民族具有特殊神灵思想、时人总体文化层次不高有关,也与北朝佛教秩序性较强有关。北朝有发达的僧官制度,基层社会有僧人"敷导"民俗,时人信仰的自由度不大。从普通民众的造像碑,到皇家石窟,反映出北朝从上到下具有一致的佛教思想。北朝佛教思想中最重要的是禅观,"北魏皇室……重视道行精勤,迁洛以后仍倡禅颂不辍。因此,北方释徒遂多谋自身之解脱致力于禅观。禅观所需形象,主要是

① 李剑国:《唐前志怪小说史》,第433页,南开大学出版社,1984年。
② 李剑国:《唐前志怪小说史》,第343页,南开大学出版社,1984年。
③ 陈洪:《佛教与中古小说》,第3页,学林出版社,2007年。
④ 陈洪:《佛教与中古小说》,第2页,学林出版社,2007年。
⑤ 释慧皎撰,汤用彤校注,汤一玄整理:《高僧传》,第521页,中华书局,1992年。

释迦、三世佛和作证之七佛、决疑之弥勒,以及修法华三昧所思念之释迦、多宝对坐与劝发之普贤"①。皇室趣味为主导,僧官制度为辅翼,已不容地狱观有多少存在的空间了。

佛教因素在南朝墓葬中的习见,是与道教因素也常见于墓葬之中对应的,是南朝佛教、道教理论水平都较高、在民间影响都很大的结果。南朝志怪小说中佛教内容特别发达,但常以道教为批评嘲讽的对象,说明佛教与道教之间竞争之烈,因此,道教之影响不可小觑。在教理上,尽管道教宣扬的升仙说的理论层次不高,但现实吸引力很强;尸解说几乎是为墓葬升仙而创设,佛教在这里的竞争力是很弱的。反观北朝,佛教对墓葬的介入不深,道教同样也不深,二者是相互影响的。可以说,北朝道教的不发达,连带升仙思想的不流行,也制约了佛教因素对墓葬的介入。

升仙是华夏文明发展到一定阶段才形成的特色思想,与中国古代其他民族思想差异很大,更与域外思想不同,不易为他们所接受。北方民族从十六国开始入主中原,除少数帝王贵族为追求长生而对道教表示尊敬外,道教的社会影响并不大。北魏太武帝时期和北周时期是道教短暂兴盛的两个阶段,其他时期都是佛教独盛。但就是北魏太武帝时期和北周时期,道教也都不是以升仙为能事。太武帝时期道教的帝王和政治色彩浓重,信奉者多系汉晋遗民,而迄今发掘的太武帝前后墓葬数量既少,且墓主也多系鲜卑而非汉人,所以几乎看不出道教的影响。北周道教的兴盛与北周武帝对佛教的厌恶态度有关,佛教的实际势力远大于道教,道教的理论与表现形式都受到佛教影响。关中地区佛教造像碑的数量多于道教造像碑,且有一些佛道教合刻的造像碑,既说明了道教对佛教的借鉴乃至依附,也是道教与佛教一样对墓葬介入不深之原因所在。

再反观南方,那里流行的是"地主知识分子"②的道教上清派和灵宝派,现在发现带有道教因素的墓葬基本都可以认为是"地主知识分子"的。其实佛教也一样,南朝佛教也是"地主知识分子"的宗教,现在发现带有佛教因素的墓葬基本也都可以认为是"地主知识分子"的。道教在南方的地位与责任也与北方不同,"(斋直)是求道之本","上可升仙得道,中可安国宁家,延年益寿,保于福禄,得无为之道;下除宿愆,赦见世过,救厄缓难,消灾灭病,解脱死人忧苦,度一切物,莫不有宜也"③。升仙是第一要务,排在安国宁家之前。东晋南朝士大夫视改朝换代如儿戏,"殉国之感无因,保家之念宜切。市朝亟革,宠贵方来,陵阙虽殊,顾昒如一"④,清赵翼的论述同样具有历史感:"盖自汉魏易姓以来,胜国之臣,即为兴朝佐命,久已习为固然。其视国家禅代,一若无与于己,且转藉为迁官受赏之资。"⑤南朝道教将个人利益至上的升仙排在首位符合南朝社会的总体形势。南朝道教在各地普遍发展,这从陆修静早年寻求道书就可看出,"(南至)潜衡、熊湘,暨九嶷、罗浮,西

---

①　宿白:《南朝龛像遗迹初探》,原载《考古学报》1989 年第 4 期,后收入《中国石窟寺研究》,第 192 页,文物出版社,1996 年。

②　卿希泰语,见卿希泰、唐大潮:《道教史》,第 65 页,中国社会科学出版社,1994 年。

③　陆修静:《洞玄灵宝斋说光烛戒罚灯祝愿仪》,《正统道藏》洞玄部威仪类。

④　《南齐书》卷二十三《褚渊传》,第 438 页,中华书局,1972 年。

⑤　赵翼:《陔余丛考》卷一七《六朝忠臣无殉节者》,第 322 页,中华书局,2006 年。

至巫峡、峨眉"①。文献记载较突出的是葛洪一支到达长江下游,实际上,长江中游既然是中原佛教南下的主要通道,必然也是中原道教南下的通道,襄阳为中心的汉水中游南朝画像砖中有许多道教相关内容,是有其深厚的历史基础的。佛教与道教因素能在墓葬中同时出现,和平共处,难分彼此,也有其基础,不仅普通民众没有严道、佛之大防,而且持道、佛调和论者不乏名僧名道或名士,如著名道士陶弘景说:"夫万物森罗,不离两仪之育;百法纷凑,无越三教之境。"②佛徒萧子良说:"真俗之教,其致一耳。"③居士沈约说:"内圣外圣,义均理一。"④虽然南齐时出现了顾欢的《夷夏论》,但那具有极端色彩,不代表大多数,南朝思想的流行趋向是三教圆融⑤。这种气象在北朝根本不存在。道教因素在北朝墓葬中难觅踪影,使佛教失去了进入墓葬之中的一个重要凭借。

第三节　佛教因素进入墓葬的凭借

上文主要从南北方历史环境的差异讨论了佛教在南北方墓葬中呈现出的不同形态,这种不同形态的最终呈现还需要具体的进行实践的人物,他们的行为也需要获得佛、道双方的默许。那么,什么样的人以什么样的方式实现了使佛教因素进入墓葬之中,还需要进一步的分析。

在佛教地狱观的强烈冲击下,特别是在南方地区,墓葬成为表现净土思想的场所,这是对墓葬佛教因素基本性质的判定。不过,这主要是就佛教层面从学理上进行的推衍,没有涉及中国传统丧葬思想对佛教的反应。站在佛教角度,佛教因素是主动进入到墓葬之中的。站在中国传统丧葬思想角度,佛教因素是一种"侵入",或者是"被允许"进入的。墓葬中的各种因素是丧葬活动的最终产物,丧葬活动中的任何行为和用品都具有特定的含义,增加或减少都必然有"说法",这个"说法"虽然不一定被直接说出来,或者后来变成了集体无意识,但是不表明最初没有"说法"。这个说法,不会由彻底的佛教徒给出,他们希望人死后采用佛教葬法;也不会由彻底的传统思想捍卫者给出,他们对佛教采取完全抵制的态度,恨不得去之而后快,是不会允许佛教因素进入墓葬之中的。这两种人大概分别相当于《弘明集》中的护法方和反佛方,这两种人都不会对佛教与世俗墓葬发生关系感兴趣。对此感兴趣的当是介于二者之间的人,当时这种人其实占多数,他们的苦恼最大,力量也最大,他们一旦获得学理上的支持,就会付诸行动,并产生规模和带动效应。对墓葬

---

① 张君房编、李永晟点校:《云笈七签》卷五《经教相承部·宋庐山简寂陆先生》,第74页,中华书局,2003年。
② 陶弘景:《华阳陶隐居集》卷下《茅山长沙馆碑》,《正统道藏》太玄部。
③ 僧祐撰、李小荣校笺:《弘明集校笺》卷十一《文宣王书与孔中丞稚珪释疑惑》,第599页,上海古籍出版社,2013年。
④ 《广弘明集》卷五《均圣论》,CBETA电子佛典2016,0121b24。
⑤ 本节的讨论参照了卿希泰、唐大潮《道教史》第二章第三节《南北朝道教的改造和充实》(中国社会科学出版社,1994年)及任继愈主编《中国道教史》第四章《东晋南朝道教的变革与发展》与第五章《北朝道教的发展》(上海人民出版社,1990年)。

中的佛教因素而言,在传统丧葬思想和佛教两个方面中,佛教方面是主动方,为了寻求合理性,佛教要为自己的行为主动做出说明,寻求与传统丧葬思想的调和。遵循这个思路,我们发现,佛教疑伪经中的一部分伪经有助于说明佛教如何尽力与世俗的死亡、墓葬发生联系,实际上就是调整了与中国传统丧葬思想的关系,这对于理解佛教因素以何种具体方式进入墓葬之中很有帮助①。

一、伪经的意义

佛教不涉及世俗丧葬,因此,凡直接讨论世俗丧葬的佛经都是伪经,连疑都不用疑。凡作伪者,必有强烈的现实需要和很大的收益,佛教伪经也当如此。伪经对研究佛理多无补甚至有害,但对研究当时的社会状况却大有裨益。佛教因素在南朝墓葬中出现并颇具规模,既是佛教现象,更是重要的社会现象;佛教伪经中恰好有相当数量的与丧葬相关的经文或经目的时代相当于南朝前后,二者之间当有某种关联。造作丧葬方面的伪经,肯定是由于现实世界的丧葬活动中传统丧葬思想与佛教发生了明显的冲突;伪经的制作者多半是佛教信徒,伪经的流布必然对佛教更有利,只是时过境迁,后世佛教人士和学者对当时作伪者的用心和环境皆不明了,单以学术标准而斥之为伪作了。就本书的论题而言,伪经的价值并不比真正的佛经逊色,甚至还要大些。曹凌系统整理了佛教疑伪经,著有《中国佛教疑伪经综录》一书,足资本研究之用,下面对伪经的叙述和引用基本采自曹著,这里先予说明,示不敢掠美。

首先,伪经中有若干与墓葬直接相关的经、目。曹著列举的《安墓咒经》,或谓道欢或道备撰,《出三藏记集》著录此经,因此其出现时间当在公元518年之前②。曹凌指出:"费长房《历代三宝记》此经条下小注,'别录'(《众经目录》?)著录此经为南齐道备(后改名道欢)所撰。"若费长房著录不误,则此经年代正是佛教因素在墓葬中开始出现前后。曹著还著录了《安墓经》《安冢经》,《法经录》著录此二经,因此其出现时间当在公元595年之前③。曹著还著录了七寺本《安墓经》,为现存七寺藏古写经一号,首题"佛说安墓经",尾题"安墓神咒经",尾有题记"一校了　荣艺　执笔僧　荣觉之",该经抄写时间不晚于奈良时代(710-794年)。曹凌指出此经的具体内容方面"吸收了中国传统方术思想,认为立墓触犯禁忌会使家族罹患种种灾祸。经文提出如果按照经文所述的行法请十方佛安墓,并在墓前进行包含烧香、燃灯、悔过、读经、行香等环节的仪式,可以借佛的力量安抚诸神灵(土公、十二时神等中国民俗神灵和道教神灵),从而避免种种不幸,并可使七世父母

---

① 没有列入疑伪经的一些佛经也涉及丧葬活动,如东晋帛尸梨蜜多罗译《佛说灌顶经》卷六《佛说灌顶因缘冢墓四方因缘神咒经》:"阎浮界内有震旦国。我遣三圣在中化导。人民慈哀礼义具足,上下相率无逆忤者。震旦国中人民葬法庄严之具,金银珍宝刻镂车乘,飞天仙人以为庄严。众伎鼓乐铃钟之音,歌咏赞叹用为哀乐。终亡者身衣服具足,棺椁微妙香烟芬芬。百千万众送于山野,庄严山林树木郁郁,行行相值无亏盈者,坟柏茂盛碑阙俨然,人民见者莫不欢欣。"

② 曹凌:《中国佛教疑伪经综录》,第48页,上海古籍出版社,2011年。

③ 曹凌:《中国佛教疑伪经综录》,第48、213页,上海古籍出版社,2011年。

得安隐"①。这部经的年代可能略晚，但经名与南北朝时期几同，可以用来想象南北朝时期的安墓情况。曹著所录安墓四经中，两经情况不明，《安墓咒经》可能为僧人所撰，七寺本《安墓经》与僧人关系密切，这说明上文将此类伪经的作者推测为佛教人物并非全无道理。

其次，伪经中也有招魂方面的经、目。《灌顶度星招魂断绝复连经》，著录于《出三藏记集》。七寺本有《招魂经》，首尾皆题"佛说招魂经"，尾有题记"一交了　永艺"。曹凌综述此经说："此经内容为佛在'和提国'念天下众生'造诸恶行，三魂七魄或不见在，或在恶道中'，佛弟子为'刀兵所杀鬼''虎狼所杀鬼''木石所杀鬼'等，魂魄在各处，因此佛告'四方天王''阎罗王''地狱王''土神王'乃至二十八宿等各在其所司界内寻找某某魂魄，并要求诸神（其中多为中国民间之神祇）必须放出其魂魄不然会有'头破作七分如阿梨树枝'的果报，命令诸鬼'急去万里，不得住甲乙之家，放吾弟子三魂七魄'，不然也'头破作七分如阿梨树枝'。在这些内容后此经介绍了具体的招魂增寿方法，即'至心礼拜，烧众名（香？），诵经七遍，乃至魂魄自来附体'。从而能够'善神拥护，恶神远离，弟子甲乙星灾灭'。将此经的内容与道教的类似法术进行比较，可见此经所描述的是一种通过断亡人殃注、复连以治疗（被认为是由于亡人殃注摄去魂魄所导致的）疾病的法术。"曹凌还说："七寺本经整理者认为此经或即《灌顶度星招魂断绝复连经》。上面我们已经指出，此经的基础为道教的断绝复连之法，故从题名来看，《灌顶度星招魂断绝复连经》的主体应该与《招魂经》相似，确可能为同经异名的关系。"②

伪经中还有《度世不死经》和《阎罗王东太山经》，均著录于《法经录》，估计也属于与上引伪经类似的经典。

伪经内容显示在招魂与安墓这两个重要环节，佛教曾对丧葬活动介入甚深。佛教在基本的用语、方法方面都与道教相似，这是向道教学习的结果。招魂、安墓属于中国传统的丧葬仪式，佛教中本来就没有，只能向中国借鉴。南朝道教十分庞杂，上焉分宗分派、有经有典，下焉与民间信仰难以区别，以请神送鬼为能事，操持丧葬活动正是道教之专长。佛教既有高深的理论用以俘获文人士大夫，也有神咒法术用以俘获普通民众，将神咒法术应用于丧葬活动只是举手之劳。不过，由于佛教是外来的，为了获得普通民众的接纳，开始时还得穿上道教的外衣，或者说，佛教得"伪装"成道教，在他人不知不觉之中，将佛教因素输入到墓葬之中，从而既实现帮助墓主在地下往生极乐世界的目的，也同时实现了佛教与中国传统丧葬思想的调和。

二、佛教道教的共生

不但在具体法术方面，而且在终极关怀方面，亦即升仙或升天方面，佛教也借助了道教。

---

① 曹凌：《中国佛教疑伪经综录》，第49页，上海古籍出版社，2011年。
② 曹凌：《中国佛教疑伪经综录》，第245、246页，上海古籍出版社，2011年。

在图像方面,我们极少看到单纯佛教因素的墓葬,往往都是佛教因素和道教因素共存,这真实地反映了南朝人对佛道二教兼容并蓄的态度,也提示我们对墓葬中的佛教因素和道教因素都不可过分执着。升仙是道教的主要思想,从墓室壁画在西汉晚期一出现就得到了表现,而且直到南朝时期仍然是墓葬画像表现的主要内容,最有代表性的如今南京、丹阳齐梁墓葬中羽人戏龙(虎)图或羽人乘龙(虎)图。佛教不仅无法排除升仙内容,还得借助升仙这个形式来实现自己的诉求,前文所举南京狮子冲 1 号墓竹林七贤壁画阮籍像之前新增的莲花化生可算一佳例,余杭小横山南朝墓中的莲花化生更多,既可看作佛教影响的增加,也未尝不可看作佛教向道教升仙思想的进一步靠拢。

北朝造像碑中此类内容举目皆是,不列举。南朝佛教造像碑发现不多,但也能说明佛教与道教界限的模糊。四川出土南朝造像颇多,多数题记为单纯的佛教内容,但有些造像题记则透露了时人的真实看法,如成都文物考古研究所西安路 6 号背屏式造像背面题记为:"天监三年甲申三月三日比丘释法海奉为亡母亡姊造无量 寿 石像愿亡者乘此福去离危苦上升天堂与诸贤圣而为眷属广及一切众生等成无上正觉。"①川博 4 号背屏式造像背面题记为:"中大同三□二月七□□比丘 法 爱奉为亡□□兄及现□□□敬造官世菩萨一躯愿亡者游神净土□□兜率供养□□ 佛 现□眷属□□所常□□ 爱 三界六□□切众生普同□ 福 。"②两则题记中涉及"天堂""神""净土"等概念,这些概念都是在道教背景下对佛教所作的理解,与佛教本意并不完全符合。侯旭东的研究对象虽然是北朝佛造像,但北朝造像题记与四川南朝佛造像题记没有本质差别,因此可以用侯旭东的研究以帮助对四川两则题记的理解。对于"天堂",侯旭东说:"最常见的是称为'天',⋯⋯还有称为'天堂''天宫'的。⋯⋯第一,大多数信徒对'天'只有简单、笼统的认识,基本分辨不出佛典中繁杂的诸天的名称与层次关系。⋯⋯大部分信徒对'天'的笼统认识或是源于本土对天的认识。⋯⋯第二,在多半信徒看来,死后一旦升天便可高枕无忧,永享天上快乐,只有为数不多的信徒认识到天人未摆脱六道轮回,仍有寿尽下生之时。"③对于"神",侯旭东说:"当然,中土民众接受生死轮回观念,仍是在本土固有观念框架下进行的。有些信徒⋯⋯使用的'神''魂''灵''神灵'一类都是本土观念中对构成人体的精神性存在的称呼。这些信徒显然是在本土人体形、神二分的观念背景下接受的佛家轮回之说,并按照本土观念为'再生'赋予了主体,没有跳出传统观念的框框。⋯⋯这一点上,普通信徒与本土高僧大德们的理解不谋而合。高僧们亦确信人死神不灭,以致范缜《神灭论》一出,高僧大德群起驳难,维护神不灭之说。无论一般信徒还是高僧的理解实均未摆脱本土观念的影响,使他们头脑中形成的再生观成为中外杂糅的产物。"④对于"净土",侯旭东说:"更准确地讲,是中土信徒对死后常乐的追求构成西方净土观念流行的思想基础。⋯⋯西方净

①　四川博物院、成都文物考古研究所、四川大学博物馆:《四川出土南朝佛教造像》,第 170 页,中华书局,2013 年。
②　四川博物院、成都文物考古研究所、四川大学博物馆:《四川出土南朝佛教造像》,第 94 页,中华书局,2013 年。
③　侯旭东:《五、六世纪北方民众佛教信仰》,第 173 - 177 页,中国社会科学出版社,1998 年。
④　侯旭东:《五、六世纪北方民众佛教信仰》,第 159 页,中国社会科学出版社,1998 年。

土信仰能畅行于世亦与该净土处于西方有关。西方在本土观念中意义特殊。……东汉人看来,西方是四方中的上首。此外,西方又与升天关系密切。……据鲁惟一研究,至迟公元 1 世纪起,关于西方乐土思想正在形成。"①尽管侯旭东在讨论上述概念时没有引进道教,但"天堂""神""净土"这些概念无疑具有强烈的道教色彩。

南朝人物中不乏道、佛兼修者。首屈一指者当为梁武帝,早年崇道,后来奉佛,但仍与著名道士陶弘景形神相接。又如沈约,陈寅恪说:"沈隐侯(约)虽归命释迦,平生著述如《均圣论》《答陶隐居难均圣论》《内典序》《佛记序》《六道相续作佛义》《形神论》《神不灭论》《难范缜神灭论》《究竟慈悲论》《千僧会愿文》《舍身愿疏》及《忏悔文》等,皆阐明佛教之说。迨其临终之际,仍用道家上章首过之法。然则家世信仰之至深且固,不易湔除,有如是者。明乎此文,始可与言吾国中古文化史也。"②广为人知的是南齐张融,其遗令曰:"'吾生平所善,自当凌云一笑'。三千买棺,无制新衾。左手执《孝经》《老子》,右手执小品《法华经》。"③不仅道、佛,儒教也一并混同了④。

从上面的叙述可以看出,在具体的法术和终极关怀方面,佛教都借助了道教,这是佛教因素进入南北朝墓葬的主要途径,尤以南朝为盛。

三、南北方政治条件的差异

南北方现实社会对佛教的信仰程度可以说是难分轩轾的。南方有"南朝四百八十寺"的名句,文献中说"都下佛寺五百余所"⑤。《洛阳伽蓝记》序载,洛阳"招提栉比,宝塔骈罗,争写天上之姿,竞摹山中之影,金刹与灵台比高,广殿共阿房等壮",佛寺数量过千,又远胜南方。但南北朝墓葬中佛教因素多寡悬殊是不争的事实,上文已经从南北方文化、社会组织等方面的差异进行了讨论,这里再从政治条件的差异方面略加分析,分析的重点是北方地区。佛教充分介入南方士人丧葬活动,既有上文所举张融,还有相传梁武帝所作的《梁皇宝忏》,南朝君臣在政治上为佛教进入墓葬打开了方便之门,因此下面对南方地区不多作论。

虽然北方地区佛教因素在墓葬中的体现总体与南方相差甚远,但北方地区的东魏北齐与西魏北周的情况有所差别,需适当区别对待。如前所述,东魏北齐墓葬中有一些器物可以推定与佛教礼仪相关,升仙等题材在东魏北齐墓葬中也不鲜见,这是由于东魏北齐继承了北魏洛阳时代文化遗产的缘故。西魏北周墓葬中佛道教方面的因素就非常罕见了,

① 侯旭东:《五、六世纪北方民众佛教信仰》,第 187－189 页,中国社会科学出版社,1998 年。
② 陈寅恪:《金明馆丛稿初编》,第 33 页,上海古籍出版社,1980 年。
③ 《南齐书》卷四一《张融传》,第 729 页,中华书局,1996 年。
④ 又如陈代谢贞,"初,贞之病亟也,遗疏告族子凯曰:'吾少罹酷罚,十四倾外荫,十六钟太清之祸,流离绝国,二十余载。号天踏地,遂同有感,得还侍奉,守先人坟墓,于吾之分足矣。不悟朝廷采拾空薄,累致清阶,纵其殒绝,无所酬报。今在忧棘,暮漏将尽,敛手而归,何所多念。气绝之后,若直弃之草野,依僧家尸陀林法,是吾所愿,正恐过为独异耳。可用薄板周身,载以灵车,覆以苇席,坎山而埋之。又吾终鲜兄弟,无他子孙,靖年幼少,未闲人事,但可三月施小床,设香水,尽卿兄弟相厚之情,即除之,无益之事,勿为也。'"(《陈书》卷三十二《谢贞传》,第 428 页,中华书局,1972 年。)
⑤ 《南史》卷七十《郭祖深传》,第 1721 页,中华书局,1975 年。

北周武帝灭佛之前,西魏北周的佛教是像东魏北齐一样兴盛的。已经发现的西魏北周墓主多是中高级官员,西魏北周墓葬的规制前面已有充分交代,那么,佛道教因素在墓葬中的罕见自然应是人为干预的结果。考察一下与异域相关人物的墓葬,有助于我们理解佛道教何以在墓葬中之不盛。

关中地区发现了若干与祆教相关的墓葬,如北周史君墓、北周安伽墓。这些墓葬的面貌与北周官员墓葬几乎完全不同,石棺床之奢侈豪华,益显出北周官员墓葬的"寒碜"。这些石棺床的存在当然不是因为史君、安伽等人身份更高,而是因为他们来自或与异域关系紧密,他们的墓葬和宗教信仰得到格外的宽容而已。佛道教因素很少出现在华夏人士的墓葬之中,只能理解为西魏北周政权的有意设限。就是说,佛教在西魏北周现实社会中虽然盛行,但西魏北周政权可能禁止佛道教因素进入墓葬之中。

为了更好地理解西魏北周墓葬的文化内涵,我们不妨再对西安几座北周墓葬出土石葬具略作分析,这几座墓葬的共同特点是都与域外文化有一定关系。康业是昭武九姓人物,康业墓出土的围屏石榻与史君墓石椁、安伽墓石榻都不一样,没有什么域外文化气息。如果不是因为康业昭武九姓的身份,这副围屏石榻也就像北魏北齐的其他很多围屏石榻一样,不会受到特别的注意。这具围屏石榻的主体图像与北魏北齐石榻一样,遵循康业夫妇端坐于中,鞍马、牛车位于侧边的布局,人物和其他图像也看不出什么特别之处。但是这样的属于北周时期的围屏石榻几乎都与昭武九姓相关,而不见于鲜卑或华夏人物的墓葬之中,一度曾让人以为这种石榻的渊源在异域①。康业墓围屏石榻的这个情况说明,北魏洛阳时代的墓葬文化同样被带到了关中地区,只是没有得到充分的表现而已。康业这类与异域关系甚深人物的墓葬中能够出现这类葬具,当与他们的身份比较特殊有关。换一个表达方式来说,康业这类人物在葬具和题材的选择上具有一定的自由,对应的是,西魏北周统治阶层可能规定了"体制内"人物原则上不得使用这类葬具。李诞是婆罗门后裔,"君讳诞,字陁娑,赵国平棘人。其先伯阳之后。祖冯何,世为民酋。考傍期,不预宗基。君? 玄妙气。正光中,自罽宾归阙。太祖以君婆罗门种,屡蒙赏。君春秋五十九,保定四季(年),岁次甲申,四月九日薨万季里宅。皇帝授君邯州刺史。其季(年)闰月葬中乡里。长子槃提。恐山移谷徙,声谥无闻,敬镌玄石,以传不朽"②。李诞的赵国平棘人完全是一种攀附中原大姓的虚托,其祖、父、子三人完全是胡名。李诞墓距安伽墓650米,距史君墓2 000米,说明至少到李诞之子这一代的家内以及社区环境都仍然高度地异域化。但李诞墓的建筑形式和石葬具都非常汉化。石葬具是一副鲜卑特色的梯形石棺,左右帮板为青龙白虎,后挡板为玄武,前挡板朱雀之外还刻画出门、守门神、祭坛,棺盖为头顶日月、蛇身的伏羲、女娲。这种石棺向前可以追溯到东汉,北魏平城时代、洛阳时代一直存在。石棺上的图像除祭坛能充分代表李诞家族的原居地和宗教倾向外,前挡刻画的异域特点的守门神也都没有特别的异域象征性了,怀仁北魏丹扬王墓、大同北魏毛德祖妻张僧

① 拙文:《北朝高足围屏床榻的形成》,《文物》2015年第7期。
② 程林泉:《西安北周李诞墓的考古发现与研究》,《西部考古》第一辑,三秦出版社,2006年。

朗墓都是可以肯定的华夏人物墓葬，二者石椁门上刻画的也都是异域护法神形象。李诞墓石棺图像固然体现了异域人士对华夏文明的吸收，说明这类石棺像围屏石榻一样都从北魏延续到西魏北周，但华夏人士却未见使用这类石棺，说明华夏人士的墓葬礼制受到了一定制约，佛教因素在墓葬之中罕见实属正常。情况类似的是西安北周郭生墓，墓中出土一具与李诞墓基本形似的石棺，棺上线刻图案的内容也基本相同，只是棺盖上的伏羲为人首兽身，女娲为牛首兽身，前挡线刻门两侧的护卫为华夏人物面孔和装束。郭生"字马生，大（太）原磨稽人也。周大（太）王之子……祖幼，夹安二年，功流紫阙，旨假除冯翊郡守。父念，延兴元年挺越英贤，京兆郡举孝廉而贡。……（郭生）妻韩，霸城人也，父洪意，板召京兆郡功曹"。从郭生的祖、父及妻父名字来看，郭生跟昭武九姓应没有关系。但是将伏羲女娲描绘成那种形象是前所未见的，这样的形象具有鲜明的异域色彩，跟安伽墓、虞弘墓围屏石榻上的祆教祭司形象十分相似，是郭生家世背后隐藏着一段鲜为人知的历史，还是华夏民族人物受到了异域文化的强烈影响，代表了一种前所未知的现象？这种可能性不能不有所考虑。不论如何，从李诞和郭生石棺来看，非佛道教的异域文化享受了与佛道教完全不同的待遇。

看来，南朝、北魏东魏北齐、西魏北周三方的官方对佛教与墓葬的态度差异甚大，南朝官方为佛教进入墓葬创造了很好的条件；北魏东魏北齐汲汲于建立墓葬的官僚等级制，对佛教未多措意；西魏北周实行薄葬，顺带将佛道教因素从官员墓葬中禁止了。政治条件与文化水平、社会组织状况相叠加，造成了今日所见南北朝墓葬中佛教因素的情形。

四、结　语

佛教因素能够出现在墓葬之中，是佛教与中国文化双方融通的结果。融通发生的起点不是高深的理论，而是鬼神这类基本的观点；融通发生的场合不是庙堂之上，而是在立墓安神的田间地头。佛教既有精深的理论，也有极其应俗的一面。古代宗教中，佛教的超人间色彩最浓，对世俗的认识自然也最深。佛教不仅需要世俗来获取现实利益，也需要通过世俗来演示佛法的高深。又由于佛教在一定程度上是死亡学说①，因此，它对世俗生活中死亡的关心乃不可避免，这正是佛教展示自己不同于其他学说的好机会。不得不承认，儒家学说、道教和中国的民间信仰，在教人接受死亡、为人勾画身后去处方面都远不及佛教。因此，即使佛教不主动介入丧葬活动，佛教传播到俗语所云"家家观世音、户户阿弥陀"的程度后，中国社会也会将佛教纳入丧葬活动中，佛教信众也会主动要求为自己的墓葬营造出佛教氛围。当然，这个景象的出现要到中国几乎佛教化的唐宋时代了，盂兰盆会、水陆法会、焰口施食以及唐宋墓葬中随处可见的佛教因素都是很好的证据。唐宋时期的这个景象正是在南北朝的基础上发展而来的，只不过南北朝墓葬中的佛教因素还处于为佛教而佛教的阶段，而且还表现出比较大的南北差异。

---

① 　参见海波：《佛说死亡》，陕西人民出版社、人民出版社，2013年。

结语　汉唐之间的南北朝墓葬礼制

　　南北朝承袭东晋十六国而来,这决定了南北朝墓葬礼制对东晋十六国墓葬继承和发展的一面。南北朝历史已经发生了很大的变化,这决定了南北朝墓葬礼制不同于东晋十六国的一面。南北朝墓葬的面貌总体上就是这两种力量相互制约、调和下的产物。当然,实际情况要更为复杂而多变且生动。下面我们就立足于这个角度,对本项研究的内容作简略概括和引申。

　　具体到南北方,情况又有所不同。对于南朝而言,可以从看得见和不容易看得见的两个方面进行考察。在可以看得见的方面,新登上权力顶峰的庶族阶级,无论是在现实生活中,还是在丧葬活动中,都试图显得与东晋有所不同,以宣示自身的存在,这是我们看到陵园、神道石刻、墓志、买地券等出现或重新出现的原因所在。走向历史舞台中心的庶族阶级的根本愿望不是推翻贵族社会,而是乞求贵族阶级的承认,成为贵族阶级中的一员,这个愿望尽管在现实社会中没有完全实现,但在墓葬中却能够比较容易地实现,这就是在南朝皇帝和少数特别高级的贵族墓葬中出现了竹林七贤拼嵌壁画的原因。在不容易看得见的方面,东晋沿袭西晋而来的薄葬之风无形之中对南朝墓葬形成了制约,总体说来南朝墓葬的规模较东晋有所扩大,但还是很有限,倒是国力已经不盛的南朝陈反而修建了南朝时期最大的罐子山墓,这或可以视为距东晋越远越放得开手脚了。东晋对南朝的潜在制约还表现在南朝墓葬的等级制始终不发达,虽然材料不够充分,南朝的墓葬等级制度似乎在王侯一级才较为明显,王侯以下官员墓葬虽不同于普通墓葬,但若想做进一步区分尚难进行。东晋墓葬材料显示,王、谢、颜、高等家族墓葬多有自身特点,质量较高的南朝时期家族墓葬材料罕见,但南朝,特别是梁代墓葬普遍显示出对墓葬礼仪的重视,这是超越家族范围的墓葬现象,可以看作梁代国家对墓葬礼制进行了干涉,但这种干涉的力度是有限的,而且其重点是在规范某种仪式而不是强调等级差异,这在本质上还可以看作东晋的影响依然存在。在上述多重因素的综合作用下,再加上宋齐二朝虽有内忧而无外患,梁代无内忧无外患,导致这三朝建康地区的墓葬礼制都是在相当封闭的环境中进行着自我调适。但是,梁末北周攻占江陵,引起汉水中游人口的逃离;侯景之乱后建立的南朝陈政权在与北齐北周战争中的连连败北,不得不面临北方文化逼近、偶或越过长江对南方产生影响的事实。这种时事的巨变,对南朝墓葬产生了明显的影响,或者说为南朝墓葬带来了新鲜内容。遗憾的是,南朝在陈代就落下了历史的帷幕,我们不能在陈代不亡的假设下再假设墓葬礼制的发展状况了。

对于北朝而言，墓葬情况如北朝历史一样略显复杂。但非常明确的是，北魏奠定了北朝历史以及墓葬礼制发展演化的走向。北魏的成功，不仅在于军事上统一黄河流域，更在于成功实现了百余年的统治，而没有像十六国政权一样昙花一现，成为"十七国"政权之一。北魏取得成功的原因很多，不过这不是能从墓葬角度予以充分说明的事情，但墓葬在某种程度也能有所暗示。以北魏平城时代墓葬方面最显著的特征——聚族而葬——在平民阶层表现为"族坟墓"、贵族阶层表现为"家族墓"而言，这是以拓跋鲜卑保存了部族组织的完整性为前提的。强大的军事力量，稳定的社会局面，其根基都是完整的部族组织。把握北魏时代的这个根本特性，才能理解鲜卑特色的梯形木棺、矿光陶器、单棺合葬，当然也包括族坟墓，随着北魏的兵锋所及而到处落地生根。定都平城，是影响北魏历史和北魏墓葬面貌的重要抉择，拓跋鲜卑部族组织的完整存在也都与此相关。定都平城，使拓跋鲜卑及其他北方民族的生产生活方式能在很大程度上得以维持。定都平城，以及与此相应实行的人口大迁徙大集中，对其他地区的人民，尤其对北方汉人大族和平民而言是一件异常痛苦的事情，乡里基础尽失，宗族组织几近瓦解，乃至于在墓葬文化上都不能不接受拓跋鲜卑的很多特点，这从崔令珍妻等人的墓葬中可以直接或曲折地看出。但这对作为统治者一方的北魏政权而言，这个情况是他们大为欢迎的，尽管墓葬上呈现的这些特点肯定不是他们刻意规划和追求的结果。如果不是定都平城，而是定都北魏屡次动心的邺城或者其他中原城市，拓跋鲜卑的生产生活方式必然不能如在平城那样完好地存在，由此从部族组织到墓葬面貌，都将出现很大的变数，虽然不必如孝文帝迁都洛阳所示，但情况不容乐观。上述族坟墓、单棺合葬等现象也集中体现了北朝历史发生巨变下，拓跋鲜卑墓葬面貌非常不同于十六国时期的一面。

与北魏强大军事力量形成鲜明对比的是北魏异常落后的文化状况。在北方诸民族之中，拓跋鲜卑文化居于后列为有目共睹，部族组织的完好保留和族坟墓的长期推行，其实也是文化落后状况的反映。在与其他民族，特别是与汉人接触之后，北魏的这种落后情况必然要发生改变，只是改变发生得早与晚、深与浅的问题。除少数大族人物成为北魏政权的座上客外，汉人总体上是军事上的失败者，几乎可以称之为拓跋鲜卑的种族奴隶，但这无损于汉文化的先进性，这股潜伏的暗流，在孝文帝率意改革后走到了历史的前台而广为人知。实际上，早在北魏平城时代，汉文化就对拓跋鲜卑墓葬产生影响，但主要是对拓跋鲜卑的中上层人物墓葬，如大同沙岭7号墓、阳高尉迟定州墓等，在平城时代只有这些人才有机会接触到并有能力表现汉文化，尽管这种接触和表现必然具有偶发和不系统的特点。孝文帝汉化改革能够实现，绝对不是孝文帝一己之力，而是已经存在了相当的基础，包括墓葬文化方面的基础。因此说，汉文化是一股由暗转明的力量，对北魏以及北朝墓葬产生越来越大的影响。截至目前，我们对汉文化的保存状况和影响力还是估计不足，比如说忻州九原岗北朝晚期墓葬壁画的很多内容与《山海经》具有显著的关系，这是非常出乎我们的意料的，况且墓葬所在的忻州早已是游牧化和鲜卑化程度很高的地方。

从表面上看来，无论是近方形的墓室，还是墓室壁画题材中伏羲女娲、车马出行、宴饮歌舞、《山海经》中的奇禽异兽,都在汉晋十六国时期已经出现,有学者对这种继承的一面给予高度强调,甚至还提出了北魏可能恢复汉晋之制的主张。然而,我们更倾向于从另一个层面进行判断,那就是,与汉晋十六国墓葬的相似之处多是历史的继承,只是历史连续性的表现,而不是出于有意识的功利选择。而且,对汉晋十六国墓葬文化因素予以继承的部分,在北朝墓葬中并不具有举足轻重的影响。北朝墓葬文化在貌似汉晋十六国的表象之下,蕴藏着非常新鲜的实质内容。如果说,平城时代是以鲜卑固有墓葬文化为主,显示出与十六国的不同。那么,从北魏洛阳时代开始,北朝墓葬文化就以更清晰的面貌显示出新的时代特色。其主要内容有两部分:一是政府主导下的墓葬等级制,一是汉人大族主导下的家族墓葬制度。无论是官僚等级制度,还是陶俑,都不是北魏时期的发明,但用陶俑作为墓主身份的主要标志物,并建立严格的级差,这是北魏之前没有出现过的现象。北魏墓葬等级制度所体现的是官僚等级制度的细化和完善,以陶俑作为主要标志物则是由于陶俑所代表的就是墓主生前所享受的官僚仪仗的等级。迁洛前后,北魏已经变为官僚制大于贵族制的国家,生杀予夺之权完整地掌握在皇帝手中,大族势力依附于皇权则生,否则则亡,这是北朝与南朝极大的不同,南北朝官僚墓葬不同的面貌也在根本上由此而奠定。伴随着孝文帝迁洛而获得新生的北方汉人大族,所依靠的主要是文化而非宗族军事力量。北方宗族规模虽大,宗族内部也秩序井然,但宗族势力从来没有成为北朝军事力量的重要组成部分,北朝军队的重要指挥权从来也没有赋予汉人大族领袖,这是北方大族只能在文化上锐意发展、努力自高门第的原因所在。透过崔氏、李氏、房氏等大族墓葬的礼制因素,我们完全可以想见北朝汉人大族在现实生活对礼制的极度讲求,既有其必然,也有其无奈。北朝汉人大族在墓葬礼制上的创新,不仅体现在具体的墓葬形制和随葬品方面,还有一套哲学思想为基础,这以北朝崔氏家族墓葬最为典型。当十二生肖俑前所未有地被烧造出来,当圆形墓葬前所未有地被建造起来,当丧葬活动在众人瞩目之下进行时,这样的随葬品、墓葬形制,在当时所产生的影响一定是惊人而且令人叹服的,不然不能解释这种形式的墓葬在唐代成为环渤海地区墓葬的主流,进而在辽宋金元时期风靡了大半个中国。东汉大族名士的死亡,已经引发了上万人的会葬活动。东晋大族之盛,已大致形成各自家族的丧葬特点。但东汉、东晋大族人物墓葬实际上无法与其他墓葬有效区别,只有到了北朝时期,汉人大族的墓葬才真正成为大族文化的一个特色部分。明乎此,我们才能对北朝大族在墓葬礼制建设方面的贡献有更恰当的把握。

总之,南北朝时期的墓葬礼制是国家、门第、习俗和时变多重因素制约下形成的。战争、权力争夺、社会习俗的改革等因素,会给南北朝墓葬礼制带来比较突然的改变,这既加强了南北朝墓葬礼制内容的丰富与精彩,也给认识南北朝墓葬礼制的实质带来了困难。官僚制、贵族制,以及祖先崇拜思想和影响力日增的佛教思想,则是南北朝社会万变不离其宗的定海神针,南北朝墓葬礼制中不变或变化和缓的内容均与此密切相关。就是南北朝墓葬礼制中变动较快的部分,其实质也是围绕这几个核心而发生的主要在形式上的改变。汉唐之变,是中国历史上的一次大变革。但是,这次变革,与从先秦到两汉的变化,从古代向近现代的转变相比，只是社会内部的、阶段性的变革，是中古社会内部自我、自发调适就能实现的变革。作为汉唐之变关键阶段的南北朝时期，墓葬礼制的继承和变化，都是对社会变化所作出的反映，也是中古社会内部自我、自发调适在丧葬文化领域的一个表现，这是南北朝墓葬礼制的实质所在，也是南北朝墓葬礼制主要研究价值之所在。

后　　记

　　这本小书试图将古代墓葬作为一种社会现象进行观察，而不仅仅是作为考古学分型、分式、分期的对象。其实，并没有人规定考古学只能进行型式、期别的研究，但从此跨出一步，风险的确是存在的。这个风险主要不是来自同行的目光，而是可能要与其他学科发生交集。每个学科都有自己的训练，也有自己的藩篱。不跨出去很安全，但封闭在所难免，而这是与人文学科本无明显边界背道而驰的。跨出去虽有危险，但能听到不同的声音，可以避免一直"自嗨"。一念至此，就有这本小书的面世了。

　　小书的最终成稿和出版，得到了很多人的帮助，无法一一致谢。方笑天、马铭悦、崔嘉宝、党丰、谢安琪、丁颢、李钟石、周昕语、朱书玉不辞辛苦，帮助校对文稿和扫描图片。马铭悦在联络出版社、组织师弟师妹工作方面费心费力，有些返工的图片也由她进行了重绘。

　　需要特别致谢的是罗丰老师和雷兴山老师。罗丰老师书法为海内名宝，既有南朝的俊逸，又有北朝的板正，他欣然为小书题写书名，极大地提升了小书的品级。震旦古代文明研究中心系列丛书学术性强、品位高，能入选这一丛书是考古者的荣幸！雷兴山老师给予了这个宝贵的机会。特向罗丰老师、雷兴山老师致以谢忱！

　　本书责任编辑宋佳女士耐心编辑了书稿，又细心纠正了几处我不可能发现的问题，谨向宋佳女士致敬！希望能有机会再次与上海古籍出版社合作。

图书在版编目(CIP)数据

南北朝墓葬礼制研究 / 韦正著. —上海：上海古
籍出版社，2022.8
（北京大学震旦古代文明研究中心学术丛书）
ISBN 978-7-5732-0278-9

Ⅰ.①南… Ⅱ.①韦… Ⅲ.①葬俗—研究—中国—魏
晋南北朝时代 Ⅳ.①K892.22

中国版本图书馆 CIP 数据核字(2022)第 094451 号

北京大学震旦古代文明研究中心学术丛书
南北朝墓葬礼制研究
韦 正 著
上海古籍出版社出版发行
（上海市闵行区号景路 159 弄 1-5 号 A 座 5F 邮政编码 201101）
（1）网址：www.guji.com.cn
（2）E-mail：guji1@guji.com.cn
（3）易文网网址：www.ewen.co
上海展强印刷有限公司印刷
开本 787×1092 1/16 印张 15.5 字数 330,000
2022 年 8 月第 1 版 2022 年 8 月第 1 次印刷
ISBN 978-7-5732-0278-9
K·3145 定价：78.00 元
如有质量问题,请与承印公司联系
电话：021-66366565